Böhlau

Hans Veigl

DER FRIEDHOF ZU ST. MARX

Eine letzte biedermeierliche Begräbnisstätte in Wien

Mit Fotos von Lisl Waltner

BÖHLAU VERLAG · WIEN · KÖLN · WEIMAR

Bibliografische Information Der Deutschen Bibliothek:
Die Deutsche Bibliothek verzeichnet diese Publikation in der Deutschen
Nationalbibliografie; detaillierte bibliografische Daten sind im Internet über
http://dnb.ddb.de abrufbar.

ISBN 3-205-77389-6

Das Werk ist urheberrechtlich geschützt. Die dadurch begründeten Rechte,
insbesondere die der Übersetzung, des Nachdruckes, der Entnahme von
Abbildungen, der Funksendung, der Wiedergabe auf fotomechanischem oder
ähnlichem Wege, der Wiedergabe im Internet und der Speicherung in Datenverarbeitungsanlagen, bleiben, auch bei nur auszugsweiser Verwertung, vorbehalten.

© 2006 by Böhlau Verlag Ges.m.b.H. und Co. KG, Wien · Köln · Weimar
http://www.boehlau.at
http://www.boehlau.de

Umschlagabbildung: © Lisl Waltner

Gedruckt auf umweltfreundlichem, chlor- und säurefreiem Papier

Druck: Imprint International, 1000 Ljubljana

Printed in Slovenija

Inhalt

Reise durch das biedermeierliche Wien 7

Der Tod der Friedhöfe 53

Ein »Freythof außer der Linie« 67

Erinnerungen an die stillen Bewohner 89

Auf der Suche nach Mozarts Grab 157

Hinweis für Besucher 175

Literatur 177

Der Friedhof St. Marx und seine Gräber 189

Namenregister 195

Reise durch das biedermeierliche Wien

In zahlreichen Reiseberichten wird die Wiener Vormärzgesellschaft als eine rückwärts gewandte, lebensfreudige wie genusssüchtige geschildert und getreulich wandelten immer schon die zumeist norddeutschen Autoren auf den Fährten jenes viel zitierten Schiller'schen Distichons, das in den Bewohnern der Stadt an der Donau »das Volk der Phajaken« sah, bei dem bekanntlich ein ewiger Sonntag herrscht und sich immer am Herd der Spieß dreht. Nicht häufig ließen sich die zeitgenössischen Berichterstatter dabei die Gelegenheit entgehen, darin den Reichtum und Überfluss der Stadt, ihre Lust am Essen und Trinken, am Kaffeehaus- und Theaterbesuch, an Tanz- und Musikvergnügungen hervorzuheben und nicht selten vorbehaltlos zu bewundern. »Das Schmausen und Wohlleben in Wien ist weltbekannt und fällt einem Fremden nur allzu sehr, auch beim ersten Anblick auf«, hatte der Besucher Friedrich Nicolai bereits im Jahre 1781 notiert. »Daß die Tafeln vornehmer und reicher Leute mit vielen und ausgesuchten Speisen besetzt sind, findet sich allenthalben«, bemerkte er weiter, »aber wie weit Schleckerey und Gefräßigkeit bey den mittlern und niedern Ständen dieser Stadt geht, davon kann man keine Idee haben, wenn man es nicht gesehen hat«.

Der vormalige ungarische Offizier Johann Graf Fekete, der sich im fortgeschrittenen Alter einen Weltbürger nannte, schrieb sechs Jahre nach Nicolais Besuch über die Stadtbewohner: »Ihr wichtigstes Merkmal ist ihre Freude am Essen, die sie zu vier Mahlzeiten am Tage verleitet, wenn es der Geldbeutel gestattet.« Dass an diesem Ort bei jeder Mahlzeit mehr Fleisch, besonders Braten und Geflügel, verzehrt werde als anderswo, erschien um die Wende zum 19. Jahrhundert auch dem Norddeutschen Karl August Küttner unbestreitbar. Die Zahl der Wiener, die nicht täglich ihr Stück Fleisch hätte, sei gewiss sehr klein, bemerkte er. Der nörgelnde Sachse Johann Gottfried Seume attestierte im Jahre 1802 der Stadt immerhin: »Ich darf rühmen, daß ich in Wien überall mit Bonhommie und Gefälligkeit behandelt worden bin« und fand auch lobende Worte für das Wiener Volkstheater. Der deutsche Reisende Johann

Friedrich Reichardt wieder berichtete in diesen Jahren über Wien: »Hier wird wirklich ein echt gegründeter Wohlstand auf die froheste Weise allgemein genossen.« Die Esslust der Wiener sei so ausgiebig, meinte auch Karl Postl, der sich im amerikanischen Exil nunmehr Charles Sealsfield nennt, in seinem 1828 erschienenen und in der Monarchie sofort verbotenen Werk »Österreich, wie es ist«, Ludwig Feuerbachs materialistisches Diktum »Der Mensch ist, was er isst« gleichsam vorwegnehmend, dass »sie jährlich 80.000 Stück Rindvieh, 67.000 Kälber, 120.000 Lämmer und 72.000 Schweine mit 200.000 Fässern österreichischen Weines in ihre Magen hinunterspülen«. »Hier ist gut sein, hier muß man sich amüsieren«, urteilte 1833 desgleichen der jungdeutsche radikale Autor und spätere hochverdiente Burgtheaterdirektor Heinrich Laube, und der ansonsten recht kritische Berliner Schriftsteller Adolf Glaßbrenner, der 1835 die Stadt besuchte, schrieb über die bodenständige Kochkultur, diese sei »hier eine wirkliche, heilige Kunst, unter jedem Rauchfang findest du ihre Muse. Man treibt keinen Dilettantismus mit dem Kochen, wie es leider noch im Norden geschieht. Ich habe hier Braten und Mehlspeisen gefunden, die meine ganze Aufmerksamkeit in Anspruch nahmen«. Und noch 1840 schien dem Engländer Peter Turnbull Wiens und Österreichs Bevölkerung »in einem blühenden Zustande« zu sein, nur in einigen Gebirgsgegenden Böhmens sei »etwas Armut« anzutreffen.

Bilder und Träume einer harmonischen Insel der Ruhe und Vergnüglichkeit werden nach den napoleonischen Wirren dann im Gefolge der Adelsfeste des Wiener Kongresses unermüdlich inmitten stürmischer Veränderungen bei dieser Gelegenheit imaginiert, die Beschreibungen heiterer Genüsse und unbefangener Lebenslust samt spießbürgerlicher Behaglichkeit einer Backhendelzeit sind in derart pittoresken Schilderungen wieder in den Mittelpunkt gerückt, und der schwärmerische Blick von außen fällt dabei auch auf die Vorstädte entlang der Stadtmauern und auf die Vororte außerhalb der Linie, in denen diesen unzweifelhaften Quellen zufolge ein ununterbrochenes Spektakel an Gesellschaftsbällen, Redouten und Tanzfesten, Feuerwerken und Theateraufführungen, Landpartien, Heurigen, Brigitta-Kirchtagen und Annenfesten das eben entdeckte Volksleben begleitet.

Trotz gelegentlicher Anflüge von Skepsis wirken viele dieser Reiseberichte mit ihren heiteren Genreszenen ein wenig schablonenhaft, Topoi und Themen des Großstadtlebens wiederholen sich in immer währender Art. Denn spätestens seit dem 18. Jahrhundert suchten nach Ansicht des Kulturhistorikers Peter Burke die Reisenden nach eben diesem Pittoresken, Stereotypen des Stadtlebens oder des Nationalcharakters, entstanden in der Wahrnehmung von Fremdheit, mit denen etwa anhand kontrastierender Vergleiche der protestantische Norddeutsche hierzulande katholisches Brauchtum oder heimisches Volks- und Gemütsleben beschrieb. Und so gelangte auch der in der Wollzeile residierende preußische Gesandte Wilhelm von Humboldt, der sich durchaus der bürgerlich-protestantischen Kultur des deutschen Nordens zugehörig fühlte, in Wien zur nun schon gewohnten Einsicht: »… der allgemeine Volkscharakter hat hier schon bei weitem etwas Pikanteres als im nördlichen Deutschland, mehr Humor, mehr Fröhlichkeit, mehr Leichtigkeit und Gewandtheit.«

Zudem war ja bereits von den nun allerorten aufliegenden Reiseberichten und topografischen Beschreibungen empfohlen worden, die einheimischen Bräuche gelegentlich zu studieren, deren kulturelle Andersartigkeit es zulässt, den Besucher zum Zuschauer und Betrachter einer fremdartigen Theaterdarstellung werden zu lassen. Wahr ist, dass jegliche urbane Kultur in deutschen Landen bei einem Vergleich mit der Haupt- und Residenzstadt lange ins Hintertreffen gelangen musste; angesichts der auffallenden Ähnlichkeit all dieser Beschreibungen wäre jedoch der Verdacht nicht von der Hand zu weisen, dass diese zahlreichen Wienbesucher häufig Beobachtungen aufzeichneten, die sie ursprünglich der vorhandenen Literatur entlehnt oder von den anlehnungsbedürftigen Einheimischen selbst geborgt hatten, nur so lässt sich möglicherweise die Tradierung einer oftmals auffällig josefinisch geprägten Kritik am vormärzlichen Wien deuten.

Dass derartige kulturelle Bilder die Wahrnehmung der Wirklichkeit zu beeinflussen vermögen, gilt in der Tat nicht nur für die Donaustadt. Doch entsteht nunmehr in der Beziehung zwischen Reisenden und Bereisten ein langlebiger stereotyper Kontrast zwischen Nord und Süd, der schließlich zum gemütvollen wie überlebensgroßen Mythos des Ortes verleiten und noch lange das harmonisch ausgewiesene Stadtbild begleiten sollte, dessen immer währender Reproduktion sich in der Folge auch zahlreiche heimische Kunstschaffende vorbehaltlos anschließen konnten, deren Trachten oftmals in dem denkwürdiger Refrain ihren ideelen Höhepunkt fand: »'s gibt nur a Kaiserstadt, 's gibt nur a Wien.«

Es war dies mitunter eine recht geruhsame Schau auf die Stadt und ihre Zeit, ein Blick, der sich häufig nach oben richtete oder dort in sich selbst versenkte. Nach einer Gestalt der »Fliegenden Blätter« anfangs satirisch überzeichnet, galt die Bezeichnung »Biedermeier« in späteren Jahren bald als wehmütiger Rückblick auf eine kulturvolle Epoche bescheidenen Bürgertums samt traulichem Familienleben. Dass die solcherart beschriebene Welt, das dialektische Bild von politischem Stillstand und tänzerischer Bewegung nicht ganz so war, wie es in diesen Träumen schien, die retrospektiv so genannte Biedermeierzeit ihre realen Widersprüchlichkeiten besaß, die schließlich zu den Ereignissen des Sturmjahres 1848 führen sollten, werden viele der damaligen Zeitgenossen durchaus bewusst erlebt haben. Diese als harmonisch ausgewiesenen drei Jahrzehnte, in denen die Maschine begann, das Handwerk abzulösen, in denen die Eisenbahn den Postwagen überrollte und das Lebenstempo verändern sollte, in denen das Licht durch die Technik Daguerres selbst zum realistischen Maler geworden war und das Sehen verwandelte, in denen die Großmacht der Presse entstand und eine bürgerlich-kritische Öffentlichkeit initiierte, in denen neue soziale Kräfte die politische Arena betraten, um Letztere umzugestalten, lassen sich insgesamt in ihrer scheinbar oberflächlichen Geruhsamkeit möglicherweise auch als kulturelle Reaktion auf allzu rasche Veränderungen dank jener ersten industriellen Moderne deuten. Zweifellos, für die illustrierte Zeitung besaß die Lithographie ungefähr dieselbe Bedeutung wie die Schnellpresse für den Textteil. Ihr Erfinder war Aloys Senefelder, der 1818 mit dem Steindruck zu experimentieren begann und damit ein rastloses, informationshungriges Publikum erst ermöglichte. Und dennoch: »Das Symbol des Zeitalters«, setzt dem Egon Friedell entgegen, »ist der Nachtwächter, die Bildungsquelle der Lesezirkel und das Theater.« So finden auch die Worte des resignativ eingesponnenen Grillparzers, die er Wien entgegenhielt:

Du erschlaffst den Lehrer wie den Meister,
Wie Fieberhauch weht deine Luft,
Du Kapua der Geister!

nicht nur ihre Begründung im raschen Wandel und in den gehäuft auftretenden ungünstigen Verhältnissen, sondern hängen ebensosehr mit den Eigenheiten des hier mental geformten Charakters zusammen. Denn dieses viel beachtete biedermeierliche Wohlbehagen war oftmals mit der individuellen Verinnerlichung der Normen eines paternalistischen Regierungssystems erkauft worden. Das Reich der Resignation, der Entsagung und Erduldung, in das der Wiener Bürger nun einkehren durfte, war ein durchaus wohl ausgestattetes Heim mit gepflegtem Interieur. Das alte Bild vom stillen Garten, die »Ideale Landschaft«, wie der einstige Metternich'sche Hauslehrer Adalbert Stifter eines seiner Ölgemälde benannte, wird wieder entdeckt und damit die als Idylle erlebte und verstandene poetisierte Natur. Dieses geordnete Reich hat ihm zwar die alten Ideale nicht genommen, ließ den Bürger aber ihrer Verwirklichung entsagen und schuf dafür maßvollere Vorstellungen, deren Realisierung er anstreben durfte, um so mehr, da sie sich mit denen der Staatsführung vielfach deckten, und prägte dann auch das Gemüt jener Epoche und deren Menschen. Dem Reich des Verzichts, des stillen Memento an die Vergänglichkeit und des Verlangens nach Ruhe und Seelenfrieden mögen auch ferne Nachklänge auf das Misslingen josefinischer Reformen und die Radikalisierung der Französischen Revolution zur Konstituierung verholfen haben, gemeinsame ideologische Klammer zwischen Hof und Bürger blieb lange jedoch die tief verwurzelte Skepsis gegenüber jeglicher Veränderung und Neuerungssucht. Eine Haltung, an der bald auch die aus deutschen Gegenden zugereisten politisierenden Romantiker, philosophischen Idealisten wie auch literarischen Neuerer mit ihrer mitgebrachten recht deutschen Ideologie, ihren nationalen Empfindungen, subjektiven Ideenwelten und allerlei unbändig stürmerisch-drängenden Leidenschaften in den Wiener Salons dank der stets mächtigen Instanz des Spottes über die wunderlichen Fremden ironisch scheitern mussten. Damit setzte wieder einmal unweigerlich in der Stadt jene, wie Stefan Zweig dann schreiben sollte, »auf jedes Geschehnis unfehlbare Wendung« ein, nämlich »die Erledigung durch Heiterkeit«. Eine Heiterkeit wieder, die bar jeglicher Brechung mittels romantischer Ironie zurechtkam. »Man übte Entsagung und Bescheidenheit«, spottete ein Heinrich Heine über die Vormärzkultur, »man beugte sich vor dem Unsichtbaren, haschte nach Schattenküssen und blauen Blumengerüchen, entsagte und flennte.«

Wehmütiger Rückblick

Die deutsche Aufklärung, durch die Französische Revolution radikalisiert, trat beim Nachbarn nunmehr mit einem politischen Totalitätsanspruch auf, und bald darauf sollte Fichte zum Philosophen des deutschen Nationalstaatsgedankens werden. Im Kampf gegen Napoleon musste allerdings das entstehende Nationalbewusstsein auf traditionelle Momente und Mythen zurückgreifen, die mit dem ursprünglich gegen diese Traditionen gerichteten Rationalismus der Aufklärung unvereinbar waren. Als die Reaktion über Napoleon gesiegt hatte, errichtete sie ebenfalls sofort ein Bollwerk ihrer antirationalistischen Tradition, in der »Heiligen Allianz« nahm nunmehr die Religion einen politisch bedeutsamen Stellenwert ein, schon allein, um die universelle Illusion einer von der Revolution geretteten Welt zu erschaffen. Im Jahre 1819 setzte mit den »Karlsbader Beschlüssen« bekanntlich eine Periode der reaktionären Beschränkungen ein, die der Emanzipation und der geistigen wie politischen Freiheit ihre Voraussetzung nahm. Mit dem Rückgriff auf die christlichen Traditionen hatte die politische Reaktion ihren metaphysischen, mit der kirchlichen Restauration ihren getreulichen organisatorischen Halt zwischen Thron und Altar gefunden und auch manchem Vertreter des deutschen Geistes nach der Enttäuschung über Napoleons Untergang einen Ausweg geboten. Als sich die Träume Hegels vom kaiserlichen Weltgeist auf seinem Pferd und die vom bürgerlichen Gesetzbuch nicht recht realisieren wollten, konnten sie diese deutschen Träume zumindest in der Alternative einer politischen wie literarischen Romantik fortsetzen. Es war, wie sich in den Folgejahren zeigen sollte, dem Geist nicht gelungen, die gesellschaftliche Wirklichkeit zu verändern. Die Enttäuschung darüber bildete dann den Hintergrund des Wandels vom Idealismus zum Materialismus, von der Spekulation zum Positivismus. Der Wechsel des Paradigmas sollte zwar erst nach der gescheiterten Revolution von 1848 vollends zum Tragen kommen, doch die Symptome eines Bewusstseinswandels, die den spekulativen Geist zur Abdankung zwingen sollten, machten sich in deutschen Gegenden bereits in den dreißiger Jahren des 19. Jahrhunderts in vielerlei Verkleidung bemerkbar. Und auch hierzulande wurden spätjosefinistische, aufklärerische Gedanken bei Intelligenz und Beamtenschaft mehr oder weniger heimlich beibehalten und machten sich selbst inmitten einer römisch-katholischen Restaurationskirche bald als unliebsame Tendenz einer frühliberalen Entwicklung bemerkbar.

Das Gefühlshandwerk des Einzelnen in seiner Ich-Welt-Beziehung blieb im biedermeierlichen Wien jedoch antiidealistisch und antiromantisch, langmütig nahm man das Gegebene als Gottes Willen hin, während die Unmittelbarkeit barocker Rhetorik nicht hin zu literarischer Radikalität, sondern vielmehr auf die Sprache des Volkstheaters verwies. Lange noch wird hierzulande ein Wienerischer König Philipp auf den Ruf des Marquis Posa »Geben Sie Gedankenfreiheit« verständnisvoll antworten: »Wem sagen Sie das? Da könnt' ich Ihnen noch ganz andere Geschichten erzählen. Aber was soll man machen?« »Was ihnen an Geist und tiefer Empfindung abgehen sollte«, schreibt demnach Heinrich Laube in seiner »Reise durch das Biedermeier« über die Wiener, »ersetzen sie durch Schalkhaftigkeit und Laune.« Daneben aber fühlten sie sich durchaus einem Realismus verbunden.

Ernsthaftere deutsche Neuerer waren zuvor schon selten gefragt und bereits unter Maria Theresia und Josef II. war es einem Gottsched oder Klopstock nicht gegönnt, in Wien eine »deutsche Akademie« zu gründen, wurde Lessing nicht an die Spitze des Hoftheaters gestellt und Wieland nicht als Erzieher an den Kaiserhof berufen. Österreich richtete sich nach dem deutschen Geistesleben, solange dieses vom Rationalismus und von der Aufklärung bestimmt blieb; Empfindlichkeit gegenüber allzu Apodiktischem, Ablehnung jeder Art von subjektivistischer, die vorgegebene Realität verneinender Literatur erklären die eingeschränkte Rezeption der Weimarer Klassik, die lange Verweigerung alles Romantischen wie auch eine von außen registrierte Verspätung und Phasenverschiebung gegenüber der allgemeinen Entwicklung der deutschen Literatur. Nicht Schiller, nicht Fichte noch Hegel, von der späteren politischen Lyrik und Prosa eines Heine oder Börne ganz abgesehen, allein Haller, Hagedorn oder Gellert werden hierzulande jetzt häufig gelesen; Herbart oder der kirchenintern umstrittene Bernard Bolzano wieder sollten als Denker den heimischen Wesenszügen näher liegen, die Grillparzer noch 1837 idealtypisch mit Bescheidenheit, wahrem Gefühl und gesundem Menschenverstand umschreibt, die bei Gelegenheit sich allerdings rasch in ihr Gegenteil verkehren konnten. Eine Kritik Nicolais hat bereits 1795 den heftigen Protest Alxingers zur Folge, der darauf repliziert: »Wenn ein Catholik und ein Wiener sich einbildet, dass die Protestanten (einige würdige Männer ausgenommen) und die übrigen Deutschen es redlich mit ihm meinen, so wird er gewiß bei der ersten Gelegenheit aus diesem Traum erwachen.« Josef Schreyvogel macht sich in seinem »Sonntagsblatt« über einen deutschen Reisenden lustig, der vor dem Neubau des Theaters an der Wien zu behaupten wagt: »In Dessau haben wir das besser.« Selbst die umgängliche Karoline Pichler ist über die »liebenswürdige Naivität« erstaunt, »mit welcher West- und Norddeutsche (diese ganz vorzüglich) sich berechtigt glauben, Österreich nicht allein tief unter sich zu sehen, sondern es uns bei jeder Gelegenheit ins Gesicht zu sagen …«. Und dies, wie die Pichler andernorts vermerkt, auch noch »im Lande der Phäaken, wie uns die sehr mäßigen Norddeutschen nennen, die sich indes, wenn sie in Wien sind, unsere Schnitzel und Rostbratel trefflich schmecken lassen, auch ganze Abhandlungen darüber ihren Reisebüchern einverleiben«.

Ähnlich argumentiert Grillparzer. 1815 verspottet er die »Vorlesungen über Deutschheit und Volkstümlichkeit«, die lediglich bei den Großen dieser Welt Erfolg hätten, weil sich diese »durch die hohen Eintrittpreise geschmeichelt fühlten«. 1819 polemisiert er erneut gegen die für »urdeutsche« Kunst und Poesie begeisterten »Neudeutschen«. Ein Autor, so meint er, werde eher das gesamte Publikum ansprechen können, wenn er einen römischen Konsul zum Helden wählt, als wenn er einen Nürnberger Bürgermeister auf die Bretter stellt. Das wirkliche Gegenmittel bezüglich nationaler Enge ist ihm, dem literarischen Anwalt des Wiener Bürgertums und seines Besitzes an Bildung inmitten einer übernationalen Kultur, lebenslang der Kosmopolitismus in der Kunst.

Man wird in alldem darin, später, eine wachsende Eigenständigkeit einer österreichischen Kultur gegenüber der deutschen erblicken, die sich dabei mitunter allerdings gnadenloser Integrationsmethoden zur Aufrechterhaltung lokaler hegemonialer Verhältnisse bedienen konnte. Über Friedrich Schlegel beispielsweise, den deutschen Romantiker und Metternichberater, der in diesen Jahren seine politischen Hoffnungen ausschließlich auf Wien richtet und daneben auf die römisch-katholische Kirche, deren restaurativen Herrschaftsanspruch er bald mit dem Eifer des militanten Konvertiten zu seiner Sache macht und deshalb von der Wiener Salongesellschaft merkwürdig abgesondert bleiben sollte, protokollieren Konfidenten der Polizeihofstelle: »Hofsekretär Schlegel gewöhnt sich seit acht und mehreren Tagen, sich öfters mit Wein zu restaurieren, und hiezu hat er verschiedene Orte. Sie sind das Kaffeehaus in der

Herrengasse, das Kaffeehaus bei Benko im Liliengassel, bei Reich am Hohen Markt. Es werden täglich 2, 3 dieser Orte, auch mehrere, und am 15.d. alle fünf der Reihe nach besucht und Stärkungen genommen.« Dick wie ein Prälat soll er davon geworden sein, berichten Zeitgenossen und dies bestätigt auch Schnorr von Carolsfelds Bildnis aus dem Jahr 1821, doch sein religiöses Sendungsbewusstsein scheint bald auf das hierorts übliche pragmatische Mittelmaß geschrumpft. Im Dezember 1814 will Schlegel eine Predigt des berühmten Zacharias Werner hören, glühender Apostat auch dieser, bleibt jedoch, wie der stets gegenwärtige Beobachter zu Protokoll gibt, nur eine Viertelstunde, »weil die Kirche zu voll war, und erfrischte sich daher in Lenkeys Weinschank mit einem Trunk«.

Auch schwingt in dieser Abwehr importierter Ideen im Zeichen einer geistigen Isolierung der Monarchie die stets in Wien gegenwärtige barocke Erfahrung der Demut, der Zerrissenheit des Einzelnen wie des Weltschmerzes im Ganzen sowie Reminiszenzen der Vergänglichkeit allen irdischen Tuns infolge einer zähen Kontinuität der Staatsform ohne revolutionärer Unterbrechung mit. Das menschliche Schicksal ist somit nichts anderes als die Kausalkette von Ursache und Wirkung, deren lenkendes Ende in der Hand Gottes liegt. Ernst von Feuchterslebens Stellungnahme in seinem 1838 erschienenen, die Wirkung des Geistes auf den Leib behandelnden Hauptwerk »Diätetik der Seele« zur Suche nach dem wahren Glück in der Vergänglichkeit des Augenblicks gedeiht nur auf dem Boden der Entsagung und kann mithin als die für das gesamte österreichische Biedermeier charakteristische angesehen werden. Er, der nach Grillparzers Befund in geistiger Not gestorben sei und 1846 am St. Marxer Friedhof beerdigt wurde, schrieb am Höhepunkt der Restaurationszeit Gedichte voll Naturlyrik und Antikensehnsucht und nannte sie etwa »Lust und Leid«, »Lied vom Vergessen«, »Melancholie« oder auch »Resignation«, in dem sich die Zeilen finden:

Wend ich aufs Vergangne
Prüfend mich zurück:
Trifft auf schwarz behangne
Särge nur mein Blick.

Doch auch jeglicher Ausblick in die Zukunft bleibt pessimistisch und wolkenverhangen. Derartige Gefühls- und Gemütselemente wieder,

mit denen man oftmals der höheren Ordnung verhaftet ist, gewähren dem Menschen als Lohn naturgemäß allein Reichtum und Befriedigung seines inneren Lebens. Vital fortwirkende barocke Erfahrungen der Einordnung in das unveränderliche Gesetz sind es, die zum Wohlgefallen Metternichs die private Geisteswelt des biedermeierlichen Menschen beschäftigen und, wie es Wilhelm Bietak formuliert, »das Interesse von den öffentlichen Angelegenheiten auf die inneren« lenken. Ein Ideal bürgerlicher Lebensführung des innen geleiteten stillen Glücks konstituiert sich, wie es die Notwendigkeit des neuen Lebensgefühls und der reaktionäre Staatswille gleichermaßen fordert. So steht die barocke Fortuna in ihrer Vergänglichkeit und scheinbaren Launenhaftigkeit, hinter der sich doch ein gerecht waltendes Schicksal verbirgt, nicht zufällig im Mittelpunkt der Zaubermärchen und Possen eines Raimund oder frühen Nestroy. Und somit bleibt dem Bürger zwischen Ideal und restaurativer Realität nur die ohnmächtige Resignation, die im Leben den Weg zum Tode und im Tode das wahre Leben erkennt. Aus der Gegenwart entflieht man in die konstruierte Idylle eines Zwischenreiches der Träume, in seiner Liebeslyrik wird dem Biedermeiermenschen der Gedanke an Vergänglichkeit und Tod geradezu zur Pflicht gemacht und als idealer Ort des Liebesgeständnisses und der Lokalisierung des Glücks gilt ihm dabei der abendlich gestimmte Friedhof.

Ebendort hatte der josefinische, gleichmacherische Tod mit seinen Massen- und Schachtgräbern unterdessen sein unbeweintes Ende gefunden und einer durchgängigen Individualisierung der bürgerlichen Grabstätte Platz gemacht, die sich nunmehr in allerlei antikisierten wie romantischen Formen und Symbolen als neue, selbstbewusste Ikonographie des Todes darstellt. In derartigen Einsamkeitserlebnissen träumt der biedermeierliche Bürger den Traum seines Lebens, wird ihm das Leben ein Traum, und der Schlaf als rühriger Begleiter stilisiert sich als Befreier von der Qual des Daseins hin zum »süßen Sterben«. Und so steht auch der höchst gegenwärtige Tod hier lediglich als Eingang in die höchste Einheit und Ganzheit. In dem Bild des mit Rosen umschlungenen Kreuzes ist bei Feuchtersleben Her- und Hinkunft des menschlichen Lebens und demnach auch sein Sinn und Streben in diesen Jahren des Vormärz erfasst.

Die barocke Idee von der Vernunftmäßigkeit der universellen Ordnung ist noch in der josefinischen Aufklärung anzutreffen und

findet praktischerweise ihren weltlichen Ausdruck im angestrebten aufgeklärten Absolutismus des Staates, zu ihr hat sich die Vernunft des Einzelnen zu erheben, weil dadurch auch der allgemeine Fortschritt und mit ihm die allgemeine Glückseligkeit gewährleistet scheint. Diesem von oben geförderten Fortschrittsglauben steht nun allerdings das resignative, biedermeierlich-deterministische Volksbewusstsein mit seiner tief empfundenen Meinung entgegen, dass im Grunde alles nur Wiederholung und Verdichtung des Vergangenen sei. Ein zäher Glaube an die immer während Wiederkehr des Schicksals im Jahres- und Zeitenlauf bleibt erhalten, der trotz einsetzendem sozialen Wandel und fortschreitender Mobilität durch die beginnende Industrialisierung in den Vororten und im Umland der Stadt auch weiterhin keinerlei dynamische, linear aufsteigende Zukunftshoffnung aufkeimen lässt. Freilich auch keine dynastische.

Grillparzers lebenslanges Standhalten gegen jeglichen Fortschrittsoptimismus, seine tiefe Skepsis gegenüber einer idealistisch wie positivistisch deutbaren schrittweisen Menschheitsentwicklung vom Niederen zum Höheren, seine Ablehnung des eben virulent gewordenen Nationalismus mögen in seiner Zeit und ihrer altehrwürdigen übernationalen Staatsidee begründet liegen, vieles davon wird sich dann jedoch in späteren Jahren düster bestätigen und eine beachtliche Kontinuität der Skepsis in der österreichischen Kulturlandschaft begründen, die über Nestroy und Stifter hinaus zu einem Karl Kraus oder Hugo von Hofmannsthal und schließlich zu Ludwig Wittgenstein führen wird, der bekanntlich seinen posthum erschienenen »Philosophischen Untersuchungen« das Nestroy'sche Motto voranzustellen gedachte: »Überhaupt hat der Fortschritt das an sich, daß er viel größer ausschaut, als er wirklich ist.«

Was an all den erwähnten Reiseberichten zweifellos der Wirklichkeit entsprach, war, dass dieses höfisch-mäzenatische, imperatorisch-autoritative Wien dank der Funktion als Reichs- und Residenzstadt und durch die Menge der hierher transferierten Einkommen, Grundrenten und den Handelserwerb des Hofes, des Adels und einer schmalen bürgerlichen Oberschicht, mit ihren vielfach aus deutschen Städten eingewanderten Fabrikanten und ihren böhmischen Lohnarbeitern, slowakischen Landarbeitern, ihren k. k. Hoflieferanten, k. k. privilegierten Produktenhändlern, Bankiers, Beamten und Bediensteten sich zu einem klassischen Konsum- und

Luxusort entwickelt hatte, in dem, wie der Wirtschaftshistoriker Roman Sandgruber hervorhebt, allein der Fleischverbrauch im Durchschnitt vier- bis achtmal höher lag als im übrigen Land. In den zwanziger Jahren des 19. Jahrhunderts finden sich unter den etwa 50.000 Einwohnern der Wiener Innenstadt 15 Prozent Gewerbetreibende, denen wieder 46 Prozent Hauspersonal gegenübersteht. Im seltsamen Zugleich und Nebeneinander zu Mäzenatentum und demonstrativem Konsum existieren dann spätestens in den vierziger Jahren achttausend innerstädtische Bettler und vegetieren rundum zehntausende Armutsopfer einer aus der Stadt ausgesperrten Industrialisierung, während das verhofte Wien selbst von den Strukturen und Erfordernissen der Repräsentation und Verwaltung geprägt bleibt und somit die sozialen und politischen Probleme, die die Frühindustrialisierung mit sich bringt, länger als anderswo nur vermittelt zu spüren bekommt.

Noch in seinem 1847 erschienenen Werk »Wien und seine nächsten Umgebungen« betont der Topograph Adolf Schmidl, das »industrielle Gewerbe« habe in Wien »Riesenschritte in neuester Zeit gethan«, und »die Artikel in welchen Wien einen Vorrang behauptet, mehren sich von Jahr zu Jahr. Dahin gehören: Shawls und Umhängtücher, Kautschukarbeiten, Perlenmutterwaaren, Meerschaumpfeifen, Tischlerwaaren (2000 Meister), Kutschen, Klaviere (100 Klaviermacher), optische Instrumente (Plößl's Institut hat europäischen Ruf) u. s. w.« Verweist das ausufernde Kunsthandwerk noch auf die ausklingende Empirezeit, so bleiben nunmehr auch die übrigen Gewerbezweige den alten Erzeugungsmethoden des 18. Jahrhunderts getreu verhaftet und produzieren Luxuswaren für einen Markt, der deutlich bereits im Gegensatz zu seiner Zeit steht. Andernorts mag im Anschluss an die Napoleonischen Kriege eine neue bürgerliche Kultur der Innerlichkeit und Anspruchslosigkeit zu Vereinfachung, zu einer Rationalisierung des Geschmacks geführt haben, und da man kein Geld für Überflüssiges besaß, mussten Zweck und Absicht aller Dinge funktionaler zutage treten, als in der graziösen, reich geschmückten Adelskultur von Barock und Rokoko. Nicht jedoch in Wien, wo sich jetzt althergebrachte Tradition und ortsansässiger Geschmack erneut mit den Erfordernissen eines regen gesellschaftlichen, dem Hofe entlehnten Lebensgefühls vermischt und wuchernde Ornamentik des Luxuskonsums beginnt, den frühindustriellen Warencharakter zu verbergen. Ein Luxus, der vorerst allerdings nur einer schmalen städtischen Schicht im Prozess der Konstituierung bürgerlicher Kultur zugute kommt.

Großer Beliebtheit erfreuen sich bereits zur Zeit des Wiener Kongresses Gesellschaftsspiele oder Glückwunschkarten in all ihren verschiedenen Formen, von den Zug- und Hebelkarten bis zu den geprägten, mit Seide, Elfenbein und anderem Zierrat versehenen Produkten. Das Kunstgewerbe schafft silberne Kännchen und Körbe, goldene Anhänger und Steckkämme, Schreibgarnituren aus Bronze und Perlmutter, Stock- und Stutzuhren mit Meerweibchen, Schwänen oder mit der Ansicht der Karlskirche, seidene Geldkatzen oder hölzerne Fächer. Daneben benötigt die Salongesellschaft als neuer Mittelpunkt des literarischen und musikalischen Lebens Porzellangeschirr, einfaches, vergoldetes oder bemaltes, Kuchenkörbe, Zuckerdosen, Zuckerschalen und Tabletts. Für den Salon wieder erbaut man den Glasschrank, die Servante, diesen Museumsort des Bürgertums, vor dessen Spiegelwänden man alles vereint, was man demonstrativ schätzt und vorzuzeigen beabsichtigt: bemalte Tassen, geschliffene Gläser, Silbersachen, stets begleitet vom sentimentalen Spiel mit allerlei Schmuckmotiven. Da erblickt man allerorten verblasste Blumenkränze als Embleme der Freundschaft und der Liebe, Symbole im Kampf gegen die Vergänglichkeit, von verstaubten Schleifen und Bändern umwunden. »Sei immer du, und sei es ganz!«, schreibt Grillparzer in diesen Jahren in ein Stammbuch, »Früh stirbt die Blume, nie der Kranz!« Die Zeit ist zudem überaus mitteilsam und schreibselig. Man verfasst und empfängt im Zeichen eines stark eingeschränkten Pressewesens ganze Landregen von Briefen. Und so erschafft die Biedermeierzeit sich eben den Schreibschrank, den Sekretär, das Möbel mit der aufklappbaren Schreibplatte, das wenig vom kostbaren Raum inmitten mittelalterlich strukturierter Stadtgestaltung nimmt. Den Schrank mit den vielen kleinen Fächern erfindet sie, um all die Briefe unterzubringen, und zugleich verborgene Geheimfächer, um Tagebücher oder verbotene Schriften sicher zu verwahren.

Bereits unter dem ersten österreichischen Kaiser Franz I. gibt es, wie der Zeitgenosse Friedrich Anton von Schönholz anmerkt, mehr spielerische Projektemacherei und zweckfernen Erfindungsdrang als im übrigen Europa. »In Ermangelung eines von öffentlichen Zuständen angeregten Interesses und auf vielen Seiten von der Wahrheit entfernt gehalten, verliert sich der Geist ins Reich der

Möglichkeiten«, notiert er, und nennt dabei ein Beispiel, »wo der regsame Erfindergeist weniger aufs Große gerichtet« seine enervierende Wirkung lange vor Einführung des Mobiltelefons zeigt: »Natürlich wuchsen Flötenwerke damals wie Pilze im sonnigen Wald: Handorgeln, Spieldosen, Spieltische, Spielschränke, Stutzuhren und Spielsockeln und wer Anspruch auf Eleganz machte, mußte eine Petschaft mit Spielwerk an der Taschenuhr tragen. Wer aber ein musikalisch gebildetes Ohr mit sich führte, war fortan der Verzweiflung geweiht; allenthalben Glocken- und Flötenspiel: auf der Straße, beim Traiteur, im Kaffeehause. Kaum war man irgendwo zum Besuch eingetreten, klappte eine Feder in der Uhr, im Schrank oder Tisch; die Ouvertüre zur Zauberflöte oder dergleichen begann und zugleich das Panegyrikon des Eigentümers auf sein alle bisher bekannten übertreffendes Spielwerk, das Steckenpferd der Mode.« Aus eben diesem Geist heraus entstehen dann auch die ersten Flugversuche des Uhrmachers Jakob Degen, anfangs himmelsstürmende Luftgeschäfte, die vom Kaiserhaus durchaus gefördert werden, allein, so lässt man ihm bald ausrichten, »er müßte zuförderst auch fliegen«.

Josef Madersbergers später im Liberalismus zur warnenden Lesebuchlegende erweiterter Lebenslauf steht ebenfalls unter dem Schatten eines frühbiedermeierlichen Schicksals. 1814 stellt er erstmals eine Nähmaschine her, für die er dann eine bronzene Medaille des n. ö. Gewerbevereines erhält sowie ein österreichisches Privileg, das jedoch 1818 erlischt, nachdem er die erforderlichen Taxen nicht bezahlen kann. Seine Erfindung sollte sich zu Lebzeiten niemals durchsetzen, da in der rückständig gehaltenen Monarchie bei einem Überangebot an Arbeitskräften die Nachfrage nach arbeitssparenden, rationellen Produktionsmethoden naturgemäß gering ist. Der Erfinder stirbt völlig verarmt im Bürgerversorgungshaus auf der Landstraßer Hauptstraße und liegt seit 1850 in der Nähe von Jakob Degen in einem Schachtgrab am St. Marxer Friedhof begraben.

Eine Wiener Spezialität dieser Jahre stellt die Transparenzmalerei auf Bechern und Gläsern dar, die oft nach Vorlagen von Jakob Gauermann mit ländlichen Motiven, besonders vom Porzellanmaler Anton Kothgasser oder dem Miniaturisten Michael Moriz Daffinger in der Wiener Porzellanmanufaktur meisterlich gehandhabt wird, während die filigranen Produkte der Glasfabrikanten Lobmeyr in ganz Europa begehrt sind. Beide, Daffinger wie Josef Lobmeyr, werden in St. Marx bestattet.

Die Themen der Darstellungen umfassen in Zeiten, in denen man sich auf eine Welt im Kleinen einrichtet, neben Bukolischem vor allem Wiener Ansichten, Blumen, Tiere, Porträts und religiöse Motive, Mutterglück und vaterländische Historienbilder. Die bildende Kunst folgt diesem Trend der neuen Innerlichkeit und vielleicht kann stellvertretend für die geänderte Blickrichtung Johann Peter Krafft erstes Wiener Genrebildnis »Heimkehr des Landwehrmannes« stehen, jene Figur, die aus dem kriegerischen, historisch beladenen Umfeld ins Private, Familiäre zurückfindet. Das Häusliche, Volksszenen und die säkularisierte Natur treten in Waldmüllers Veduten in den Mittelpunkt und der malerische Blick umfasst nunmehr, gleich den viel publizierten Reiseberichten, die nähere und fernere Umgebung der Stadt. Joseph Danhauser, Peter Fendi, Friedrich Gauermann und viele andere werden zu Schilderern des bürgerlichen Alltags. Literatur und bildende Kunst folgen dem neuen Realismus. Peter Fendi etwa, der »geistreiche Maler«, wie Karoline Pichler vermerkt, kaiserlicher Hofmaler und Kustos des k. k. Münz- und Antikenkabinetts, von Hormayr gefördert, erfreut den Bürger in diesem Zusammenhang nunmehr auch durch seine inoffiziellen Darstellungen des fröhlichen Sexuallebens seiner Zeitgenossen. In Taschenuhren, Dosen und Medaillons finden sich derartige Abbildungen und erklären ebenso die zahlreichen Geheimfächer im häuslichen Schreibschrank wie die hintergründigen Moralvorstellungen jener Ära.

Ein selbstbewusstes, wenn auch von der Politik ausgeschlossenes Bürgertum tritt uns erstmals in Form zahlreicher Porträts entgegen: der Fabrikant Michael Hengelmüller etwa, gemalt von Jacques-Louis Comte, das Bildnis des Industriellen Karl Klein von Friedrich August Vieth, das des Möbelfabrikanten Franz Danhauser, gestaltet von seinem Sohn Joseph, oder des Textilfabrikanten Rudolf Arthaber von Franz Eybl. Mit hohem, aufgeschlagenem Kragen werden sie dargestellt, samt flott geschlungenem Halstuch, mit farbenfreudigen Westen, das Gesicht bartlos, allenfalls ist noch ein Backenbart gestattet; der Vollbart aber ist das Erkennungszeichen des Demagogen.

Sonntag, den 27. August 1848, mit dem 18-Uhr-Zug aus Berlin angekommen, wird er am Nordbahnhof erstmals Wiener Boden betreten, jener dreißigjährige vollbärtige Mann, dessen Name dann etwas entfremdet unter den hierorts Abgestiegenen in einer Zeitung aufscheint: »Herr Carl Marxe, Doctor der Philosophie, von Paris«. Wien, auf das ganz Europa hoffnungsvoll als revolutionäres Fanal blickt, sollte jedoch auch ihn enttäuschen. Vier Jahre zuvor hatte Marx (für Neoliberale: Kein Verwandter unseres Friedhofes) bereits in den »Deutsch-Französischen Jahrbüchern« die Zeit des Vormärz analysiert und dabei bitter gestimmt notiert: »Wir haben nämlich die Restaurationen der modernen Völker geteilt, ohne ihre Revolutionen zu teilen. Wir wurden restauriert, erstens, weil andere Völker eine Revolution wagten, und zweitens, weil andere Völker eine Konterrevolution litten, das eine Mal, weil unsere Herren Furcht hatten, und das andere Mal, weil unsere Herren keine Furcht hatten. Wir, unsere Hirten an der Spitze, befanden uns nur einmal in der Gesellschaft der Freiheit, am Tage ihrer Beerdigung.«

Noch neigt die Zeit zur Harmonie: Zahlreiche Freundschaftssymbole finden sich in der Ära vermehrter Freundeskreise nunmehr in Stammbüchern und auf Glückwunschkarten und das bürgerliche Sittenbild, das häufig im Adelspalais hängt, wird dank lithographischer oder gestochener Reproduktion populär und fast jedermann zugänglich. Diese neue Technik der Lithographie umfasst rasch eine unüberschaubare Fülle von Serien über »Malerische Ansichten« von Wien, seiner Umgebung, seinen Volksszenen und Volkstypen, die jetzt in Form billiger, standardisierter Abbilder in pseudorealistischer Öldruckmanier unter ebendieses Volk gelangen.

»Wiener Scenen aus dem gemeinen Leben« nennt Sigmund von Perger seine als kolorierte Kupferstiche angebotenen Zeichnungen, die die Wiener »Kaufrufe« des 18. Jahrhunderts fortführen und auf denen etwa Salamiverkäufer, Gewürzkrämer oder auch, als Frühform urbaner Verkehrsmittel, Sesselträger in roten Uniformen dargestellt werden. Sein Aquarell »Volkstypen auf dem Glacis bei der Karlskirche« beschriftet er mit: »Croatenbub KimmelWeib Handwerksbursche Böhmischer Bauer«. Wäscherinnen und Wasserträgern widmet Josef Lanzedelli d. Ä. seine kolorierten Kreidelithographien. In weiteren zahlreich erhaltenen Serien aus dem Wiener Volksleben tummeln sich Ziegenmilchverkäuferinnen und Fiaker, Harfenisten und Hausknechte, Wäschermädel und Werkelmänner, und in dem von Adalbert Stifter 1844 herausgegebenen Sammelband

»Wien und die Wiener« begegnen uns auf kolorierten Stahlstichen etwa eine »Ausspielerinn«, »Die Pudelschererin«, »Die Bratelbraterin«, ein »Tandler«, ein »Haderlumpweib«, der »Beinelstierer« oder die »Böhmische Köchin«. »Ein Numero« nennt Vinzenz Georg Kininger seinen Kupferstich, auf dem ein mit Zahlen versehener Zuckerbäckerlehrling in besonderer Tracht abends in den beiden Hoftheatern Getränke und Süßigkeiten verkauft. Ferdinand Raimund war einer von ihnen, der hier im Auftrag seines 1824 in St. Marx begrabenen, vermutlichen Lehrherren Friedrich Jung tätig war, dabei seine Liebe zum Theater entdeckte und sich einer Wanderbühne anschloss. Einen »Brezelbub auf dem Glacis« malt 1828 Peter Fendi, einem »Läufer« widmet zuvor Joseph Kriehuber 1827 ein Bildnis, und derartige Bedienstete müssen bis 1848 den Privatfahrzeugen des Hofes und des Adels voraneilen, um tagsüber die Straße freizuhalten oder Nachts diese für die Herrschaft zu beleuchten.

Die Lehrzeit derartiger Professionen beträgt drei Jahre, ausgewiesen in jenem auf den Ortsbedarf abgestellten, stark regulierten »Polizei-Gewerbe«, dem ein Dekret vom 2. Mai 1809 immerhin 95 Berufsgruppen zuweist, von denen wir wieder lediglich den Ciocolatemacher, den Dürrkräutler, die Fratschlerinnen, die Käsestecher, Kipfelstand- und Brotsitzer, den Magenbeugelhändler, den Schmalzversilberer oder den Stärk- und Haarpudermacher hervorheben möchten. Zunftvertretern, denen man heute noch auf den Grabsteinen des St. Marxer Friedhofes zur Genüge wieder begegnen kann.

Was sich im Schatten der anhaltenden Verhofung Wiens seit der Barockzeit an solcherart Gewerbe- und Dienstleistungsträgern entwickelte, mag vor dem Hintergrund einer tief greifenden Industrialisierung, des einsetzenden Eisenbahnzeitalters und dem der Daguerreotypie anachronistisch erscheinen, erfüllte jedoch nach Wolfgang Häusler in einer Stadt, deren Repräsentations-, Handels- und Versorgungsorganisation der wachsenden Größe nicht mehr entsprach, nach wie vor wichtige Funktionen. Die breite Schilderung der Vielfalt von Wiener Volksfiguren war ein feststehender Topos der Stadtbeschreibung jener Zeit und manche dieser Gestalten haben literarische Unsterblichkeit erlangt, wie der Aschenmann aus Ferdinand Raimunds »Bauer als Millionär«, der arme Spielmann in Franz Grillparzers gleichnamiger Novelle oder die zahlreichen

Nestroy-Figuren, mit denen der Dichter eine möglicherweise durchaus realistische Wiedergabe der vielschichtigen Vormärz-Gesellschaft vornimmt. In seiner häufig gespielten Posse »Einen Jux will er sich machen« heiratet der Gewürzkrämer Zangler schließlich Madame Knorr, die er in liebevoller Erhöhung ihres Standes seine »Modewarenverlagsniederschlagsverschleißerin« nennt, und man glaubt es ihm. »Müller, Kohlenbrenner und Sesseltrager« titelt Nestroy sein Zauberspiel aus dem Jahr 1834, in dem wieder einmal zahlreiche sprechende Namen wie »Vanilli, ein Schokolademacher« oder »Becher, ein Wirt« nicht fehlen dürfen, und in dem der böhmakelnde Schneider Proczpak heißt.

Und so wie die Bilder aus dem Leben des »gemeinen Volkes von Wien« illustrieren auch die literarischen Figuren nicht nur eine soziale, sondern ebenso die ethnische Differenzierung der Stadt. Da gibt es neben den erwähnten italienischen Salamiverkäufern, böhmischen Köchinnen und Schneidern noch den slowakischen Rastelbinder, den ungarischen Viehhändler, den »Zwiebelkroaten«, den Südfrüchte und Holzwaren verkaufenden »Gottscheer« aus der Krain, da existieren in der Stadt zahlreiche Polen, Raizen, Siebenbürger, Türken, Griechen, Walachen sowie der jüdische Trödler aus dem Osten. Noch vermitteln sie alle dem Betrachter kaleidoskopartig einen bunten Bilderbogen der Stadtansicht, doch ein pessimistisch in die Zukunft blickender Grillparzer warnt bei dieser Gelegenheit bereits: »Die gleiche Bildung macht die Trachten gleich.«

Es gibt auch mehr Schatten als Licht. Durch dunkle Gassen fahren frühmorgens die Bauern von weit außerhalb der Linie gelegenen Gehöften in die Stadt hinein, um ihre ländlichen Produkte verkaufen zu können; Scherenschleifer, Musikanten und alle Arten von Straßenhändlern ziehen von Haus zu Haus. An jeder Ecke, vor jeder Kirche sitzen barfüßige Kinder und bieten selbst verfertigte Waren an. Wer arm ist, muss früh arbeiten. Die Stadt ist eng geworden und wird immer enger. Schon vor der Industrialisierung erweisen sich die mittelalterlichen Befestigungsanlagen als Hindernis einer urbanen Entwicklung. Auch ist die Mobilität groß »in Habsburgs alten Mauern« und erzählt vom steilen Konjunkturverlauf zwischen sozialem Auf- und Abstieg. Vom Umziehen ist viel berichtet worden im Zusammenhang mit Mozart, Beethoven oder Schubert, seltener bei denjenigen, die dies ausschließlich der Not wegen unternehmen mussten. »Der ökonomischen Unsicherheit entsprach ein häufiger Wohnwechsel«, schreibt diesbezüglich der Grillparzer-Biograph Heinz Politzer. »Zwischen dem Todesjahr des Vaters (1809) und dem Selbstmord der Mutter zehn Jahre später ist die Familie nicht weniger als sechsmal umgezogen, wobei die Wohnung, die Grillparzer im Entstehungsjahr der *Ahnfrau* (1816) innehatte, die Adresse ›Im Elend‹ (der heutige ›Tiefe Graben‹) führte und dem Totenschauamt gegenüberlag; eine handgreifliche Symbolik seiner Umstände, deren Ironie Grillparzer nicht entging.« Unbemerkt von alledem sind unterdessen zumeist aus Böhmen und Mähren zehntausende Arbeiter und Arbeiterinnen in die Vororte und Vorstädte eingewandert, ein anonymes proletarisches Massenheer ist entstanden, das seine erstmalige soziale Identität dann im Jahre 1848 erfahren wird.

»Österreich ist der patriarchalische Staat der neueren Zeit, wo die unmündigen Kinder dem Vater ihr Wohl vertrauensvoll in die Hände legen, ohne weitere Garantie als die, welche ihnen seine väterliche Gesinnung darbietet«, resümiert Adolf Glaßbrenner am Ende seines erwähnten Reiseberichtes aus dem Jahre 1835. In diesem Jahr war der nach Hausväternart herrschende Monarch Franz I. nach dreiundvierzigjähriger Regierungszeit gestorben und ihm war einer nachgefolgt, der das festgeschriebene und gottgewollte Legitimitätsprinzip auf eine harte Probe stellen sollte. Der Thronerbe Ferdinand war zwar geistesschwach, aber insofern regierungsfähig, »da er«, wie der Historiker Heinrich Benedikt penibel anmerkt, »seinen Namen, wenn auch nicht in einem Zug, so doch in drei Teilen, schreiben konnte«. Staat war mit diesem Ferdinand keiner zu machen, wenngleich ihm das ratlose Volk in Ermangelung nennenswerter Eigenschaften das Epitheton »der Gütige« verliehen hatte. Man behalf sich mit einer Art Regentschaft des Erzherzogs Ludwig, gestützt von den Rivalen Metternich und Kolowrat. Wo sich die beiden nicht einigen konnten und der Erzherzog entscheiden sollte, handelte er nach dem altbewährten Beamtenprinzip: »Liegen lassen ist die beste Erledigung.«

1830 kann als historisches Schwellenjahr apostrophiert werden, die Julirevolution in Paris zeigt erstmals die Macht eines oppositionell gesinnten Bürgertums auf. »Es ist hohe Zeit, an den Zeitereignissen teilzunehmen«, schreibt Eduard von Bauernfeld in diesem Jahr, in dem Karoline Pichlers konservativer Salonbetrieb langsam zu vereinsamen beginnt, und der ansonsten wenig kriegerische Franz Grillparzer notiert am 5. August in sein Tagebuch: »Ich wollte, ich wäre in Frankreich und ein Eingeborener, ich wäre jetzt in der Stimmung, mich für eine interessante Sache totschießen zu lassen.« Goethe, kein Freund von Revolutionen, wieder dichtet nach dem neuerlichen Sturz der Bourbonenherrschaft:

> *Warum denn wie mit einem Besen*
> *Wird so ein König hinausgekehrt?*
> *Wärens Könige gewesen,*
> *Sie stünden alle noch unversehrt.*

Die Pariser Julirevolution schien mehr zu sein als lediglich ein Dynastiewechsel, ihre Wirkung entfaltete sich über ganz Europa. Die Restauration, mit der »Heiligen Allianz« als ihrer Exekutivgewalt, hatte erhofft, das Gespenst der Revolution ein für alle Mal gebannt zu haben. Nun war es wieder da, zudem an gleicher historischer Stelle, in den Straßen von Paris, wenn auch nur drei Tage hindurch. Und die Barrikade wurde, wie später 1848 und noch 1871, zum Symbol des Aufstandes, wenn auch die eines verlorenen. Dennoch schienen diese drei Tage im Juli ein Zeichen, Fanal einer neuen Zeit zu sein: Die europaweite Restauration hielt man mit den Methoden der Revolution für beendet, und Letztere wird nun zur Parole für weitere bürgerliche, nationale und soziale Aufstände aller Art. Eine nationale Revolution findet im August in Belgien statt, eine Opernaufführung von Aubers »Stumme von Portici« ist der Auslöser. Im November folgt die Erhebung Polens; die Oper nationalisiert sich und bald werden aus Italien revolutionäre Aufstände in den Herzogtümern Parma und Modena mit ihren Herrschern aus habsburgischen Nebenlinien vermeldet. Damit rücken die Unruhen der Monarchie gefährlich nahe, Metternichs Allianz-System scheint endgültig an seinem Ende angelangt. Doch die Reaktion behauptet sich noch einmal und macht die verschiedensten Wandlungen durch, ohne freilich das in Europa umgehende Gespenst gänzlich bannen zu können.

1831 erscheint anonym in Hamburg Anastasius Grüns Gedichtsammlung »Spaziergänge eines Wiener Poeten«, in der offen Kritik an den österreichischen Verhältnissen geübt wird und auch eine vorerst heimlich räsonierende bürgerliche Öffentlichkeit erwacht in Wien langsam zum Leben. Hatte 1835 die »Industrie- und Gewerbs-Produkten-Ausstellung« in der Stadt den Stolz des neuen Standes von Fleiß und Industrie demonstriert, so zeigt die Gründung des »Niederösterreichischen Gewerbevereins« vier Jahre später sowie des »Juridisch-politischen Lesevereins«, entstanden 1841 dank dem in St. Marx bestatteten Beethoven-Freund Johann Baptist Bach, dass man trotz polizeilicher Überwachung bereit ist, die Diskrepanz zwischen Politik und Produktion im Sinne eines freien Waren- und Ideenaustausches zu erörtern und sich darüber in verbotenen Büchern und Zeitschriften des Auslands zu informieren.

Ab nun nützen einzelne Länder der Monarchie verstärkt die politische Stagnation zu ihrer wirtschaftlichen Entwicklung und verschärfen damit unweigerlich die Ungleichheiten der sozialen Situation; Arbeitsniederlegungen und Unruhen sind die Folge. Das beschauliche Biedermeier verändert sein selbstzufriedenes, nach innen gerichtetes Lebensideal und steht nunmehr im Schatten vormärzlicher sozialer Spannungen und oppositioneller politischer Ideen, denen die Polizei erneut mit dem bewährten Mittel der scharfen Grenzkontrolle nach außen und einer allgegenwärtigen Zensur nach innen zu entgegnen trachtet.

Die ängstliche Absperrung des Vielvölkerstaates gleicht nunmehr und noch lange Zeit einer von Glaßbrenner über Grillparzer bis Karl Kraus beschriebenen chinesischen Mauer, die den freien Austausch freier Gedanken unterbinden soll. So schildert bereits der literarisch interessierte Reisende Johann Gottfried Seume seine Annäherung an Wien mit den Worten: »An der Barrière wurden wir durch eine Instanz angehalten und an die andre zur Visitation gewiesen (...) Mein ganzer Tornister wurde ausgepackt, meine weiße und schwarze Wäsche durchwühlt, mein Homer beguckt, mein Theokrit herumgeworfen und mein Virgil beschaut, ob nicht vielleicht etwas französische Konterbande darin stecke; meine Taschen wurden betastet und selbst meine Beinkleider fast bis an das heilige Bein durchsucht; alles sehr höflich, so viel nämlich Höflichkeit bei einem solchen Prozesse stattfinden kann.« Adolf Glaßbrenner, mit ähnlichen Erfahrungen ausgestattet, nennt dann Österreich ein »geistiges Atlantis« und ein »europäisches China«. Maut- und Zollerlebnisse sind es auch, die fortan noch viele Besucher der Wienerstadt nachhaltig beeindrucken werden, doch diese Grenzziehung arbeitet nunmehr in Zeiten ärarischer Statistik und Kameralistik im Sinne eines polizeiwissenschaftlichen Systems.

Dieses bestimmt fortan zwei Territorien möglicher Bedrohung: ein außen gelegenes und eines im Inneren. Es ist verschiedentlich darauf hingewiesen worden, dass es eine eigenartige Analogie gibt zwischen der Bekämpfung von Seuchen, wie der Pest oder der Cholera der Jahre 1831–1832, und der Unterdrückung oppositionellen politischen Bewusstseins. Da die Seuchen des frühen 19. Jahrhunderts eingeschleppte Krankheiten sind, muss das Territorium mittels Grenzkontrolle nach außen gegen sie verteidigt werden; da sie zugleich kommunikative Erscheinungen darstellen, droht dem inneren Territorium die »Vergiftung der Volksstimmung«. Der unerschrockene Reisende, der bereits an der Grenzstelle agnostiziert wurde, unterliegt nunmehr im Inneren der Monarchie einem Netz von Beobachtungen auf vorgeschriebenen Wegen. »Der Fremde, welcher es wagen wollte, sich von der ihm vorgezeichneten Marschroute abzuweichen«, verfügt lapidar das 1828 erschienene »System der österreichischen administrativen Polizey«, »hat sich die daraus erfolgende Unannehmlichkeit selbst beyzumessen«. Und weiter heißt es zur kontrollierten Verortung des ausländischen Gastes: »Hausinhaber und Hausbesorger sollen die Inwohner anzeigen, sobald sich ein begründeter Verdacht in Ansehung ihrer Person, ihres Lebenswandels oder der Art der Erwerbung erhebt«, sowie: »jeder Hauseigenthümer soll über alle in seinem Hause wohnenden Parteyen Auskunft zu geben im Stande seyn.« Und sie taten dies gern. In Wien seien rund 10.000 »Naderer« oder Geheimpolizisten am Werke, schreibt Karl Postl 1828, hier »kann kaum ein Wort gesprochen werden, das ihnen entginge«, denn »jeder Hoteldiener ist ein gezahlter Spion; es gibt Spione, welche dafür entlohnt werden, Wirtshäuser und Hotels aufzusuchen und an der Wirtstafel zu horchen. Auch in der Hofbibliothek ist man vor ihnen nicht sicher, und die Buchhandlungen werden von Spionen heimgesucht, welche sich über die Einkäufe der Kunden unterrichten lassen. Selbstverständlich werden alle nur im geringsten verdächtigen Briefschaften geöffnet, und man bemüht sich so wenig, diese Verletzung des Briefgeheimnisses zu verbergen, daß der Stempel der Polizei neben dem erbrochenen Siegel des Absenders angebracht wird«.

Damit hat der vielerorts beschriebene Überwachungsstaat mitsamt einer emsigen Konfidentenschar wohl den Höhepunkt seiner Entwicklung erreicht, während ein von Graf Josef Sedlnitzky seit 1815 geleitetes k. k. Central-Bücher-Revisionsamt die Zensur und

Kontrolle gesprochener, gesungener oder gedruckter Texte nunmehr ebenso auf bildliche Darstellungen und somit auf Geschäftsschilder, Kupferstiche, Landkarten, Ankündigungen und schließlich selbst auf Grabinschriften erweitert.

Es ist später im Liberalismus, vor allem von 1848er-Revolutionären, viel berichtet worden von den verzopften Zensurmaßnahmen des Ancien régime, davon, dass die Zeile in Schillers »Räubern« »Franz heißt die Kanaille« als Anspielung auf Seine Majestät verstanden werden konnte und die Polizeihofstelle, nach den Erinnerungen Ludwig August Frankls, den König Lear nicht sterben lassen wollte, weil dies die Frauen im Publikum zu sehr angreife, und dass in Mozarts »Don Juan« der Chor anstatt »Es lebe die Freiheit« ab nun »Es lebe die Fröhlichkeit« zu verkünden hatte, doch davon später. In einem »Historischen Rückblick« auf die Napoleonischen Kriege hieß es: »Die Österreicher wichen zurück.« Dieser Satz wurde gestrichen und stattdessen gesetzt: »Die Franzosen rückten vor.« In einem Lustspiel von Ignaz Franz Castelli hatte ein alter Herr zu sagen: »Ihr Busen ist weiß und üppig.« Der Zensor strich diese sittenwidrige Schilderung und ersetzte sie durch: »Sie ist vorne sehr schön gebaut.« Während Ferdinand Raimund sich öffentlich dessen rühmte, dass ihm die Zensur niemals etwas streiche, übten sich andere Schriftsteller in der hintersinnigen Kunst der Lächerlichmachung. Jener Ignaz Franz Castelli etwa. So war in der offiziellen »Wiener Zeitung« damals zu lesen: »Marianna Hölzl, Kammerfrau Ihrer Majestät der Kaiserin, geborenen Hölzl.« Castelli ließ diese Stelle in der »Dresdener Abendzeitung« mit folgender Bemerkung nachdrucken: »Nach dieser Wortsetzung ist die Kaiserin von Österreich eine geborne Hölzl.« Ein »zum Besten der in dem Bürgerspitale verarmter Bürger« angekündigtes Konzert kommentierte er mit dem Satz: »Schönes Spital, in welchem die Bürger erst verarmen.« Vor die Polizei geladen, verteidigte sich Castelli, dass er nichts Unzensuriertes ins Ausland geschickt habe, in dem die »Wiener Zeitung« und »ganz gewiß auch die Konzert-Ankündigung zensuriert würden«. Derartige Hinweise halfen ihm jedoch wenig, Castelli wurde zu einer Geldstrafe verurteilt und musste diese auch bezahlen. Zu seinem Troste aber erfuhr er, dass der Kaiser seit dem Vorfall mit dem ihm eigenen Humor die Kaiserin mit »Frau Hölzlin« anzusprechen pflegte.

Im Hofburgtheater durfte lediglich: »O Gott!«, niemals »Jesus!« ausgerufen werden, auf den Vorstadtbühnen wurde beides regelmäßig gestrichen und »O Himmel« dafür gesetzt. Doch genug davon. Man mag heute vergebens nach dem Sinn dieser kleinlichen Zensurverfügungen forschen und könnte sie als boshafte Dummheit erkennen, und dennoch besaßen diese Maßnahmen zu ihrer Zeit zweifellos System. Galt es doch vor allem das Entstehen einer bürgerlichen kritischen Öffentlichkeit zu verhindern und den allgemeinen Rückzug ins Private weiterhin zu befördern. Zudem gab es zahlreichen hoch gebildeten, oppositionell gesinnten Literaten als Zensoren Arbeit und Brot.

»Keine europäische Regierung ist weniger volkstümlich als die österreichische, und nirgends ist das Volk von der Regierung und ihren Organen strenger geschieden als hier«, hatte schon Karl Postl registriert, um fortzufahren: »Der Volkscharakter hat sich diesen Zuständen gemäß verändert. Da die Regierung alles getan hat, um die Wiener von ernster oder geistiger Betätigung fernzuhalten, so sind der Prater, die Kaffeehäuser und das Leopoldstädter Theater die einzigen Ziele ihres Denkens und Wünschens.«

Während der volkstümliche Prater der zwanziger und dreißiger Jahre an Sonntagen von rund 15.000 Menschen besucht wird, das Ringelspiel und der Wurstel, der Watschenmann und das Wachsfigurenkabinett, Panorama, Panoptikum und Stuwers Feuerwerk, der Zirkus Christoph de Bachs, Basilio Calafatis Eisenbahnkarussell und natürlich die zahlreichen Pratergaststätten fröhlich genossen werden, vermag sich so etwas wie bürgerliche Öffentlichkeit anfangs tatsächlich allein hier und im Theater zu artikulieren. Während 1828 das Hofburgtheater weiterhin unter gestrenger Zensur steht und dort Grillparzers Trauerspiel »Ein treuer Diener seines Herrn« soeben seine Premiere und anschließenden raschen Absturz erlebt, die größte Tänzerin ihrer Epoche, Fanny Elßler, nur zögerlich in Wien Anerkennung findet, Franz Schubert im November stirbt, erblicken auf der in der Leopoldstadt von Johann Sartory geleiteten Bühne gleich zwei Raimund-Stücke das Rampenlicht, »Die gefesselte Phantasie« und »Der Alpenkönig und der Menschenfeind«, mit dem Dichter in der Rolle des misanthropischen Gutsbesitzers Rappelkopf, dessen Vorbild vermutlich der Raimund-Freund Carl Isenflamm darstellt, ein Großhändler, der, ebenso wie Sartory, Stuwer, Calafati, de Bach oder Raimunds »Jugend«-Darstellerin Therese Krones, sein Ende am St. Marxer Friedhof findet.

Das Leben ein Traum, oder auf die Grillparzer'sche Formel gebracht, der Traum ein Leben, diese wolkenumhangene, fiktionale Vorstellung des philosophischen »Als-ob« wie des volkstümlichen »Da kann man nichts machen«, wurzelt im universellen Programm der Gegenreformation und Gegenaufklärung, und diese Tradition des barocken Welttheaters und der Wiener Volkskomödie wird nunmehr erneut auf den Brettern der vormärzlichen Vorstadtbühnen gegeben. Hier kostümiert sich die Thematisierung von politischen Problemen und sozialen Widersprüchen in Form eines kulturellen Rollenspiels, in der Parodie, Satire, im Zauberspiel oder der Travestie, um schließlich in märchenhafter Harmonie synthetisierend aufgelöst zu werden. Die Idealisierung und ihre satirisch-ironische Aufhebung, die komische Volksfigur als niedere Stufe der philosophisch verstandenen bürgerlichen Persönlichkeitsentfaltung, die für das Ideal noch nicht reif ist und somit strafweise lediglich in einer Nebenhandlung existieren darf, ist spätestens seit Emanuel Schikaneders Libretto zu Mozarts »Zauberflöte« bekannt und führt in Ferdinand Raimunds Handlungsfiktion zur Überbrückung der Widersprüche durch eine alles überragende Zaubergestalt, wobei deren Pathetik interessanterweise wieder vermittels der Realität einer komischen Volksfigur persifliert und aufgehoben wird. Zudem ermöglicht das naive Märchenspiel als ein ins Volkstümliche abgesunkener Rest der metaphysischen barocken Illusionsdramatik eine Versetzung des realen Ortes und der Zeit in ferne, mythische Sagenwelten und birgt den unbestreitbaren Vorteil, solcherart dem Zugriff der Polizeihofstelle zu entgehen.

Führt der steinige Weg der Läuterung bei Schikaneder laut dem Theaterwissenschaftler Ernst Joachim May noch in aufklärerischer Manier durch Prüfung zum Sieg, wird bei Raimund unter dem Eindruck der sozialen Mobilität seiner Zeit erzählt, wie die Unzufriedenen einem Irrtum erliegen und danach zur Einsicht gelangen, die endlich stille, statische Zufriedenheit hervorruft. Eine höhere Instanz ist es allemal, die verkündet, nicht die Verhältnisse seien veränderbar, sondern lediglich der Mensch durch seine Einsicht in die bestehenden Zustände. Von der Aufklärung von oben führt der Weg hin zum Biedermeier unter Umgehung jeglicher Kritik geradewegs zur Moralisierung des Bestehenden: Keine grundsätzliche, reflektierende Problematisierung findet sich auf dieser Strecke, vielmehr ein ästhetisches, sich selbst spiegelndes, über das Vorstadttheater vermitteltes Ideal, hinter dessen Produktion wir ebenfalls die von der Obrigkeit gewünschte übereinstimmende Darstellung des Volkslebens mit der jeweiligen Herrschaft vermuten dürfen.

Eine moralische Anstalt zur Konstituierung des volkstümlichen Habitus stellt anfangs auch das parodistische Zaubertheater dar, das Johann Nestroy seinem Publikum bietet. Doch entwickelt er im Zeichen der Zensur extemporierenden Sprachwitz und Sprechkomik, betreibt er ein doppelsinniges Spiel mit der Sprache, mit Illusion und Wirklichkeit, und entlarvt bereits in seiner Zauberposse »Lumpazivagabundus« die Machtlosigkeit mythischer Mächte. Und dies aus höchst irdischen Gründen. Nestroy machte nach Ansicht seines Biographen Otto Basil die »Zaubermärchenmode bis zur Mitte der dreißiger Jahre mit, um sich dann dem satirischen, mehr oder minder sozialkritischen Lustspiel zuzuwenden«, die sich in ihrem Realismus als gewinnbringender erweisen. Die schöne Illusion, betont Roger Bauer, an die Raimund sich noch verzweifelt klammerte, die Illusion einer geordneten und auf ewigen Werten fundierten Welt, löst sich endgültig auf. Sie wird literarisch aufgehoben durch die Skepsis und Ironie des Realisten Nestroy. »Dazu kommt aber noch als besonderer Grund«, urteilt Egon Friedell über den mehrdeutigen Eindruck des Dichters auf sein Publikum, »daß Nestroy in einer Stadt wirkte, die von jeher eine unglaubliche Virtuosität darin besessen hat, sich ihrer Erzieher zu entledigen und jedermann, der ihr durch Wahrheitsliebe unbequem wurde, zum Jongleur und Bajazzo zu degradieren.«

Auf das Schwellenjahr 1830 war bereits verschiedentlich verwiesen worden, danach greift eine schwelende, oppositionelle Stimmung um sich, die schließlich zu den revolutionären Ereignissen des Jahres 1848 führt, in denen dann selbst der Friedhof von St. Marx einer der Schauplätze von Kampfhandlungen werden sollte. In Parodien, Travestien und Satiren versucht Nestroy in diesen Jahren die Gefühlsduselei der romantischen Oper, Wagners deutschtümelndes Gesamtkunstwerk oder den gestelzten Pathos titanischer Heldengestalten teutonischer Dramatiker wie Friedrich Hebbels lächerlich zu machen. Auch darin wird man später, nicht zu Unrecht, die Betonung einer eigenständigen wienerischen Kultur gegenüber der des Nachbarn erblicken.

Die Veränderungen erfolgen noch in kleinen, unspektakulären Schritten. Über die Gesellschaft in den bürgerlichen Salons und auf den ästhetischen Soireen jener Tage bei Hammer-Purgstall und seiner Gattin, einer geborenen Henikstein, bei Pereira oder Pichler berichtet Gräffer: »Selbst die edleren Vereine dieser Art passen für das geistige Leben so wenig, daß man auch ihrer nicht schonen soll.« Auch die wenigen jungen Literaten, wie L. A. Frankl und Otto Prechtler, die in Pichlers Kreis ausharren, sind mit ihren inneren Gesinnungen doch bereits im anderen Lager. Und so steht die letzte Stufe des Pichler'schen Salons gleich anderen am Ende des Biedermeiers im Zeichen des Verfalls.

Von der Unwandelbarkeit des menschlichen Charakters war der pessimistische Satiriker Nestroy allerdings zutiefst überzeugt und auch davon, dass, wie im »Talisman«, die Menschen nur nach dem Schein zu urteilen vermögen. Auch in ihm war der Dämon der inneren Zerrissenheit am Werk, der so viele Künstler der Metternichzeit geprägt hatte. Die fortschrittlichen, demokratisch-republikanischen Tendenzen blieben Nestroy, dem radikalen Entzauberer, im Grunde fremd und unheimlich, ein Konservativer gleich Grillparzer zuletzt, der mit abgeklärter Ironie dem Fortschritt der Zeiten und dem wunderlichen Treiben der Menschen als Pensionist in Graz, der nachhaltig stillen Hauptstadt des Kronlandes Steiermark, im Kaffeehaus vom Kartentisch aus zusah.

Allseits beliebt im Biedermeier sind jene salonfernen Orte, an denen sich kontemplative Menschen vom Schlage eines Friedrich Schlegel religiöser Erbauung leichtfertig entziehen können. Doch die Weinschenke oder das Kaffeehaus mit seinen Zeitungen, Journalisten und Literaten mag sich anderswo zur kritischen Öffentlichkeit formiert haben, in Wien ist der Monarch kein Freund des Kaffeehauslebens, und bis zum Jahre 1848 hinein hält sein Polizeiapparat ein scharfes Auge auf derartige Institutionen.

»Kaffee trinken, Billard spielen, Tabak rauchen gilt als nationale Beschäftigung«, notiert Heinrich Laube noch in den dreißiger Jahren, »Baedekers Handbuch für Reisende in Deutschland und dem Oesterreichischen Kaiserstaate« aus dem Jahr 1846 erwähnt vor allem das »Griechische Kaffeehaus« am Fleischmarkt, »Daum« am Kohlmarkt, »Boos« am Stephansplatz sowie »Schlegl« und »Eichhorn« am Graben, über den uns Groß-Hoffinger ein Jahr später berichtet: »Hier ist der weltberühmte Graben, auf welchem Alles beisammen ist, was zur noblen Welt gehört, große Herrschaften, Kaffeehäuser, Juweliere und Freudenmädchen.«

In der Leopoldstadt, in der Nähe der Schlagbrücke zur Inneren Stadt hin, dort, wo am Donauarm ein kleiner Hafen und damit ein reger Kulturaustausch mit dem osmanischen Balkan entstanden war, hatten bereits zu Anfang des 18. Jahrhunderts eine Reihe hölzerner Kaffeebuden bestanden, aus denen sich im Biedermeier rasch prominente Kaffeehäuser entwickeln: das Kaffeehaus Jüngling, Stierböck und Höhnel oder jenes des Josef Leichnambschneider, das 1792 von Ignaz Wagner übernommen und rasch umbenannt wurde, und in dem sich 1819, sehr gegen den Willen des angesehenen, später ebenso wie Jakob und Franz Stierböck in St. Marx bestatteten Kaffeesieders, der mittellose Schauspieler Ferdinand Raimund in dessen Tochter Toni verliebt.

Doch politische Journale und räsonierende Gespräche bleiben in all diesen Lokalen verboten, eine strenge Zensur wacht über Zeitungsschreiber und Schriftsteller, die nach Ansicht des »guten Kaiser Franz« von Berufs wegen im Volk Unruhe zu stiften trachten. Nun sieht man in den Kaffeehäusern allenfalls amtliche Blätter und den kleinformatigen »Eipeldauer« aufliegen, jenes volkstümliche Organ, das den ungeliebten Maßnahmen der Regierung weite Popularität verschaffen soll. Die bedrückende Atmosphäre in den Wiener Lokalen beklagt bereits 1804 der angereiste Dichter Ernst Moritz Arndt, der bemerkt: »Man trinkt seinen Kaffee und Schokolade, ißt sein Gefrorenes und liest eine Zeitung nach der anderen oder spielt sein Billard (denn Billards sind fast bei allen), und so geht man weiter und hat zwar genug Menschen gehört, aber keinen gesprochen. Denn was gesprochen wird, bleibt in der Furchtsamkeit des Flüsterns.« Auch Johann Gottfried Seume beobachtet zu dieser Zeit: »Es ist überall eine so andächtige Stille in den Kaffeehäusern, als ob das Hochamt gehalten würde, wo jeder kaum zu atmen wagt.«

Nach dem Sturz Napoleons wird ebensowenig Gedankenfreiheit gewährt, stattdessen sorgt man jetzt im Anschluss an den Wiener Kongress für gesteigerte Zerstreuung des Volkes. Der Apollosaal in Mariahilf zählt nunmehr neben dem »Sperl« zu Europas größten Tanzlokalen, Kunstfeuerwerker Stuwer veranstaltet im Prater seine Riesenraketenschauen und die Kaffeehausbesitzer beginnen mit der luxuriösen Ausstattung ihrer Räume. Keine Gebäude in Wien, bemerkt in diesen Jahren ein englischer Reisender, stünden so hoch im Preis wie die Kaffeehäuser und Apotheken.

Von den wenigen Lokalen, die Anfang des 19. Jahrhunderts gegründet wurden, gehört dasjenige des Ignaz Neuner bald zu den berühmtesten. Wegen seiner aufwendigen Ausstattung das »Silberne Kaffeehaus« genannt, übernimmt es um 1820 vom Kramer'schen Etablissement im Schlossergäßchen, wo grau gewordene, einsame josefinische Pamphletisten vor kurzem noch verkehrt hatten, den Ruf eines literarischen Kaffeehauses. Auch Adamis Lokal zieht ähnliches Publikum an. Nikolaus Lenau, der im gleichen Hause wohnt, ist in Neuners Kaffeehaus über 23 Jahre hindurch mehrmals am Tage anzutreffen, ebenso die Dichter Zedlitz, Bauernfeld und Anastasius Grün. Franz Grillparzer überlebt im »Silbernen Kaffeehaus« all seine zahlreichen hypochondrischen Schicksalsschläge, Castelli, Feuchtersleben und der Lyriker Johann Nepomuk Vogl betreiben hier ihre vorsichtige Opposition zum Metternich'schen Absolutismus. Eines ähnlich kritischen Rufes erfreut sich im Vormärz das Literatenkaffeehaus Bogner an der Ecke Singerstraße und Blutgasse, dessen Besitzer uns ebenfalls am Friedhof von St. Marx wieder begegnen wird. Hier bei Karl Bogner verkehren Komponisten, Literaten und Maler, darunter der Freundeskreis um Schubert mit Bauernfeld, Mayrhofer, Spaun, Schober, Feuchtersleben und Schwind täglich zwischen fünf und sieben Uhr abends, wobei die Sitzungen häufig bis spät in die Nacht hinein ausgedehnt werden.

Inmitten der Friedhofsruhe der Metternich-Zeit ist es in Wien die bürgerliche und volkstümliche Musik, die über die restriktiven Jahre der Restauration und Reaktion triumphierend schwebt. 1819, dem Jahr der »Karlsbader Beschlüsse«, gründet der achtzehnjährige Josef Lanner gemeinsam mit den böhmischen Brüdern Drahanek ein Tanz- und Unterhaltungsmusiktrio, das im Frühjahr zum ersten Mal in Johann Jünglings Kaffeehaus in der Leopoldstadt aufspielt, und dem sich dann der gelernte Buchbinder Johann Baptist Strauß anschließt. Am 7. Mai 1827 können die Wiener in ihren stark zensurierten Blättern lesen, dass künftig mittwochs und sonntags im Restaurant »Zu den zwei Tauben« nahe dem Wasserglacis »unter Leitung des Herrn Johann Strauß eine mit zwölf Personen besetzte, aus Blas- und Streichinstrumenten bestehende vollstimmige Musik« zu hören sein werde sowie eine neuartige Komposition des Kapellmeisters, der »Täuberln-Walzer«. Er findet Anklang, war aber keineswegs etwas Besonderes. Noch ist Lanner der Herr der Wiener Ballsäle, doch bereits im November 1827, mit seinem »Kettenbrücken-Walzer«, gelingt es Strauß, jene Musik zu erschaffen, die dann als Wiener musikalische Emanation ihren Siegeszug um die Welt antreten wird.

Nun spielen sie gemeinsam in den Praterwirtshäusern und den Kaffeehäusern an der Schlagbrücke jeden Sonn- und Feiertag, mitunter auch Donnerstagnachmittag. Weitere Auftritte von Lanner und Strauß erfolgen im »Paradeisgartl« oder im Kaffeehaus des Leopold Wasserburger nahe dem Karolinentor, wo der abendliche Korso auch Damen der Halbwelt anzieht. Im Vorstadtlokal des Karl Schwender werden bald Bälle unter Leitung von Musikdirektor Strauß organisiert, und in Hernals gibt es seit 1835 Franz Ungers elegantes Kasino, das sich rasch zu einer der größten Vergnügungsstätten Wiens entwickelt. Johann Strauß gibt hier seine Sommerkonzerte, »und der Zuspruch«, schreibt Gugitz, »war so ein ungeheurer, dass Garten und Saal für eine Menge von 3.000 Menschen sich oft zu klein erwiesen«. Im September 1849 tritt er zum letzten Mal hier auf und 1851 verpflichtet der Lokalbesitzer Unger Johann Strauß Sohn als Musikdirektor. Am 14. September dieses Jahres findet eine Gedächtnisfeier zu Ehren des verstorbenen Johann Strauß statt, sein Sohn leitet sie in Anwesenheit von 3.500 Zuhörern.

1825 war der Sohn geboren worden, der später unter dem Namen Johann Strauß als Inbegriff des Walzerkönigs bekannt werden sollte. Seine Mutter Anna ebenso wie seinen Bruder Josef, von dem Johann Strauß jun. einmal meinte, er sei der genialste der drei Söhne gewesen, wird man schließlich ebenfalls am Friedhof von St. Marx bestatten.

Derartig populäre bürgerliche Unterhaltungsmusik findet ihren Gegenpart in den zahlreichen Volks- und Bänkelliedern, die, einer Fuge gleich, die Vorstadtfeste im Vormärz kontrapunktisch begleiten. Die Zahl der Besucher des Brigitta-Kirchtages schätzt Adolf Glaßbrenner im Jahre 1835 auf über zwanzigtausend. »Die meisten«, heißt es in Friedrich Reischls Sammlung »Wien zur Biedermeierzeit«, »saßen am Rande der ausgedehnten Au und entnahmen immer neue Leckerbissen dem mitgebrachten Proviante, genossen Backhändel, leerten die mitgebrachten Weinflaschen, oder blieben hier oder dort bei den im Freien angeschlagenen Fässern stehen, aus denen Wein, Bier und Met gezapft wurde, und tanzten um die Drehorgel oder bei irgend einem, unter dem Schatten der Bäume stehenden Musikanten«. Etwas abseits hatten sich auch in Grillparzers realistischer Novelle vom armen Spielmann die Musiker an diesem Kirchweihfest aufgestellt, zumeist Außenseiter und sozial Gezeichnete, auf die der aufmerksame Blick des Dichters nun fällt: »Eine Harfenspielerin mit widerlich starrenden Augen. Ein alter invalider Stelzfuß, der auf einem entsetzlichen, offenbar von ihm selbst verfertigten Instrument, halb Hackbrett und halb Drehorgel, die Schmerzen seiner Verwundung dem allgemeinen Mitleid auf eine analoge Weise empfindsam machen wollte. Ein lahmer, verwachsener Knabe, er und seine Violine einen einzigen ununterscheidbaren Knäuel bildend, der endlos fortrollende Walzer mit all der hektischen Heftigkeit seiner verbildeten Brust herabspielte. Endlich – und er zog meine ganze Aufmerksamkeit auf sich – ein alter, leicht siebzigjähriger Mann in einem fadenscheinigen, aber nicht unreinlichen Moltonüberrock mit lächelnder, sich selbst Beifall gebender Miene.« Der arme Geigenspieler wird dem Dichter dann von seiner unglücklichen Liebe erzählen, ehe er in einer der schicksalshaft epidemisch auftretenden Flutkatastrophen der Donau zugrunde geht.

In der Erzählung spielt die Musik eine große Rolle, und zwar, wie sich beim Dichter vermuten lässt, eine verderbliche. Und zwiespältig wird im biedermeierlichen Wien auch über den auf allen Festen anzutreffenden Volks- und Bänkelgesang berichtet. Der Vortrag derartiger volkstümlicher Balladen beinhaltet stets eine zeitgemäße Grundstimmung des Tragisch-Mytischen und Schauerlichen, des Moralischen und Belehrenden. Die Zeitgedichte und aktuellen Lieder berichten von schrecklichen und interessanten Ereignissen wie Bränden, Überfällen und Überflutungen, von Typhus und Cholera, Morden und Hinrichtungen, von außergewöhnlichen Unglücksfällen und gewöhnlicher Untreue. Vom »Graf, der zuletzt seinen eigenen Lehrer oder Vater ermordet«, wird da in freizügiger Anzüglichkeit auf den populären Raubmörder Jaroszynski gesungen, vom »fürchterlichen Vernichtungsbrand der k. k. landesfürstlichen Stadt Wiener-Neustadt den 8. September 1834« oder vom »Reisenden und dem Straßenräuber«. In Wien zeichnete sich laut Franz Rebiczek als Verfasser derartiger biedermeierlicher Bänkellieder vor allem Johann Ernst aus, der unvergessliche Poet der Gesänge »Doppelmord«, »Der Elternmord«, dem »Liede vom Totenkopf« und jenem vom »Armen Vater« oder der Ballade »Raoul der

Blaubart«. Über all den Worten und Tönen schwebt gleichsam als Gloriole volkstümlichen Gerechtigkeitssinnes die unverzichtbare Moritat vom Räuberhauptmann Grasel, der die Reichen beraubt, die Armen beschenkt haben soll und heldenmütig, von Drehorgelmusik umstrahlt, in den ärarisch verordneten Tod ging.

Die drückende Friedhofsruhe hat die Wiener Musik solcherart gefördert, was man häufig ihre Weltflucht nennt, aber ebenso eine Reise in fernes Gebiet ist, das nicht mit dem Gegenwärtigen und Vorhandenen zusammenfällt. Hätte es, meint Manfred Wagner, diese Zustände nicht gegeben, hätte es die Hoffnung auf die allgemeinen Menschenrechte nicht gegeben, gäbe es nicht Beethoven. Im Frühjahr dieses Jahres 1827 war in wachsender Stille Ludwig van Beethoven nach Fertigstellung der Missa Solemnis und der Neunten Sinfonie gestorben. Spätestens mit ihm hatten sich, ausgehend von Mozarts zähem Kampf aus höfischer Abhängigkeit, die Grundideale der Französischen Revolution in der Musik durchgesetzt und in bürgerlich-autonome Kunst umgesetzt. Am 26. März habe, so notiert sein erster, etwas zweifelhafter Biograph Anton Schindler, »der große Tondichter während eines starken, unter gewaltigem Hagelschlag sich entladenden Gewitters – den Geist aufgegeben – 56 Jahre, 3 Monate und 9 Tage alt«.

Vorsorglich hatten sich bereits während des Todeskampfes Beethovens seine Freunde Breuning und Schindler wegen Ermittlung eines geeigneten Platzes zur letzten Ruhestätte nach dem dem Dorfe Währing zugehörigen »communalen« Friedhofe begeben, wurden durch das Gewitter jedoch an einer schnellen Rückkehr gehindert und somit um die Zeugenschaft am Ableben des Komponisten gebracht. Die Rolle des Wetters beim Heimgang österreichischer Komponisten bleibt nach wie vor ungedeutet, doch darf man annehmen, dass an jenem Nachmittag des 29. März klimatische Kapriolen keineswegs vorherrschend waren, wohl an die zwanzigtausend Menschen haben den Zug von der Wohnung des Toten bis zur Pfarrkirche in der Alser Vorstadt, wo die Einsegnung erfolgte, das prunkvolle Geleit gegeben, im Bewusstsein, hier einen der Großen jenseits der Herrschenden zu bestatten. Die bedeutendsten Musiker Wiens schreiten dem Sarge voran und tragen das Bahrtuch. Unter den Fackelträgern, die zu beiden Seiten den Trauerzug begleiten, geht Franz Schubert. Vor dem Grab auf dem Währinger Friedhof hält anschließend der Burgschauspieler Heinrich Anschütz den

Nekrolog Franz Grillparzers, der mit den biedermeierlichen und eigentlich recht wienerischen Worten von wahrer Größe im Tode schließt: »Ihr aber, die ihr unserem Geleite gefolgt bis hierher, gebietet eurem Schmerz! Nicht verloren habt ihr ihn, ihr habt ihn gewonnen. Kein Lebendiger tritt in die Hallen der Unsterblichkeit ein. Der Leib muß fallen, dann erst öffnen sich ihre Pforten. Den ihr betrauert, er steht von nun an unter den Großen aller Zeiten, unantastbar für immer. Drum kehrt nach Hause, betrübt, aber gefaßt! Und wenn euch je im Leben, wie der kommende Sturm, die Gewalt seiner Schöpfungen übermannt, wenn euer Entzücken dahinströmt in der Mitte eines jetzt noch ungebornen Geschlechts, so erinnert euch dieser Stunde und denkt: wir waren dabei, als sie ihn begruben, und als er starb, haben wir geweint.«

Nach dem Leichenbegängnis trifft man sich im abgewirtschafteten Gasthaus zur Mehlgrube des Franz Munsch am Neuen Markt, dort, wo im Josefinismus berüchtigte Grabennymphen verkehrt und Mozart einstens seine Werke auf dem Spinett vorgetragen hatte. Der dreißigjährige Schubert und seine beiden Musikerkollegen Randhartinger und Lachner bestellen Wein beim Wirten, der dann knapp zehn Jahre später in St. Marx zu liegen kommt, und Ersterer erhebt sein Glas mit dem Ausruf: »Auf das Andenken unseres unsterblichen Beethoven!« Und als die Gläser geleert sind, füllt er sie mit der Aufforderung: »Nun, und dieses auf denjenigen von uns Dreien, der unserem Beethoven der Erste nachfolgen wird!«

Der Gedanke der Freiheit, der oft Thema Schubert'scher Vertonung war, wurde nach Manfred Wagner oftmals in seinem Freundeskreis ab 1809 diskutiert, wo die Ideen der Aufklärung, der Französischen Revolution als auch des neu entstandenen nationalen Gedankens besprochen wurden und die Kunst als Botschaftsträger die Welt durch Ästhetik veränderbar machen sollte. Der Gedanke an den Tod als Freund, als sanfter Bruder des Schlafs hat sein ganzes Leben begleitet. Wie ein Leitmotiv zieht sich dieses alte barocke Bild vom Tod als stiller Begleiter durch Schuberts Schaffen. In seinen mehr als 600 Liedern fällt vor allem die dunkle Tonalität auf, bereits in seinen ersten Liedern »Der Vatermörder« oder den zwei Vertonungen Schiller'scher Gedichte »Eine Leichenphantasie« und »Des Mädchens Klage« wird sein Hang zur sentimentalen Schauerballade deutlich, eine Neigung, die dann mitbestimmend sein wird bei der Wahl von Texten wie »Der Tod und das Mädchen« von

Matthias Claudius, Joseph von Spauns »Der Jüngling und der Tod«, »Totengräberlied« von Hölty, »Geistertanz« von Matthisson oder »Totengräberweise« von Schlechta.

Zur Todeszeit Beethovens arbeitet Schubert an seinem Liederzyklus »Die Winterreise« nach den Gedichten Wilhelm Müllers. Da war sie wieder, die vertraute Gestalt des romantischen, immer unterwegs befindlichen Wanderers, der durch die eisige Winterlandschaft auf einer Straße entflieht, »die noch keiner ging zurück«. Die wichtigste Arbeit in diesem Jahr aber ist vielleicht sein Streichquartett in C-Dur (D 956), in dem noch einmal sein großes Konzept des Wanderns ertönt, das immer wieder in der Rückkehr am Ausgangspunkt endet. Eine Apotheose des Lebens stellte dieses in Lyrik und Musik jener Zeit so gern gestaltete Motiv dar, das geradezu zur Mythe geworden ist. Die Rückkehr zum Traum der Jugend, zur Einsamkeit in der Natur, versinnbildlicht im Garten und Hain, im dunklen Tal und erlösenden Grab, das sind die Stationen der Lebenswanderschaft, an denen der müde Reisende im Biedermeier die Ruhe zu finden sucht. Als Begleiter scheint ihm lediglich noch der arme Leierkastenmann willkommen, in dessen Drehorgelmelodie die Lebenswanderschaft endet und schließlich in einer Schublade der Erinnerung verschwindet, ähnlich der Geige des armen Spielmannes in Grillparzers Erzählung.

Da war sie, Schuberts schicksalshafte Lebenswirklichkeit im österreichischen Biedermeier. Eine melancholische Resignation, die allerdings in ihrer Tradierung sehr bodenständig war, und sich von den deutschen Romantikern wie Stürmern und Drängern deutlich abhob, denn sie verkündet am Ende den zuversichtlichen Glauben an einen Sieg der Liebe und des Hoffens über den Tod und die Zeit, die Versöhnung der Menschlichkeit mit der enttäuschenden Außenwelt.

Am 19. November 1828, wenige Monate nach Beethoven, ist Franz Schubert am Ende seiner Wanderschaft angelangt. »Vorgeschrittene Blutentmischung« konstatieren die hilflosen Ärzte die Typhuserkrankung und man wird dabei, wie Klaus Günzel, um die Feststellung nicht herumkommen, dass auch an diesem Tod Wiens mangelnde Wasserversorgung sowie die in ihrem Fortschritt gewaltsam gehemmte Heilkunst der Metternich-Zeit eine gewisse Verantwortung zukommt.

Ungeachtet des schlechten Wetters setzt sich am Begräbnistag der Zug zahlreicher Menschen nach dem josefinischen Währin-

ger »Kommunalfriedhof« in Bewegung. Unweit von Beethovens Grab wird er dort beigesetzt. Mit einem dann heftig angegriffenen Epigramm Grillparzers versehen später die Freunde Schuberts das Grabmal: »Die Tonkunst begrub hier einen reichen Besitz, aber noch viel schönere Hoffnungen.«

»In der Klangwelt Schuberts«, resümiert Klaus Günzel, »vollendet sich alles das, was die Kaiserstadt in der Welt der Romantik verbunden hat. Wie am Ende der josephinischen Ära als deren klingendes Vermächtnis Mozarts ›Zauberflöte‹ stand, so gewinnen die Friedhofsstille der Metternichzeit und die Romantik in ihrer wienerischen Ausprägung bleibende Gestalt in Schuberts ›Winterreise‹, mit deren Korrekturen noch der Sterbende beschäftigt ist, als er in einer kalten Kammer im zweiten Stock des Hauses ›Zur Stadt Ronsberg‹ in der Kettenbrückengasse mit dem Tod ringt.«

Mit Tod und Verderben sollte bald auch die Stadt konfrontiert werden. »Die Symptome eines ungewöhnlichen Grades der Armuth traten in Wien besonders, aber auch anderwärts, vor allem in den großen Industriecentren schon seit dem Beginne der Vierzigerjahre immer kenntlicher und fühlbarer zur Schau«, schreibt Ernst Victor Zenker in seinem Rückblick auf das Jahr 1848, »wenn auch die grosse Mehrheit der Gebildeten und Ungebildeten dieselben unterschätzte, indem sie sich tröstete, es handle sich um vereinzelte und vorübergehende Fälle. Diese waren freilich wie vom Schlage gerührt, als mit dem Ausbruche der Revolution das Elend und die Armuth aus den Quartieren der Vorstädte herabstieg und aus den Schlupfwinkeln hervorkroch, und wie ein hässlicher Riesenpolyp seine tausend Arme über das leichtlebige, tanz- und liederfrohe Wien der ›Backhendlzeit‹ ausstreckte. Und doch hatte seit Jahren vernehmliches Donnergrollen und unheimliches Wetterleuchten das Herannahen des Ungewitters angezeigt.«

Während sich also der bevorstehende Aufstand am Himmel über Wien bereits lautstark bemerkbar macht, die Spinnereien von Neulerchenfeld 1.500 Arbeiter entlassen, die daraufhin in den Vorstädten die Bäckerläden plündern, eröffnet am 10. Dezember 1847 Direktor Carl prunkvoll sein neues Leopoldstädter Theater. Wo 1781 in der Jägerzeile Karl Marinelli den Grundstein zur bedeutendsten Wiener Vorstadtbühne gelegt, wo einstens Johann La Roche die Figur des Kasperl und Anton Hasenhut die des Taddädl unsterblich gemacht hatten, Ignaz Schuster in der Rolle des Staberl brillierte und Ferdinand Raimund ab 1828 die Bühne geführt hatte, lässt jetzt der neue Direktor Carl das traditionsreiche Theater abreißen und von Sicard v. Sicardsburg und van der Nüll eine neue Spielstätte errichten, deren hohe Eintrittspreise das Volk nun endgültig vom Volkstheater ausschließen. Nach zwei Einaktern und der Pause hebt sich an jenem 10. Dezember 1847 zum ersten Male der Vorhang über Nestroys einaktige Posse »Die schlimmen Buben in der Schule«, der dann 1848, nach dem etwas reaktionären Stück »Die (lieben) Anverwandten«, das satirische Meisterwerk des Dichters »Freiheit in Krähwinkel« folgen sollte. Mit der Zensur wieder war es auf der Bühne des Direktors Carl eine eigentümliche Sache: So durften laut Frankl die Schauspieler der Vorstadtbühnen, im Gegensatz zum Hoftheater, fast ungehindert kritisiert werden, doch nur im Winter, »denn im Sommer bewohnte der Zensur-Präsident eine

Villa des Theater-Direktors Carl in Hietzing, und da strich er in edelster Courtoisie gegen seinen, wie billig, galanten Hausherren jeden Tadel. So kam es, daß seine Schauspieler, im Sommer lauter Genies, im Winter plötzlich sehr mittelmäßige Stümper waren«. Carl, dessen Honorare berüchtigt waren, pflegte überdies, wenn ein Stück gefiel, bei der neunten oder neunzehnten Aufführung es vom Repertoire abzusetzen, um sich die Nachzahlung von 10 oder 20 Gulden, je nach Umständen, zu ersparen.

Direktor Carl hat sich übrigens zu Beginn der Revolution vom Volk, genauer von seinen Freunden bei der Nationalgarde, zum Bezirkskommandanten ausrufen lassen. Dem wienerischen Gesetz der Erledigung durch Heiterkeit folgend, werden aus dem Theaterfundus seine Schauspieler uniformiert und bewaffnet. Nestroy und sein Bühnenpartner Wenzel Scholz stehen, wie eine zeitgenössische Illustration zeigt, in diesen Tagen etwas missmutig Wache auf der Jägerzeile nahe der Schlagbrücke, tausende Wiener begeben sich deshalb in die Leopoldstadt, um ihre Publikumslieblinge im theatralisch schimmernden Waffenschmuck zu erblicken, während der berechnende Bezirkskommandant und revolutionäre Theaterdirektor Carl den Mitgliedern seiner Bühne für jeden »Krawalltag« den entsprechenden Betrag von ihrer Gage abzieht. Freiheit in Krähwinkel.

Den heiteren Märztagen folgt ein stürmischer Oktober. Das Herannahen des Ungewitters hatte sich bereits zuvor bemerkbar gemacht. Laut Maximilian Bach war es zu kleineren Scharmützeln gegen kroatische Vorposten gekommen, etwa von der Art desjenigen, über das ein handschriftlicher Bericht erhalten blieb: »Wachcommado St. Marx – An den löblichen Gemeinderath in Wien. – Ein Angriff ist abgeschlagen, das feindliche Geschütz zum Verstummen gebracht – Marxer- und Erdbergerlinie halten sich herrlich. Zur Erhaltung des Muthes bittet man um hinlängliches Proviant für 4000 Mann. Munition fehlt; schnell nachgeschickt; ich fürchte einen nächtlichen Angriff, da das Militär seine Position im Laaerwaldel verläßt. Vorsicht im Belvedere und Favoritenlinie! – St. Marx halb 7 Uhr Abends, 13. October 1848. – Flick, Commandant. – Es wird das Verpflegungsgesuch unterstützt. Vom Studentencomité Hoffer. Carl Schulhof, Schriftführer.«

Erst die darauf folgende Woche brachte neben dem Proviant ernstere Kämpfe an der St.-Marxer-Linie mit sich, der General der Reaktion, Fürst Windischgrätz, konzentrierte die Angriffe seiner kroatischen Hilfstruppen vorerst auf die Leopoldstadt, ungefähr dort, wo Nestroy im Frühjahr noch Wache gestanden hatte. Noch am 26. Oktober 1848, während Windischgrätz soeben die Stadt erstürmen lässt, errangen, schreibt Bach, die »Wiener einen kleinen Erfolg: sie unternahmen einen glücklichen Ausfall auf den St. Marxer Friedhof und trieben die Croaten heraus«. Am 28. Oktober schließlich ist auch die St.-Marxer-Linie gefallen. Hart wird die Stadt in den darauf folgenden Wochen von ihren Besatzern bestraft. Danach kehrt erneut Friedhofsruhe ein.

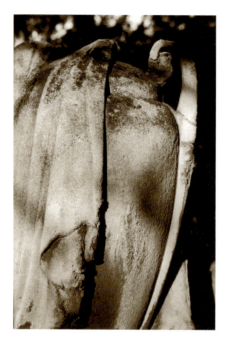

Der Tod der Friedhöfe

Vor den neuerdings renovierten Backsteinmauern des Erdberger Friedhofs stauen sich regennasse Kraftwagen zu langen, blinkenden Kolonnen, ganz wie im Verkehrsfunk versprochen. Seit dem letzten Besuch hat ein unübersehbarer Modernisierungsschub die Gegend verändert und von der Brücke der A 23 herab, deren hohe Stützpfeiler die östlichen Friedhofsmauern gefährlich bedrängen, künden nunmehr die unablässig den Grenzen zustrebenden Fernlastwagen von der unteilbaren Freiheit des Warenverkehrs. Ein einsamer Wohnblock, der noch Spuren russischer Angriffe trägt, öffnet seine private Rückseite dem ereignisfreien Brachland, das nach Beseitigung des Aspanger Bahngeländes entstanden ist. Die alten Bahnbrücken sind verschrottet, ein Kebab-Stand, eine Haltestelle und teergedeckte Industrieruinen gestalten jetzt die Grenzzone zwischen Erdberg und Simmering. In Stahl und Glas wieder erstrahlt seit kurzem jenseits des Friedhofes das postmoderne Verwaltungszentrum einer jener Telefongesellschaften, denen es trotz aller freizügiger Angebote an Gratisbonus, Nulltarif oder Gebührenfreiheit bis ans Lebensende doch noch gelang, die Baukosten zu akkumulieren. Auf dem denkmalgeschützten Biedermeierfriedhof, dem letzten dieser Welt, dessen Wege und Gräber immer noch ein üppiges und winterfestes Grün standhaft überwuchert, herrscht nicht länger mehr die melancholische Stille einer aufgelassenen Begräbnisstätte. Seit die einst unbedeutende Leberstraße unterhalb der Südosttangente im Zuge der Errichtung und Untertunnelung des Flughafenexpresses zum viel gefragten Verkehrsweg emporstieg, scheint der kleine Friedhofspark von St. Marx erneut in Gefahr, in all dem geschäftigen Lärm endgültig in stille Vergessenheit zu geraten.

Nahe der ästhetisch verarmten Simmeringer Hauptstraße, am Beginn ihres trauriglangen Weges zum siegreich konkurrierenden Zentralfriedhof, umgeben von gnadenloser kommunaler Baugesinnung der frühen fünfziger Jahre des 20. Jahrhunderts, unweit ausgerechnet der Camillo-Sitte-Schule, des an Anton Wildgans mahnenden Gemeindebaues und jener Vorstadtgasse, die Hugo von Hofmannsthal

zu Ehren benannt wurde, liegt das bescheidene Wiener Gegenstück eines Pariser Père Lachaise oder Montparnasse, eines Campo santo der Italiener. Hier findet sich das Pantheon eines Volkes zumeist schlichter Menschen inmitten von Urnen, geborstenen Säulen, trauernden Genien, abbröckelnden kriegerischen Symbolen wie trotzigen Gesten bürgerlicher Ehrbarkeit; verblasste Zeichen der Hoffnung, des Glaubens und der Liebe, gebettet zwischen Fliederbüschen und Kastanienbäumen und überragt von einem mächtigen Friedhofskreuz, das auf der Rückseite die Jahreszahl MDCCXXXI trägt.

Friedhofsarchitektur und Gräberpoesie halten auf ihre Weise die Entwicklung der Stadt und des Landes innerhalb des knappen Jahrhunderts von der Kirchenreform Kaiser Josefs II. bis zur Wiener Weltausstellung, vom aufgeklärten Absolutismus bis zur Krise des Liberalismus fest. Verwaschene Grabplatten, verwitterte spätbarocke und antikisierende Formen, zerfallende Skulpturen der Empirezeit, der biedermeierlichen Romantik und des Klassizismus, gotisierte Familiengruften aus der Hochzeit des Eklektizismus, einfache dunkle Mahnmale für die Gefallenen des Jahres 1866, sie alle liegen eng beieinander, die freien, grasüberwachsenen Flächen dazwischen verweisen auf die Armen- und Schachtgräber, rostende gusseiserne Kreuze mit stilisiertem Blütenkranz wieder stecken den Weg ab, der zukunftsfroh in die industrielle Moderne weist.

Über 6.000 Grabmäler permanenter Bewohner existieren noch hier, die meisten sind Nachbildungen griechischer Grabstelen, mit Giebeln, Akroterien, Genien, manche geschmückt mit Schmetterlingen als Mahnmal der flüchtigen Zeit, mit einem Pfeil oder dem Abbild der Schlange, deren Körper einen Kreis bildet und damit Zeit und Ewigkeit symbolisieren möchte, wenngleich manche solcherart gestaltete Grabstellen längst vom Zeitenlauf anonymisiert worden sind. Geduldig warten beim Eingang zwei trauernde Genien, deren Inschriften besagen: »Auf irdische Trennung folgt selige Vereinigung« und »Trennung ist unser Los, Wiedersehen unsere Hoffnung«. Hier, an der Pforte zum Jenseits, wo das Bekannte, das Endliche, an das Unbekannte, Unendliche anknüpft, verkündet eine von fürsorglicher Hand angebrachte Tafel: »Dieser alte St. Marxer Friedhof als letzter Biedermeierfriedhof der Welt, steht unter Denkmalschutz. Er wurde für die Bevölkerung als Erholungsort freigegeben. Es möge daher jeder Besucher diese Gedenkstätte würdigen und zur Erhaltung beitragen.« An dieser Stelle, wo der

Trost des Unsterblichkeitsgedankens den Eintritt erleichtert und der Tod lediglich als Eingang in die höchste Einheit und Ganzheit empfunden wird, wo irdische Gerichtsbarkeit ihr jähes Ende erfährt, erblickt man auch den gemeindeeigenen Hinweis, der Hunden und Radfahrern den Aufenthalt verbietet.

Es stimmt nachdenklich, dass es zumeist Verbote und Verordnungen sind, die hierzulande die Friedhöfe überleben. So ist uns von einem längst entschwundenem Vorortekirchhof lediglich eine Metalltafel überliefert, die nach wie vor ermahnt: »Das Tabakrauchen, das Mitnehmen von Hunden, das Betteln, Hausieren und Agentieren, das Abpflücken von Blumen oder Pflanzen, überhaupt jede Beschädigung der Gartenanlagen, das Bekritzeln und Beschädigen von Grabdenkmälern, sowie das Schnellfahren innerhalb dieses Friedhofes ist strengstens verboten. Übertretungen der Vorschriften dieser Kundmachung werden nach §§ 100 und 101 des Gemeindestatuts mit Geldstrafen bis zum Betrage von 400 K oder mit Arreststrafen bis zu 14 Tagen geahndet.«

Die Wiener Friedhöfe, was wären sie ohne ihre reglementierenden amtlichen Verordnungen und Gemeindestatuten, ohne ihre vorauseilenden irdischen Sortierungsabsichten für das Jüngste Gericht durch die Magistratsabteilung 43, in der Überzeugung und Absicht verlautbart, von jedermann streng befolgt zu werden, im Himmel wie auf Erden.

Friedhöfe besitzen ihre Geschichte, und der Umgang mit dem Tod stellt nach Ansicht des Mentalitätshistorikers Philippe Ariès immer auch einen Schlüssel für kulturelles Verhalten dar. Die Toten schlafen, dieses Motiv taucht früh auf, ebenso wie die Ruhe und der ewige Friede als ältestes Bild vom Jenseits. Lange jedoch scheut man die Nachbarschaft der Toten und hält sie abseits der Lebenden. Die Friedhöfe des Altertums liegen außerhalb der Städte, an den Rändern der Ausfallsstraßen, doch mit dem Aufkommen des Christentums flößen die Toten den Lebenden bald keine Angst mehr ein. Ab dem 5. Jahrhundert anonymisieren sich zwar die Gräber, ausgenommen die mancher Heiliger und Könige, Reicher und Mächtiger, doch bis ins 18. Jahrhundert hinein findet erneut eine wechselseitige Annäherung statt, mit der Einbindung der Friedhöfe in die Städte, in die unmittelbaren Wohnbezirke der Menschen. Der Glaube an die Auferstehung setzt nunmehr ein unversehrtes Grab voraus, im Schutz der Heiligen und im geweihten Bannkreis der Kirchen. Zur Zeit der Ka-

thedralen ziehen die Reliquien der Märtyrer neue Grabstätten nach sich, wie auch neue Stadtviertel im Schatten der Basilika entstehen.

Bereits 563 verbietet das Konzil von Braga die Bestattung innerhalb der Gotteshäuser und erlaubt, mit Ausnahme der Äbte, Bischöfe, Stifter und Patronatsherren, lediglich das Begräbnis nahe der Kirchenmauer. Selten hat man in der Alltagspraxis allerdings ein kanonisches Verbot listenreicher umgangen. Die häufigste Auswirkung dieses Konzilsbeschlusses ist, wie Ariès vermerkt, zumeist die, dass Bestattungen innerhalb der Kirchen von der Errichtung einer Gebühr abhängig gemacht werden, womit der Ursprung der Begräbnispfründe ebenso offenkundig wird wie eine weitere und diesmal verstärkte Hierarchisierung der Toten. Die katholische Vorfreude, dass nach dem Ableben alle für ewig gleich seien, währt nicht lange.

Während sich die Gräber angesehener Verstorbener zu Ehrenmälern emporstrecken, Individualisierung wie Öffentlichkeitsanspruch langsam sich abzuzeichnen beginnen, entwickelt sich, im Zuge des demografischen Aufschwungs der Städte, im 14. Jahrhundert die Gewohnheit, die Gebeine der alten Grabstellen zu exhumieren, um Platz für neue zu schaffen und diese in Beinhäusern, Gewölben, auf öffentlichen Plätzen und anderswo aufzuschlichten. In Wien wieder werden bis 1783 die Katakomben unter dem Stephansplatz zur Deponierung menschlicher Überreste benützt, ebenso Särge mit Leichen in die Grüfte unterhalb des Domes zu Tausenden unbestattet hinabgeworfen. Das leibliche Ende der Armen, welche die Gebühren der Kirche nicht bezahlen können, findet neben diesen Ossuarien nunmehr ebenso in großen Gemeinschaftsgräbern statt, Gruben, die bis 1.500 Leichen fassen und durch die zahlreichen Epidemien des Schwarzen Todes an Bedeutung zunehmen. So entstehen am Rande der Städte die großen Gemeinschaftsgräber der Bedürftigen wie der Seuchenopfer und die Friedhofsfunktion der Kirchen setzt sich jenseits ihrer Mauern fort.

Im Mittelalter und lange danach ist der Friedhof im Verein mit der Kirche zum Sammelpunkt des sozialen Stadtlebens geworden, als Marktplatz, Gerichtsort, Wohngegend, ein öffentlicher Platz und ausgestattet mit dem Privileg des Asylrechtes. Der Schutzheilige ist es, der den Bewohnern und Verfolgten weltlichen Schutz gewährt, auch wenn gerade Letztere es sind, diee, wie noch Goethe in römischen Kirchen beobachten konnte, mitunter die Lebenden munter zu Tode befördern. Ab dem 13. Jahrhundert »klerikalisiert« sich auch der Tod: Totenwache, Totengeleit, Begräbnis, Sarg und Katafalk unterstehen dem Monopol des Priesters, eine streng hegemoniale Beziehung, die sich erst mit dem Entstehen der großen zentralen Friedhöfe im 19. Jahrhundert langsam zu entflechten beginnt.

Eine gewisse Interesselosigkeit der Lebenden gegenüber den Toten macht sich demnach bemerkbar. Das Grab selbst, so die lange anhaltende Glaubensvorstellung, ist kein bleibender Aufenthalt, nicht länger die permanente Hülle des Leibes und vor allem keine immer während Begräbnisstätte. Die private Funktion des Friedhofes, der massenhafte Kult der Toten und der Gräber bleibt späteren Zeiten vorbehalten.

Im Laufe des frühen 19. Jahrhundert wandelt sich die kollektive Sensibilität. Nach dem gescheiterten Versuch Josefs II., die barocke Theatralik des Todes zu brechen, lebt spanische höfische Etikettentradition aus theresianischen Zeiten samt begleitender Liebes- und Todessymbolik fröhlich wieder auf und zeigt Tendenzen der Verbürgerlichung. Das irdische Überleben im Andenken lässt jetzt, dank wohlorganisierter Friedhofsordnung und der Vorstellung eines individualisierten Jüngsten Gerichts, personelle Identität und eigene Geschichte zu, ebenso wie eine neuerliche Trennung der Lebenden von den Toten. Eine bislang unbekannte romantische Einstellung zum Ableben kündigt sich an, die erstmalige Präsenz eines universellen Zeichens in Form eines schmiedeeisernen Grabkreuzes, die Sichtbarwerdung bürgerlicher, immer währender Begräbnisstätten, und etwas Neues ist im Entstehen, unser zeitgenössischer Friedhof.

Urbanisierung, Aufklärung und deren Gefolge, die unerbittlichen Ärzte und Hygieniker, standen am Totenbett der alten Friedhöfe und sorgten für eine leise einsetzende Säkularisierung des Totenkultes. Bereits 1771 war ein Gutachten über die Verlegung der Wiener innerstädtischen Friedhöfe vor den Linienwall in Auftrag gegeben worden, ein Jahr später wurde verfügt, dass keine weitere Begräbnisstätte innerhalb der Stadt errichtet werden dürfe. Kaiser Josef II., der zuvor bereits nach Pariser Vorbild und voll aufklärerisch-rationalistischer Denkungsart das Allgemeine Krankenhaus in Wien mit seiner Armenambulanz, dem Findelhaus, einer Station für Geschlechtskrankheiten und einer Gebärklinik für ledige Mütter und schließlich mit dem »Tollhaus des Hauptspitals« die Einbindung der Irrenfürsorge in das Spitalswesen im Sinne seiner

»josefinischen Staats-Caritas« geschaffen hatte, nahm sich zugleich mit dessen Eröffnung auch der Reform des Bestattungswesens an. Mit der Hofentschließung vom 9. Oktober 1783, mit den »Direktivregeln zur Errichtung einiger Freidhöfe außer den Linien«, war bereits die Errichtung von fünf Anlagen angeordnet worden. Seine am 23. August und 13. September 1784 erlassenen Hofdekrete zur neuen Begräbnisordnung beinhalten jetzt die Schließung der »inner dem Umfang der Ortschaften« errichteten Grüfte und Kirchhöfe, Schachten und Kalkgruben der Spitäler, »da schädliche Ausdünstungen für die Gesundheit sehr nachteilige Folgen hätten«, begleitet von einer Reihe von Vorschriften über den Vorgang der Beerdigung. Dies alles steht in radikalem Bruch zur Barocktradition mit ihrem Credo: Kein Friedhof ohne Kirche, keine Kirche ohne Friedhof.

In seiner »Skizze von Wien«, zwischen 1786 und 1790 in sechs Heften erschienen, schildert der überzeugte Josefiner Johann Pezzl den Vorgang des Friedhofsterbens aus nämlich aufklärerisch-rationaler Sicht wie sein kaiserliches Vorbild. »Es war ein alter, übel verstandener Gebrauch, unsere Kirchen und die Kirchhöfe selbst in der Mitte der volkreichsten Städte mit Leichen zu pflastern:

Pour honorer les morts, on tue les vivants.

In der Tat mussten an solchen Plätzen Ausdünstungen entstehen, die den Andächtigen, besonders bei großem Gedränge in den warmen Jahreszeiten, nicht anders als höchst ungesund sein konnten. Indessen hatten der Stolz der Reichen und der fromme Wahn der eifrigen Christgläubigen überhaupt diese Sache zu einem Ehren- und Seligkeitspunkt gemacht. Die einen wollten mit schönen Grabsteinen ihr Andenken auch nach dem Tode noch verherrlichen, und die anderen glaubten, nahe bei einer Kirche, in geweihtem Erdreich zu liegen, manchmal mit einem Kerzchen oder Lämpchen beleuchtet und mit Weihwasser besprizt zu werden, seien Dinge, die kräftig und unfehlbar in den Himmel helfen.

Gesunde Physik siegte endlich, wiewohl sehr langsam, über frommen ansteckenden Glauben. Man verlegte die Grabstätten wenigstens aus der Stadt selbst in die geräumigeren und etwas luftigeren Vorstädte. Da indessen jährlich zehntausend Leichen mitten in der Gesellschaft einiger hunderttausend Lebender immer noch eine ekelhafte Masse von Fäulnis ausmachen, so geschah im Jahre

1784, was längst hätte geschehen sollen: Man errichtete außer den Linien, auf freiem Felde einige Grabstätten, wohin nun alle in Wien Sterbenden gebracht werden; die Leichen der kaiserlichen Familie ausgenommen, die ihre Gruft bei den Kapuzinern auf dem Neuen Markt haben, und jene der reich begüterten Vasallen, die sich gewöhnlich nach ihren Familiengrüften auf ihre Güter nach Österreich, Böhmen, Mähren, Ungarn usw. abführen lassen.

Übrigens ist jedem unverwehrt, sich mit allen Glocken von ganz Wien und dessen Vorstädten ins Paradies hinüberläuten zu lassen, wenn er es für seine Seele behaglich hält, auch sich so viele Messen und Requiems zu bestellen, als er zu seiner Erlösung nötig zu haben glaubt. Aber abends kommt der schwarze Totenwagen und legt ihn neben den armen Taglöhner, für den kein Paternoster ist gebetet worden.

Das Holz ist, wie man weiß, in Wien sehr teuer; indessen nehmen die zehntausend Särge der jährlich hier Sterbenden eine große Menge dieses Artikels hinweg, das ohne Nutzen unter der Erde verfault. Diesem zu wehren und die Verwesung der Toten mehr zu fördern, gab der Kaiser gegen Ende des Jahres 1784 eine Verordnung, dass alle Leichen bloß in einen leinenen Sack genäht und so in die Erde gesenkt werden sollten.

Keine Verordnung bewirkte ein so allgemeines Missvergnügen als dieses Sackbegräbnis. Die hiesigen Griechen machten zuerst eine Vorstellung dagegen, indem sie anzeigten, dass es gegen ihren Ritus sei; in Böhmen, Mähren usw. dachten die Leute sogar an das Auswandern; einige auswärtige Fabrikanten, die eben im Begriff waren, sich in den österreichischen Staaten anzusiedeln, machten es zur wesentlichen Bedingung ihrer Einwanderung, dass sie sich in Särgen dürften begraben lassen. Die allgemeine Unzufriedenheit bewog endlich Se. Majestät, dem Vorurteil mitleidig nachzugeben und die Begräbnisse nach voriger Art und Weise zu gestatten. Der Oberste Kanzler erhielt darüber in den ersten Tagen des Monats Jänner 1785 folgendes allerhöchstes Handbillet:

›Da ich sehe und täglich erfahre, daß die Begriffe der Lebendigen leider! noch so materiell sind, daß sie einen unendlichen Preis darauf setzen, daß ihre Körper nach dem Tode langsamer faulen und länger ein stinkendes Aas bleiben: so ist mir wenig daran gelegen, wie sich die Leute wollen begraben lassen; und werden Sie also durchaus erklären, daß nachdem ich die vernünftigen Ursachen, die Nuzbarkeit und Möglichkeit dieser Art Begräbnisse gezeigt habe, ich keinen Menschen, der nicht davon überzeugt ist, zwingen will, vernünftig zu sein, und daß also ein jeder, was die Truhen belangt, frei tun kann, was er für seinen todten Körper zum voraus für das Angenehmste hält.‹

Dieses Handbillet, welches wohl unendlich mehr Eindruck hätte machen müssen, wenn der große Haufe denken könnte, tat weiter keine andere Wirkung, als daß die Österreicher eilig zum Tischler liefen und sich neue Särge bestellten …«

Weil also »bei den Toten der einzige Zweck die Verwesung sei«, wird vorerst die vollständig nackte Leiche in einen leinernen Sack eingenäht und in einer Truhe von der Kirche zum Friedhof mit dem Leichenwagen zu Grabe gebracht. Dort versenkt man sie in die sechs Schuh tiefe und vier Schuh breite Grube aus Sparsärgen mittels aufklappbarem Boden. Danach wird der Tote mit ungelöschtem Kalk bedeckt und anschließend die Grabstelle geschlossen. Zudem sollten Massen- und Schachtgräber zur rationalen Nutzung des Bodens die Einzelgräber ablösen, zumal »zu gleicher Zeit mehrere Leichen ankommen«, auch mehrere »in die nämliche Grube« gelegt werden können. Tiefe und Breite der Gräber sowie deren Abstand sind natürlich ebenfalls penibel festgesetzt. Ferner sieht das Hofdekret vor, dass »ein besonderes Denkmal der Liebe, der Hochachtung oder der Dankbarkeit« nicht auf den Kirchhof, sondern, wenn schon erforderlich, lediglich an dem »Umfang der Mauer« gesetzt werden dürfe, eine Bestimmung, die spätere Friedhofserweiterungen naturgemäß erschwert, auch jene von St. Marx. Gegen diese Abänderung des landläufigen Todes im Sinne seiner planmäßigen Rationalisierung erhebt sich sofort ein heftiger Proteststurm. »Vielleicht konnte der kalte Verstand hierin eine zweckmäßige Verordnung finden und verteidigen«, erinnerte sich die biedermeierliche Salondame Karoline Pichler, »aber das Gefühl der ganzen Stadt war empört, und die Sache mußte unterbleiben …«

Das Hofdekret vom 20. Jänner 1785 gibt dann auch resigniert zu, dass »die hierüber vorgefassten Meinungen so stark und allgemein seien, dass sie die Gemüther vieler dero Unterthanen beunruhigen«. Die Einwände waren vor allem von wohlhabenden Kreisen und dem Adel erhoben worden; »was die Truhen betrifft«, stellte schließlich der Kaiser jedem frei, das zu tun, »was er für seinen tootten Körper im voraus für das Angenehmste hält«. Davon allerdings können die ärmeren Schichten, die »niedern Volksklassen«, wie sie von Karoline Pichler genannt wurden, keinen Gebrauch machen, sie müssen weiterhin den josefinischen Sparsarg benutzen, um ins Armen- oder Schachtgrab zu gelangen.

Überlebt haben auch jene Bestimmungen, die eine Zuteilung der Leichen je nach Wohnsitz auf einem der neu eröffneten »communalen Friedhöfe« regeln. Diese sind nunmehr die neu angelegten außerhalb der Linie: Am Hundsturm, in Matzleinsdorf, Auf der Schmelz, der Währinger Allgemeine Friedhof und der von St. Marx. Letzterer hat nunmehr die Wohngebiete der Vorstädte Erdberg, Weißgärber und Landstraße samt dortigem militärisch geführten Armen- und Waisenhaus zu entsorgen, ebenso wie Tote aus Teilen des ersten und zweiten Bezirks, zudem müssen nunmehr noch hunderte Gebeine des aufgelassenen Nicolai-Friedhofes der Landstraße aufgenommen werden.

Erst in der Sitzung vom 3. November 1863 beschließt der Wiener Gemeinderat, die Errichtung eines zentralen Kommunalfriedhofes in Angriff zu nehmen. Mit dem fürsterzbischöflichem Konsistorium wird ein Übereinkommen getroffen, mit dem gegen eine jährliche Entschädigung von 17.141 fl. und 25 kr. an die Pfarren Wiens, beginnend mit Jänner 1869, die bisherigen Friedhöfe in den Besitz der Gemeinde Wien übergehen. Die Todesstunde der Friedhöfe außerhalb der Linie hat damit ebenfalls geschlagen. Als die Eröffnung des Zentralfriedhofes 1874 bevorsteht, sollen nach einer Verordnung des Magistrats vom 10. Oktober 1874 die fünf »alten Friedhöfe« endgültig geschlossen werden, nachdem die Lebenden erneut darangegangen waren, die Toten einzuholen. Der Widerstand der Besitzer eigener Gräber und Grüfte erwirkt jedoch einen Aufschub, bis schließlich in den Jahren zwischen 1923 und 1927 vier dieser Anlagen geschleift und in öffentliche Parks umgewandelt werden. Von all den »communalen Friedhöfen« bleibt allein dank der Bemühungen des Heimatforschers Hans Pemmer der von St. Marx als Parkanlage erhalten, seine Instandsetzung erfolgt durch den Architekten Paul Waldhauser. Am 22. Oktober 1937 schließlich wird die Anlage zum allgemeinen Besuch freigegeben.

Die Bezeichnung für die josefinischen »Freythöfe außer der Linie« täuscht ein wenig, nicht der Kommune waren sie lange untergeordnet, vielmehr verfügte, im Gegensatz zum späteren Zentralfriedhof, auch weiterhin allein die katholische Kirche über deren Einrichtungen und Rituale. Die Kosten zur Erhaltung des »communalen Vorstadtfriedhofes« von St. Marx wieder hatten zu drei Vierteln die Pfarren St. Stephan, St. Leopold und Erdberg, und zu einem Viertel der städtische Sanitätsfonds zu tragen. Die Folgen waren ein jahrzehntelanger erbitterter Streit der Pfarren gegen diese Abgabe und noch 1854 hatte St. Stephan seinen Anteil nicht abgeliefert. Doch mit dem Transport der Leichen von der Kirche zu den entfernteren Friedhöfen hatte sich bereits im Josefinismus ein Weg zur Trennung von Kirche und Grab, Einsegnung und Bestattung, und damit zur Säkularisierung des Begräbnisses aufgetan. Bald auch galt der letzte Gang zum Friedhof als Gradmesser lokaler Beliebtheit, zwar noch nicht in Mozarts Wien, aber dann doch im biedermeierlichen eines Beethovens oder Schuberts, die alle auf den »Freythöfen außer der Linie« begraben wurden.

»Die Wiener Kirchhöfe sind übrigens wahre Leichenäcker, ohne alle Poesie, oft selbst ohne Würde«, hatte noch Carl Ramshorn über die josefinischen innerstädtischen Grabstätten befunden. »Die Mehrzahl der Monumente ist von merkwürdiger Geschmacklosigkeit und fast durchaus nur Handwerksprodukt. Plastische Kunstwerke finden sich beinahe gar nicht und am wenigsten auf den eigentlichen Stadtkirchhöfen. Wer schon ein Grab mit Kunstsinn zieren will, flüchtet auf einen Dorfkirchhof, und so ist jener zu Währing der schönste aus allen geworden.« Und auch Adolf Schmidl meinte, die »Begräbnisse werden in der Stadt meistens sehr einfach, gewöhnlich sogar mit großer Unordnung abgehalten und die häufig alles Gefühl beleidigende Ungeschicklichkeit und Unwissenheit der sogenannten ›Kondukt-Ansager‹ ist sprichwörtlich. Die Vorstädter halten sehr viel auf feierliche Leichenbegängnisse, es gibt mehrere ›Leichenvereine‹ und viele Wiener zahlen an mehrere derselben zugleich, nur um eines prachtvollen Begräbnisses versichert zu sein.« So war es kein Wunder, dass sich die Friedhöfe entlang des Linienwalls bald allgemeiner Beliebtheit erfreuten und der Tod der innerstädtischen Anlagen bald vergessen war.

Diese Bevorzugung der Vorstadtfriedhöfe zeugt auch vom radikalen Wandel des Begräbniskultes vom Josefinismus hin zur Vormärzgesellschaft, über den uns erneut Karoline Pichler berichtet. In einem der ersten Pamphlete, die in der Regierungszeit Josef II. so zahlreich erschienen, sei noch, so die Autorin in ihren »Erinnerungen«, »eine Betrachtung über die kostspieligen Leichenfeierlichkeiten, die denn ganz in dem materiellen Geist jener Zeit, der

sogenannten Aufklärung, als töricht, als eine unnütze Verschwendung, als eine aus der Gewinnsucht der Geistlichen entstandene Spekulation« dargestellt worden. »Vielen Anklang fanden solche Äußerungen in der Erkaltung der meisten Gefühle so wie im Eigennutz der Erben und Verwandten des Verstorbenen. Auch ließ jenes Leichengepränge merklich nach. Man fand es bürgerstolz, unaufgeklärt, altfränkisch, kostspielige Leichenzüge zu veranstalten, Gräber und Grüfte zu ehren, zu schmücken.« Doch dies alles sollte sich bald ändern: »Und siehe da! Sechzig Jahre darnach liest man in jeder Zeitung von irgend einer hochfeierlichen Bestattung eines oder des andern ausgezeichneten Mannes und sieht den Luxus, der in unsern Tagen mit eigenen Grabstätten und Denkmälern auf den, gleichsam in Gärten verwandelten Friedhöfen herrscht.«

Einer jener Friedhöfe, der diesen Wandel mitgestaltete, war der von St. Marx.

Ein »Freythof außer der Linie«

1784, zur Zeit der Eröffnung, 4.800 Schritte von der Stadt entfernt, begrub man bis 1874 an diesem Ort einige, die einer Erwähnung auf den Seiten des vaterländischen Geschichtsbuches wert waren, neben vielen anderen, die dem kollektiven Gedächtnis längst entglitten wären, hätten sie nicht selbst tatkräftig für ihr Nachleben vorgesorgt. Bis auf wenige Ausnahmen waren sie, die hier liegen, durch gemeinsames Herkommen verbunden: sie kamen oftmals aus der Provinz in die Stadt, aus denkbar bescheidenen, häufig drückenden Verhältnissen. Ausbildung und Studium mussten durch äußerste Entsagung bezahlt werden. Lehrer und Pfarrer trafen die erste Auslese, mit Unterstützung von Verwandten und lokalen Repräsentanten ermöglichte man den ersten Generationen eines sich formierenden Bürgertums den Wechsel von den Dörfern in die Metropole, von der ländlichen Volksschule an die Universität. »Das Intelligenz- und Studentenproletariat der Vierzigerjahre war nicht viel weniger trostlos als das Bürger- und Arbeiterproletariat«, erinnerte sich der Historiker Ernst Victor Zenker. »Alle Laufbahnen waren durch das grenzenlose Protectionswesen verschlossen, die Advocatie von zünftlerischen Grenzen umhegt, die Laufbahn der Literaten missachtet, gefahrvoll und aussichtslos usw.« Der spätere Professor, zeitweilige Abgeordnete und permanente St. Marx-Bewohner Anton Füster überliefert ein ebenso eindrucksvolles Bild vom Elend in Vormärzzeiten: »Ich habe zwar oft von der Armuth gehört, die unter Studenten herrschte«, berichtete er, »hätte sie mir aber nie so gross vorstellen können.« Nicht wenige Studenten gab es, »welche wochenlang keine warme Speise genossen, deren einzige Nahrung Brot und Wasser. Die armen Menschen verdarben sich ohne Verschulden die Gesundheit für ihre ganze Lebenszeit. Von anderen Entbehrungen in Kleidung, Wäsche u. dgl. nicht zu sprechen, erwähnen wir der Wohnungen vieler armer Studenten: finstere, feuchte, im Winter nicht geheizte Kellerlöcher, alles eher als Menschenwohnungen zu nennen, waren ihre Behausungen.«

Weiterhin gültig bis zur Revolution blieben übrigens auch die gestrengen Maßnahmen des k. k. Judenamtes, das 1792 geschaffen worden war. Jeder Jude musste dieses Amt »Am Peter« nach seiner Ankunft passieren, um die Aufenthaltskarte, gültig für drei Tage, zu bekommen. »In diesen drei Tagen«, erinnerte sich Sigmund Mayer, »sollte jeder seine Geschäfte abwickeln; wenn nicht, so mußte er um eine expresse Aufenthaltsbewilligung einschreiten, die ihm gegen eine Taxe auf acht Tage gewährt und nur einmal verlängert wurde.« Danach musste er, im Gegensatz zu den wenigen jüdischen k. k. landesprivilegierten Fabrikanten, die Stadt eilig verlassen. So waren sämtliche zwischen Hohem Markt und Salzgries im Handel Beschäftigte und ebenso der größte Teil der Woll- und Produktenhändler Kaufleute, die offiziell nicht einmal erwähnt werden durften, weil ihnen das Recht, sich in Wien auch nur aufhalten zu dürfen, vollständig fehlte. »Mit dieser gesetzlichen Verfehmung standen also die Tatsachen des Lebens im grellen und schreienden Widerspruch. Wien sollte vollständig judenrein sein; nach einer mäßigen Schätzung aber waren – die Vorstädte außer Berechnung gelassen – ihrer mindestens 10.000 bis 12.000 in Wien.« Die Existenz der Juden des Wiener Vormärz war somit keine gesetzlich oder rechtlich geschützte, und abgesehen von den wenigen Ausnahmekategorien hing deren wirtschaftliche Vernichtung und persönliche

Vertreibung von Lust und Laune der zuständigen Beamten im k. k. Judenamt ab.

Die nur langsam entstehende bürgerliche Bildungsschicht und autonome Künstlerschar war somit von der Erfahrung dumpfer, demütigender Bedürftigkeit oftmals ebenso gezeichnet wie Kleinbürgertum und städtisches Proletariat. Nachhilfestunden, mildtätig gewährter Freitisch, die Erinnerung an die Armseligkeit eines Lebens inmitten des bunten Treibens eines multinationalen Adels und einer verhoften Beamtenschicht, fanden in späteren Zeiten häufig ihren bitteren autobiographischen Niederschlag und beeinflussten das Bewusstsein der Mehrzahl der kommenden Professoren, Juristen, Erfinder, Industriellen, Musiker, Maler, Schriftsteller und Politiker bis tief in die Zeiten des Liberalismus hinein. Es muss jedoch hinzugefügt werden, dass diese aufsteigende Schicht sich rasch von den unteren Bevölkerungsteilen demonstrativ abzuschließen begann. Und so findet sich von den Opfern der zunehmenden Armut jener Jahre Weniges an Erinnerungswertem auch auf unserem Friedhof.

In diesen engen, unzulänglichen Verhältnissen des Herkommens liegen die Wurzeln der ästhetischen Empfindsamkeit, sozialen Empfindlichkeit und des labilen Selbstbewusstseins bei denen, die den Aufstieg in die Reihen der Intelligenz, Kunst und Industrie vollziehen konnten. Dies war für das Biedermeier und das Revolutionsjahr 1848 ebenso charakteristisch wie für die darauf folgende Gründerzeit. Nicht Not und Elend der anderen, allein das freie, gesprochene und gedruckte Wort blieb lange das Hauptanliegen der intellektuellen Vertreter des neuen Standes, Stätten der Bildung, eines freien Handels und einer freien Öffentlichkeit waren ihr Ziel.

Anfang des 19. Jahrhunderts liest man auf den Grabsteinen der Vorstadtbewohner und Kleinbürger, der Handwerksmeister, Hausbesitzer, Rentiers und Fabrikanten erstmals selbstbewusste Inschriften, die auf erreichten sozialen Aufstieg verweisen. Die eines »Schmalzfabrikanten aus Hütteldorf« etwa, oder eines »jubilierten Kassiers der k. k. Hauptkassen«, unweit gelegen von jener der »bgl. Kaffeehaus-Inhaberstochter«, dem »k. k. Obersthofmeisteramt-Expeditor und Ceremonien-Protokollführer, dann königlich böhmischer Herold« oder eines »bürgerl. Vorstadttandlers«. Josef Summer, »gewes. Germverschleißer«, liegt hier ebenso begraben wie Johann Franta, »bürgl. Kanalräumer, Landstraße Nro. 570«, verstorben 1855, 46 Jahre alt geworden, sein Sohn folgt ihm drei Jahre später nach, im »19. Lebensjahre«. Einige »bürgl. Dachdecker«, »bgl. Hopfeneinkäufer«, ebensolche »Hofobstlieferantinnen«, »Kaffee- und Gasthausbesitzer« und auch die »bürgl. Wirtschaftsbesitzers-Gattin« fehlen nicht in mehrfacher Ausführung. Sie alle zeugen vom mühsam errungenen Bürgerstolz und sollten für alle Zeiten »unvergesslich« bleiben, die »teure Gattin«, die »vielgeliebte Jungfrau« ebenso wie »der gütigste Vater« oder »die zu früh dahingegangenen Kinder«.

»Hier ruht Josef Herxel, Bürgers- und Pfarrmesners Sohn aus der Pfarre zu St. Leopold in Wien« sowie Juliana Schorg, »Milchmeisters Gattin«, dem Andenken des Herrn Josef März, »Repräsentanten der bürgl. Lohnkutscher und Hausinhabers in der Leopoldstadt Nro. 138« wird gedacht und ebenso Frau Barbara Menegon, »bürgl. Handelsmann Witwe«. »Dem besten Vater«, Herrn Carl Fuchs, »jubilirt. Kassier der k. k. Staatshauptkassen und Mithauseigenthümer Landstraße Nro. 58« wird eine Grabstelle »von seinen tieftrauernden Nachkommenden dankwürdigst geweiht« und auch A. Baldtauf, »pens. Magistrats-Cassier und Hausbesitzer«, Katharina Neckam, »bgl. Fischhändlers-Wittwe«, Martin Kurosky, »Kunststopper«, oder Josef Hummelberger, »bgl. Lust und Ziergärtner, im 84. Lebensjahre«, fanden hier ihre letzte Ruhestätte, unweit von Leopold Wagner, »bürgl. Eisentrödler aus der Leopoldstadt« oder Anton Neumeier, »Hausbesitzer und Bierversilberer«, eine Berufsbezeichnung wieder, die sich seit den Memoiren der Josefine Mutzenbacher allerdings rar gemacht hat in der Literatur und auf Grabsteininschriften.

Abweichend vom allgemeinen Verlauf der Geschichte, tritt in Wien, so könnte man meinen, der neue und vielschichtige Bürgerstand zuerst in seiner zur Karikatur verleitenden titelstolzen Kostümierung in Erscheinung. Doch man strebte selten nach offizieller, heroischer Größe, hielt diese gemeinsam mit Grillparzer vielmehr für gefährlich und verließ sich stattdessen aufs »Lavieren«, ein Begriff, der nicht zufällig im Biedermeier aufkam. Lavieren zwischen den Anforderungen kleinlicher Bürokratie und der nächsthöheren Instanz, die Titel und Ämter versprach, zeichnete viele Bürger aus, deren höchster Wunsch der Hausbesitz und deren ständige Angst die vor dem Hausmeister war. »Das Sperren der Haustore um 10 Uhr nachts, was selbst der Revolution im Jahre 1848 nicht abzustellen gelang«, erinnerte sich L. A. Frankl, »übte damals auf die Gesellschaft in Wien, wenn sie sich eben nicht zu tanzen versammelte, eine, wir möchten sagen, narkotisierende, zwingende Gewalt.«

Man sammelte gleich dem patriarchalisch gesinnten Kaiser Franz gravitätische wie nutzlose Titel und freute sich unbändig, dereinst den eigenen Grabstein damit schmücken zu können. Der bescheidene weltliche Ruhm eines »gewes. Kaffeesieders« oder »bgl. Vorstadttandlers«, so die bürgerliche Glaubensvorstellung dieser Tage, ist durchaus mit dem ewigen Heil vereinbar. Doch gleich Grillparzer, dessen Biographie Kürnberger bereits zur »Psychologie Österreichs« für unentbehrlich hielt, wusste man auch: »Die Titel sind Papiergeld, / Deren Kurs die Mitwelt / Nach dem Vorrat von Metall stellt«, und stimmte mit ihm überein, wenn er in eigener Sache anmerkte,

> *Dichter zu belohnen,*
> *Sind Orden und Titel*
> *Die besten Mittel:*
> *Für Fiktionen*
> *Illusionen*
>
> *Die Titel meiner Stücke*
> *Hat man mir richtig bezahlt;*
> *Man gibt mir Titel über Titel,*
> *Als hätten sie keinen Gehalt.*

Die hier schlafen, versuchen aber auch mittels ihrer Grabinschriften unter dem Vorwand der Einkehr und Erbauung mit uns zu kommunizieren und ihre Geschichte zu erzählen. In seiner Tendenz zur Beredsamkeit gerät das Epigraph zur biographischen Schilderung von erstrebter Ehre und dem erreichten Einkommen des Verstorbenen und möchte noch nachträglich im Schutz immer währenden Schlafs und unveränderlicher Ruhe seine zu Lebzeiten mühsam errungene Reputation aufrechterhalten. Im Kreislauf von Ansehen und Andenken wird die Nachwelt ermahnt, die Erinnerung an das individuelle Leben und seiner Taten wachzuhalten und weiterzugeben. Die Aufforderung »Zum immerwährenden Gedenken« lädt nicht nur zur religiösen Einkehr ein, sondern ebenso zur Erinnerung an eine Existenz mit all ihren Eigenschaften. Derlei biographische Gedächtnisleistung unterwirft sich dem Alltagsleben und steht schon im Schatten einer beginnenden Säkularisierung, da die memorierende Funktion insgeheim bereits über die eschatologische obsiegt.

Die Treue des Andenkens wird dank der neuen biedermeierlichen Empfindung des Eheglücks und Familiengefühls von der Nachkommenschaft auf einer Grabstätte gepflegt, die gleich der Erinnerung selbst natürlich eine immer währende sein soll. Das Grab wird zum Familienbesitz, ein vorerst verdeckter bürgerlich-individueller Eigentums- und Ewigkeitsanspruch wird begründet und nimmt mitunter die Form einer »für alle Zeiten« errichteten Familiengruft an. Die gedächtnis- wie familiengeschichtsstiftende Funktion des Grabes ab dem frühen 19. Jahrhundert erweitert sich dabei selten hin zum patriotischen Denkmal, zum Monument im offiziellen Raum, die private Funktion des Friedhofes triumphiert vielmehr allerorten über seine öffentliche.

Seiner sozialen Stellung gemäß verwandelt sich das biedermeierliche Gräberfeld dank einer neuen kollektiven Sensibilität in ein imaginäres Museum bürgerlicher Privatheit. Getragen vom Glauben an ein weiteres Leben nach dem Tod und dem Urteilsspruch eines wohl organisierten, individuell gestalteten Jüngsten Gerichts, folgend in seinen Entscheidungen jenem auf Erden vorenthaltenen bürgerlichen Gesetzbuch, vertraut man ebenso auf ein irdisches Überleben dank immer währenden Angedenkens an die nunmehr eigene Identität und Geschichte. Wie bereits in der Antike wird die Existenz des Grabes erneut zur Hülle des Leibes, zum Garanten der Auferstehung, und das Nachleben der Toten hängt vom Ansehen ab, wie es auf Erden wachgehalten wird. Alle die verblichenen, einst vergoldeten und mitunter in den letzten Jahren erneuerten und dunkel nachgezogenen Inschriften der Grabsteine von St. Marx mit ihren bürgerlichen Hausbesitzern, Händlern und Hoflieferanten versuchen verzweifelt allein der gefürchteten Anonymität zu entrinnen, die der wahrhafte, wirkliche, endgültige Tod ist.

Es gibt also zwei Arten des biedermeierlichen Nachlebens im Himmel wie auf Erden: Einzelbestattung und gemeinsamer Glaube, preisende Epitaphe der eigenen Persönlichkeit wie anonyme Massengräber für die Übrigen. Beide sind sie als Zeichen jener Epoche beschleunigender sozialer Differenzierung zahlreich auf dem Friedhof von St. Marx vertreten.

Hofrat Andreas Pichler, Ehemann der feinsinnig dichtenden Karoline, ein Schützling Sonnenfels, war einer jener Beamten des

Hier ruhet
vereint mit ihrem Sohne
Joseph
Frau
Elisabeth Heim
bürgl. Küchengärtners und
Hausinhabers-Gattin. von Erdberg N͟o͟ 374
ersterer gestorben den 17ten Juni 1858
in seinen 17ten Lebensjahre.
letztere gestorben den 16ten März 1859
in ihren 51ten Lebensjahre.

niederösterreichischen Provinzialzahlamtes, die sich in ihrer beruflichen Tätigkeit mit weltlichen Stiftungen zugunsten der Armen zu beschäftigen hatten. »In diesem Geschäftskreis«, heißt es in einem Bericht, der sich in seinem Nachlass fand, »lernte er das Elend, aber auch das tiefere Verderben vieler aus dieser Menschenklasse in der Nähe kennen. Sein menschenfreundliches Herz spornte seine Tätigkeit, um Verleger aufzufinden, die diese Anstalten (Strafhäuser) mit angemessener Arbeit versahen, wozu die Arbeitsscheuen mit Strenge zu immerwährender Beschäftigung angehalten, die fleißigen durch Gestattung einiger, mit der Verfassung der Anstalten verträglichen Genüsse ermuntert, der größere Teil des Verdienstes eines einzelnen aber jedem bis zu seinem Austritte aufbewahrt wurde, um zur ersten Begründung eines ehrlichen Erwerbes unter Aufsicht verwendet zu werden. Um auch auf ihre Moralität zu wirken, wurden Sonntagsschulen und geistlicher Unterricht abgehalten ...« In ihren Erinnerungen bewahrt auch die Ehefrau jenen abgrenzenden, sittenstrengen Blick, der noch späterhin dem Stand der Armutsbeauftragten und seinem Anhang eigen sein sollte: »Schon damals also zeigte sich, was die neuere Zeit noch viel öfter und auffallender ans Licht stellt, daß es, trotz des Jammerns der niedrigen Klassen, und trotz der menschenfreundlichen Klagen so vieler wohltätigen Seelen, welche jenen alles aufs Wort glauben und von Mitgefühl für ihre Not durchdrungen sind, daß diese Not in den allermeisten Fällen nur eine relative, nicht absolute war.« Und weiter meint die Autorin: »... ich halte mich aber für überzeugt, daß die zunehmende Teuerung ebenso sehr von dem steigenden Luxus der untern Klassen als von den erhöhten Steuern, welche die Regierung auferlegt, herrührt, und daß in den allermeisten Fällen, wie oben gesagt, von keinem Mangel an eigentlichem Lebensunterhalt, sondern nur an feinern Lebensgenüssen die Rede ist, an welche sich der gemeine Mann immer mehr und mehr hat gewöhnen lernen.«

In der Warnung vor allzu leichtfertigem Umgang mit materiellen Ressourcen, vor dem Luxus der unteren Klassen, im bedrohlichen Bild des Verschwenders spürt man im vormärzlichen Leben immer auch die stets präsente Angst vor sozialem Abstieg, dem Verlust des bürgerlichen Ansehens und vor dem mahnenden moribunden Schicksal des gemeinen Mannes und dessen standesgemäßem Ende im Armengrab. Dieses gesellschaftliche Trauma wird begleitet von dem Glauben an die Launenhaftigkeit des Glücks, an

die treulose Fortuna der Zaubermärchen Raimunds, an ein wankelmütiges Schicksal, das selbst den Reichen über Nacht verarmen und in Not stürzen lässt, und das der wirkliche, endgültige bürgerliche Tod ist.

Selten bot in jener Zeit der wechselvolle Geschichtsverlauf hierzulande einen idealen Museumsort für kollektive vaterländische Leistungen und war auch der Patriotismus kein überschäumendes Gefühl, sondern eher leidenschaftslos, demütig, dynastisch ausgerichtet, ihm fehlten alle Züge jener späteren stein- und erzgewordenen pathetischen polnischen, deutschen oder ungarischen nationalen Bestrebungen. Patriotischer Pathos wie in Kleists »Hermannsschlacht«, in dem der zeitlebens unglücklich stotternde Dichter »dieser Helden Zahl« stets auf »Ehrenmal« zu reimen wusste, fand beim Wiener Bürger wenig Gehör und war seine Sache nicht.

Die pietätvoll beschworene Vergangenheit war jenseits der idealistischen Art, keine, die erhabener wäre als die Gegenwart und eines heroischen Denkmals würdig. Auch der Offiziersstand, der laut Karoline Pichler »damals vor vierzig Jahren vor den Augen des ruhigen Bürgers in ganz anderm und viel ungünstigerm Lichte« erschien, war im Biedermeier noch immer keiner, dem der wohlhabend gewordene Vater wohlwollend die eigene Tochter anvertraut hätte. Dafür sorgte schon die ungenügende Fürsorge des Staates gegenüber der schimmernden Wehr, die zahllose Offizierswitwen in die Armutsfalle trieb. Ein Sujet, dem sich zahlreiche Biedermeiermaler bar jeglichem Heroismus nicht entziehen konnten.

Auch darin liegt ein Unterschied zu den deutschen Romantikern. Es handelte sich um keine heldenhaft beschworene nationale Vergangenheit, vielmehr um eine, die Verehrung verdient, weil sie sozial gebrechlich war, nicht anders als die biedermeierliche Gegenwart. Die Verhältnisse zeichnen sich durch Realismus und Nachkriegsbescheidenheit aus, Sorge, oft auch Angst belasten viele der Vorkämpfer einer bürgerlichen Emanzipation und drücken bis hin zu den Grabinschriften ihren Bemühungen einen domestizierten Zug auf. Das frühe Empfinden von Armut, Abstieg und Abhängigkeit verleitet auch selten zum Überschwang, zur Herausforderung, und das um so weniger, als es dank der herrschenden politischen Verhältnisse an selbstbewusster Tradition und Lebensart deutlich mangelt. Die neuen Vertreter des Bürgertums verdanken alles sich selbst, nichts der Vergangenheit.

Das Friedhofsverzeichnis von St. Marx registriert insgesamt rund 8.000 namentliche Bestattungen mehrerer Konfessionen, darunter zahlreicher Personen, die ihren Tod in der offiziellen Erinnerung fürsorglich überleben konnten. Diese sind es dann auch zumeist, die nach Eröffnung des Zentralfriedhofes dorthin gelangen, exhumiert und feierlich in Ehrengräber bestattet, zur Reputationsmehrung der neuen, planvoll trostlos gestalteten Grabstätte weit außerhalb der Lebenden. Bereits 1820 wird in einer Verordnung erwähnt, dass auch die griechisch-nichtunierte Gemeinde ihre Verstorbenen auf dem Friedhof von St. Marx begrabe. Die Griechen bildeten nach Sigmund Mayer überall auf der Welt eine streng geschlossene Gesellschaft, so auch in der Haupt- und Residenzstadt. »In unserem Wien sprechen die Griechen unter sich keine andere Sprache als die griechische, wovon sich ja jeder im Börsensaal überzeugen kann; sie heiraten in der Regel wieder nur aus ihrer Mitte, man findet unter ihnen keinen Advokaten, keinen Literaten (…) Kein Grieche in Wien ist Fabrikant, keiner Handwerker. Dem öffentlichen Leben unserer Stadt und unseres Staates stehen sie zumeist fremd gegenüber.« Eine bemerkenswerte Ausnahme bildeten allerdings die angesehenen Familien Dumba und Sina oder die Karajans, die alle in der »Zweiten Gesellschaft« der liberalen Ära eine Rolle spielen sollten. Getaufte Juden wieder kamen recht spät auf den Friedhof von St. Marx. Auch wenn die assimilierten und geadelten Familien Eskeles oder Henikstein keine andere Beziehung zum Judentum hatten, als dass sie nach dem damaligen Gesetz nach ihrer Geburt zu Juden geworden waren, kamen sie ausschließlich auf dem jüdischen Friedhof zu liegen. Dies änderte sich erst im Jahre 1835, als es getauften Juden ermöglicht wurde, auf christlichen Friedhöfen bestattet zu werden.

Der Tod ist in St. Marx also in vielfältiger Form gegenwärtig, doch sichtbar zuhause sind hier für uns nur diejenigen, die der mannigfachen individuellen Auslöschung entgehen konnten, während uns andere wieder lediglich in kollektiven Formen einer Erinnerungsgemeinschaft überliefert worden sind. Letzterer zuzählbar sind hier etwa die im Biedermeier wenig heroisierten rund 22 Maria-Theresien-Ritter, die gefallenen napoleonischen Krieger der Schlacht um Wagram oder die tödlich verwundeten österreichischen und sächsischen Soldaten des Jahres 1866. Auch ist die Grabstätte mancher ziviler Toter heute nicht mehr feststellbar, da, wie Hans Pemmer anmerkt, »die Gräberprotokolle der eigenen Gräber vor 1848 sehr lückenhaft, die Schachtgräberprotokolle jedoch überhaupt erst seit 1849 vorhanden sind«. Durch mühevolle Arbeit ist es ihm gelungen, aus den Totenprotokollen, Sterberegistern, der 1807 erschienenen »Sammlung der auf den Gottesäckern der Stadt Wien befindlichen Grabschriften und Denkmälern«, aus Kralls 1879 gedrucktem »Führer auf den Friedhöfen Wiens und Umgebung« und aus biographischen Einzeldarstellungen noch eine Reihe bedeutender Persönlichkeiten, die in St. Marx beigesetzt wurden, posthum der Vergessenheit zu entreißen und der Erinnerung zuzuführen.

Herodots Geschichtsschreiber sind noch die Wächter der Erinnerung, die das Gedenken an rühmenswerte Taten hüten und bewahren. Doch mit Beginn des bürgerlichen Aufstiegs werden Gedächtnis und Erinnerung von sozialen Gruppen konstruiert, der Soziologe Maurice Halbwachs hat in diesem Zusammenhang bereits auf die gesellschaftlichen Rahmenbedingungen des Gedächtnisses verwiesen. Einzelne mögen Erinnerung in einem wörtlichen, literarischen Sinn besitzen, doch die soziale Gruppe bestimmt darüber, was des Andenkens wert ist und wie es erinnert wird. Gedächtnis demnach als historische Quelle, als imaginäres Museum, aber es ist ebenso eine geschichtliche Erscheinung, im Sinne einer Sozialgeschichte des Erinnerns.

Materielle Bilder, die geschaffen wurden, um das Behalten und die Übermittlung von Erinnerung zu unterstützen, sind »Denkmäler«, wie Grabsteine, Statuen oder Medaillen. Öffentliche Monumente drücken das nationale Gedächtnis ebenso aus, wie sie es modellieren oder formen, mitunter erfinden und schließlich bestimmen. Kollektive öffentliche Gedenkrituale, zumeist Gedenktage, wieder ritualisieren Handlungen und wiederholen das Vergangene im Sinne einer szenischen Inkraftsetzung. Sie sind »nicht nur wiederkehrende Gedenkhandlungen«, schreibt Peter Burke, »sondern sie erheben auch den Anspruch, Vergangenheitsdeutungen durchzusetzen bzw. ein öffentliches Gedächtnis herauszubilden«. Sowohl das individuelle wie das soziale Gedächtnis verfährt allerdings selektierend, zu fragen wäre, wie und von wem Erinnerung geformt, verändert, gebraucht und solcherart tradiert wird.

Wie bereits angedeutet, verfährt das biedermeierliche Gedächtnis zumeist in dem Sinne, dass es heroische Gesten und Geden-

ken meidet und nationaler Pathos ohnedies unterdrückt wurde. So kommt es, dass im Vormärz dem märchenhaft Metaphysischen, pittoresk Moralischen wie tragisch Mythischen in Form populärer, unterhaltsamer Darstellungsweise mannigfache Ausdrucksgestaltung eingeräumt wird. Dem biedermeierlichen Erinnern kommt dabei zugute, dass »in Alt-Österreich«, wie L. A. Frankl in seinen Erinnerungen betont, »keinem Staatsmanne, keinem Feldherrn, keinem Meister in der Wissenschaft oder Kunst eine Statue errichtet werden« durfte. Ein Land, so meinte ein unsentimentaler Metternich, sei nichts als ein »geographischer Begriff« und dessen Bevölkerung allein eine »Versammlung von Untertanen«.

Wenn erinnerte Vergangenheit volkstümlich in Mythisches umschlägt, also in eine Geschichte mit symbolischer Bedeutung, macht sie von stereotypen Begebenheiten Gebrauch. Aus welchem Grund jedoch haften Mythen an bestimmten, zumeist längst verstorbenen Individuen? Im populären Gedächtnis sind nur wenige Herrscher und Mächtige zu Helden geworden, nicht jeder Räuberhauptmann wird ein Grasel und nicht jeder selige Mann wird ein Seliger. Man mag dabei von einer führenden sozialen Gruppe und deren hegemonialen Macht der Beurteilung und Überlieferung ausgehen, und in diesem Zusammenhang wird auch nach der jeweiligen politischen Herrschaftsorganisation und deren Vermittlern zu fragen sein, doch auch diese unterliegen bekanntlich einem historischen Wandel. Zudem spielt die Assimilation der individuellen Lebensgeschichte an ein bestimmtes Stereotyp aus jenem Stereotypenrepertoire, das zum sozialen Gedächtnis der jeweiligen lokalen Kultur gehört, eine Rolle. Ein Umstand, der nicht immer der aktuellen Kultur ein besonders ansehnliches Zeugnis ausstellt.

Im Falle der Seligsprechung des jungverstorbenen Kaiser Karl zeigte sich, dass die Träger sorgsamer Tradierung durchaus traditionellen irdischen Mächten zuzuschreiben sind: Äbte, Bischöfe, katholische Laien, zukunftsfrohe Monarchisten oder einige schon von Berufs wegen rückwärtsblickende Historiker mühten sich diesenthalben lange um derlei Erhöhung, mitunter in Form von seltsam gleichlautenden Leserbriefen. Neben der Konstruierung eines bestimmten Stereotyps macht sich im Prozess der Vergangenheitsdeutung das Bestreben um eine harmonisch ausgewiesene gesellschaftliche Widerspruchsfreiheit bemerkbar. Die offizielle Löschung von Konflikterinnerung steht hier im Dienste einer angestrebten gesellschaftlichen Kohäsion und, ähnlich dem Prozess der Geniebildung, fällt stets dem Vergessen dabei anheim, was das Bild der gewünschten Überlieferung ein wenig trüben könnte. Um solcherart ein öffentliches Gedächtnis hervorzubringen, wird man von einem korrespondierenden Wohlwollen der politischen Hegemonialmacht ausgehen können, die unterdessen gleichfalls zu ihrem Nutzen entdeckt hat, dass gesellschaftliche Widerspruchsfreiheit in großem Maße unleugbar ihre Vorteile besitzt und solcherart den beamteten Zensor erspart.

Schriftlich fixierte Erinnerungskultur jedoch kann sich im Prozess der Vergangenheitsdeutung als widerständig erweisen und so einer angestrebten sozialen Harmonisierung und ihrem Wachpersonal entfliehen. Hugo Hantsch, Benediktinerpater und Historiker, politischer Rechtskatholik in den dreißiger und Ordinarius für neuere Geschichte an der Universität Wien in den fünfziger Jahren des vorigen Jahrhunderts, der späteren Überlieferungsträgern wie eine einzige Personalunion ihrer selbst erscheinen musste, der unverdächtige Hugo Hantsch also zitiert in seiner zweibändigen Biographie über Leopold Graf Berchtold, dem einstigen Außenminister und späteren Hofkämmerer Kaiser Karls, aus dessen Tagebuch Bemerkungen über eine gemeinsame Fahrt nach Budapest im Jahre 1917: »Auf der Rückreise nach Wien schien der Kaiser gut aufgelegt zu sein (…) Kaiser findet die Anwesenheit von drei Hebräern im Kabinett (Vászonyi, Földes, Szterényi) sei nicht sehr erfreulich, immerhin stünden denselben sieben ›anständige‹ Männer gegenüber, der Perzentsatz sei also nicht so schlecht.« Demnach schien Kaiser Karl (wie auch seine Frau Zita) kein Freund derer gewesen zu sein, die ihn, perzentmäßig betrachtet, in ihrer Mehrheit an führender Stelle im Kabinett des Himmels bereits erwarteten. Neben dem Giftgasbefehl und dem wenig tapferen Verhalten nach Bekanntwerden der Sixtusbriefe, hatte, wieder laut Hantsch, der junge Monarch auch »eine Menge Ideen, die zukunftsweisend, aber keineswegs durchdacht und, besonders solange noch der Krieg währte, kaum durchführbar waren, ja verwirrend wirken mußten«. So war auch der letzte Finanzminister der Monarchie, Alexander Spitzmüller, nicht wenig überrascht und erschrocken, als ihm Karl I. eröffnete, Österreich müsse sich nun »sozialistisch oder föderalistisch ausgestalten«, nicht ohne emphatisch hinzuzufügen: »Jetzt haben wir eine solche große geistige Bewegung, die nationale!« Der Monarch schien wieder einmal gut aufgelegt, nicht jedoch Spitzmüller samt seiner verstörten Umgebung, die allesamt diese Meinung als »sehr bedenklich im Munde des Kaisers« empfanden.

Ebenso wie der Vatikan gelangten die Traditionsträger historischer Erinnerung im Sinne eines neuen öffentlichen Gedächtnisses jedoch zu dem abschließenden Urteil, und taten dies in Leserbriefen auch häufig kund, es sei im Leben Kaiser Karls alles erforscht und dabei keinerlei Hinweis entdeckt worden, der einen widersprüchlichen Schatten auf das Subjekt des Seligsprechungsprozesses werfe. Während die Erinnerung an die Aufklärung allmählich verblasst, neigt hierzulande wundersamerweise oftmals jegliche Kritik dazu, in märchenhafter Harmonie eines Raimund'schen Zaubermärchens aufgehoben zu werden oder gänzlich aus dem sozialen Gedächtnis zu entschwinden, gleich den Krampfadern der Nonne.

Kulturelle Verwurzelung, schreibt Peter Burke, sei eine Selbstverständlichkeit, doch wenn sie verloren geht, beginnt die besessene Suche nach ihr. Dies gilt ebenso für individuelle Leitbilder wie für nationale Traditionen, das wesentliche Ziel der Letzteren allerdings, damit den Nationalstaat zu legitimieren, erwies sich für den Bürger der Vielvölkermonarchie bekanntlich als nicht gangbar. So kommt es, entgegen andernorts eingeleiteter Entwicklungen, gewissermaßen als Ausgleich im mentalen biedermeierlichen Erinnerungshaushalt, zur starken Aufwertung von individuellen bürgerlichen Todesmemorabilien weitab von heroischen Gesten und begleitet von vaterländisch ausgewiesenen Legitimationsbestrebungen eines nagelneuen, traditionssuchenden österreichischen Kaisertums. Ein damals erschienenes, vom Schriftsteller, Zensor und späteren St. Marx-Bewohner Franz Sartori verfasstes vaterländisches Werk trug übrigens den hübschen wie bezeichnenden Titel: »Pantheon denkwürdiger Wundertaten, volkstümlicher Heroen und furchtbarer Empörer des österreichischen Reiches«.

»Wer von euch, edle Griechen, wird das Vaterland nicht freudig von seinen Banden befreien wollen?«, rief der in russischen Diensten stehende griechische Adelige Fürst Ypsilanti einstens aus, um nach gescheitertem Aufstand gegen die Türken folgerichtig jahrelang in österreichischer Festungshaft zu schmachten, ehe er in St. Marx seine letzte Ruhestätte fand. Und auch ein tschechischer, polnischer oder italienischer Nationalist hätte so gesprochen und damit nebstbei unfreiwillig aufgezeigt, dass es eine Austauschbar-

keit rhetorischer Nationalismusmuster gibt, die, entgegen der eigenen Setzungsabsicht und Stiftungssage, in einem Universalismus des stereotypen Repertoireangebots münden. Doch kein österreichischer Bürger hätte, mit Ausnahme einer Hand voll Studenten, im Biedermeier so gedacht. Dies zeigen allein schon die zahlreichen Memoiren dieser schreibfreudigen Ära.

Offizielle und inoffizielle Erinnerungen können allerdings ebenso deutlich auseinander fallen wie mündliche und schriftliche. Weiters mag es auch hilfreich sein, die soziale Organisation des Vergessens zu untersuchen, deren Ausschließungsregeln, Unterdrückung oder Verdrängung. Soziale Amnesie, die offizielle Löschung, die Skartierung von Konflikterinnerungen steht, wie erinnerlich, im Dienste des gesellschaftlichen Zusammenhalts und die jeweilige hegemoniale Macht nutzt dazu immer auch die historische Erinnerung, die geschichtliche Form des Gedächtnisses, zur eigenen Gegenwarts- wie Vergangenheitsdeutung.

So ist die offiziell verordnete Zensur im Biedermeier auf ihre zeitgenössische Literatur ebenso gerichtet, wie sie auch gegenüber vergangenen Epochen und deren schriftlichen Fixierungen vorgeht. Ein derartiges Revisionssyndrom ist bereits im frühmodernen Europa bekannt, die Herrscher waren schon damals nicht zu Unrecht um ihr öffentliches Gedenken besorgt. Die staatliche Zensur abweichender Erinnerungen ist somit häufig anzutreffen, ebenso wie der lesebuchträchtige nationale Mythos der Gründungsväter und -mütter in diesem Prozess einen begleitenden Verlauf nimmt, von Prags Libussa bis Habsburgs Rudolf. Nicht allein bei Grillparzer werden in diesem Fall die Unterschiede zwischen mahnender historischer Mythologie und misslicher Gegenwart übergangen, ganz so, als ob diese damaligen Sagenfiguren eigensinnigerweise nur das einzige Ziel verfolgt hätten, die Vergangenheit der Gegenwart des Zeitalters von Kaiser Franz oder Ferdinand nahe zu bringen und letztere zu legitimieren. Dem vaterländischen Historiker Joseph von Hormayr war es gegeben, derlei in Worte zu fassen und dabei auch durchblicken zu lassen, der Sieg über Napoleon und damit der Befreiung der gesamten Welt sei vermutlich allein unserem Kaiser Franz zu verdanken: »Jetzt, nachdem das Ziel drey und zwanzigjähriger Anstrengungen und unermeßlicher Opfer, großen Theils erreicht und Frieden und Freyheit wiedergekehrt war«, schreibt er nach dem Sieg der Alliierten über Napoleon, »mußte wohl jede deutsche Brust dem, nach ver-

schwundenen Wetterwolken, mild hervorbrechenden Sonnenblicke des endlich versöhnten Geschickes innig erbeben, daß des Kaisers Franz letzten Heereszug zur Weltbefreyung, eine Wallfahrt an die, seit vier Jahrhunderten von keinem ihrer Kaisersöhne mehr besuchte Wiege seines Hauses beschloß! – daß des Aargaues lachende Fluren, die vor 542 Jahren, jenen deutschen Grafen und Hausvater, unter tausendstimmigem Jubel der Menge, hinaufziehen gesehen, den rauchenden Schlund des Verderbens zu schließen, nunmehr diesen deutschen Grafen und Hausvater, Franz Rudolphs Enkel, nachdem er ein Gleiches vollbracht, herunterziehen sahen zur alten, hohen Habsburg (11. October 1815) durch seine Persönlichkeit, überall Schritt für Schritt, die Verehrung für Rudolphs erlauchtes Geschlecht und das Gedächtnis dessen erneuernd, was dieses Geschlecht ein halbes Jahrtausend hindurch, in allen Gefahren aus Osten und Westen, im wildesten Orkan der Religions- und Meinungskriege, dem deutschen Vaterlande, was es dem gesammten Europa gewesen ist!«

Kurzum, der Kaiser war in die Schweiz gereist, um sich und seine Familie, in Zeiten wie diesen, mittels der in den Tiefen der Geschichte schlummernden Gründersage erneut in seinem seit elf Jahren bestehenden Amt als österreichischer Kaiser legitimieren zu lassen.

Zum Gelingen einer geschichtlichen Legitimität und verfügbaren Vergangenheit verhalf eine paternalistische Geschichtsschreibung ebenso wie die gestrenge Zensur und Überwachung mündlicher und schriftlicher Zeugnisse und wurde begleitet von einer Art struktureller Amnesie, deren Geschichte vom relativ kurzen sozialen und politischen Gedächtnis in Österreich seit alters her hinlänglich bekannt ist.

In mehrfacher Hinsicht sind es die Friedhöfe, die ein letztes Abbild persönlichen wie geschichtlichen Legitimitätswillens samt entsprechender Vergangenheit darstellen. Ebenso wird man den vielerlei Arten des Vergessens hier häufig begegnen. Wenn nun im Rahmen des Gräberfeldes der versammelten Toten dieser historischen Ära gedacht werden soll, so geschieht dies mithilfe einer materiellen Erinnerungskultur in Form von Grabsteinen und deren Inschriften ebenso wie in rekonstruierender Absicht unter Einbeziehung einer divergent gehaltenen Memoirenliteratur. Pezzl etwa, Gräffer, Schönholz, Pichler, Castelli oder Frankl haben derlei aufgezeichnet, um solcherart dazu beizutragen, unseren St. Marxer Friedhofsbesuch in metaphorischer Hinsicht etwas lebendiger zu gestalten.

Erinnerungen an die stillen Bewohner

Begleiten wir also den verdienstvollen Heimatforscher und Lehrer Hans Pemmer (1886–1972) bei seinem Friedhofsbesuch, der zuerst in den Westen des Gräberfeldes führt, dorthin, wo 1958 ein kleiner Teil der Anlage dem Bau der Verlängerung der Gürtelstraße zum Opfer fiel. In diesem Bereich lagen der Kupferstecher Hyrtl, der Kapellmeister und Komponist Krottenthaler und der Maler Höfel begraben, die nach Ende der Straßenarbeiten nahe der ursprünglichen Beerdigungsstelle neu beigesetzt wurden. Der Kupferstecher *Jakob Hyrtl* (1799–1868) war es, der vom Totengräber Radschopf den angeblichen Schädel Mozarts erhalten haben soll, der schließlich ins Salzburger Mozarteum gelangte, doch davon später. Unweit von ihm liegt der Theologe *Michael Josef Fesl* (1788–1864), ein in Prag geborener Schüler Bernard Bolzanos, des Philosophen und Vertreters frühliberalen Denkens. Bereits 1815, als Fesl am Priesterseminar im nordböhmischen Leitmeritz eine leitende Stellung innehatte, erregte er, wie der Kulturhistoriker Eduard Winter schreibt, »größten Anstoß« bei Regierung und römischer Kurie. 1816 beim Nuntius wegen »deistischer Umtriebe« denunziert, wird er von 1820 an Opfer der kirchlichen Restaurationspolitik. Trotz prominenter Fürsprecher kann weder die Absetzung Bolzanos von seinem Lehrstuhl noch die Verhaftung Fesls und seine Überführung in Ketten nach Wien verhindert werden. »Die Unschädlichmachung der frühliberalen Ansätze schien im Interesse der römisch-katholischen und der österreichischen Restauration geboten«, betont Eduard Winter. 1827 aus Klosterhaft entlassen und, angesichts mangelnder Milde, bis 1832 nach Graz als Zwangsaufenthalt verwiesen, tritt er weiterhin gegen Schlegels »Vorlesungen über Lebensphilosophie« auf und verteidigt Bolzanos Schrift »Athanasia«. Bolzanos »eifriger Schüler Fesl, der große Verdienste um die Herausgabe« von dessen Schriften hat, blieb, wie Winter abschließend anmerkt, allerdings »selbst von einem nur annähernden Verständnis weit entfernt«. Sein Priestergrabmal ziert ein Relief mit Kelch und Hostie, Kreuz, Ähren und Weinstock.

Unweit des Bolzano-Anhängers Fesl liegt der Komponist *Franz Horzalka* und acht Grabstellen weiter die Schauspielerin am Leopoldstädter Theater *Josefine Scutta* (1779–1863). Eine kleine Grabplatte erinnert an die Weltreisende *Ida Pfeiffer* (1797–1858), die ihre Abenteuerfahrten bis Island und Afrika ausdehnte und deren Lebensreise schließlich in St. Marx und danach in einem Ehrengrab am Zentralfriedhof ihr Ende fand. Sie war die erste Welt- und Forschungsreisende des Biedermeier. Über ihre dritte große Entdeckungsfahrt verfasste sie den Bericht »Reise nach Madagaskar«, 1861 posthum erschienen. Hier infizierte sie sich mit jener tödlichen Krankheit, die sie schließlich an diesen Ort bringen sollte.

Auch *Josef Strauß* (1827–1870) und seine Mutter *Anna*, geborene Strein, waren bis zur Überführung ins Ehrengrab hier beerdigt. Sie hat ihn, gegen den Willen des Vaters, musikalisch sehr gefördert, da Josef, nach Ansicht des jüngeren Johann Strauß, der begabteste der drei Söhne gewesen sei.

Schräg gegenüber steht der Empiregrabstein des Burgschauspielers *Josef Schmidt* (†1866), ein Freund Raimunds, der ihn 1826 auf eine Reise in die Alpen begleitete, die allerdings noch in Salzburg infolge einer hypochondrischen Anwandlung des Dichters ihr vorzeitiges Ende fand.

Eine vom Kulturamt der Gemeinde Wien errichtete Gedenktafel bezeichnet die Stelle, an der *Alois Negrelli Ritter von Moldelbe* (1799–1858) vor seiner Überführung ins Ehrengrab bestattet war. Als Pionier des Eisenbahnwesens bleibt sein Name auch mit dem Projekt des Suezkanals verbunden. »Nachdem Lesseps in Suez die Österreicher unter Negrelli beiseite geschoben«, schreibt Eduard Sueß in seinen Erinnerungen über den großen Rivalen, »den Widerstand der Engländer besiegt und den Triumph von Suez gefeiert, will er auch Panama öffnen.« Negrelli war Eisenbahn- und Wasserbauingenieur, ab 1856 Generalinspektor der österreichischen Bahnen und entwarf 1846 bis 1856 seine Pläne für den Suezkanal. Wurden letztere auch nicht verwirklicht, so setzte er gegen erheblichen Widerstand schließlich den Bau der Semmeringbahn durch.

Johann Karl Braun Ritter von Braunthal (1802–1866) verfasste unter dem Namen Jean Charles ein Werk über »Wien und die Wiener« sowie »Dichterleben aus unserer Zeit«, in dem er mit unorthodoxen Aussprüchen über Mozart nicht sparte. Der spöttische Uffo Horn schrieb in seinem anonym erschienenem Werk »Oester-

reichischer Pasnass« über ihn: »Von Marquers, seinem Schneider und einigen spießbürgerlichen Familien, Baron titulirt, weil er seinen ersten Namen Braun immer französisch ausspricht, mittelgroße Figur, mittelalterliches Gesicht, mittelmäßiger Schriftsteller und unbemittelter Rentier …«

Nahe diesem liegt der Gründer des Sophienbades, der aus Böhmen zugewanderte *Franz Morawetz* (1789–1868), der 1838 ein Bad in der Marxergasse 13 eröffnete und es bald von Sicard von Sicardsburg und van der Nüll umbauen ließ. Später wird die Schwimmhalle im Winter als Ballsaal benützt, ehe sie, erst in unseren Tagen, ein Raub der Flammen wird. Die Begräbnisstätte des Universitätsprofessors *Coelestin Keppler* (†1858) ziert kein Grabstein mehr, während in der nächsten Reihe jener mächtige des Statistikers *Friedrich Wilhelm Otto Ludwig Freiherr von Reden* (1804–1857) erhalten blieb. Reden war ein Enkel des Freiherrn von Knigge. Auf den Sieveringer Friedhof übertragen wurde der Blumen- und Genremaler *Franz X. Gruber* (1801–1862), der für Kaiser Franz ebenso malte wie für Metternich und ab 1835 als Professor an der Akademie tätig war. Schräg gegenüber befindet sich das Grab seines Kollegen, des Landschaftsmalers *Friedrich Kaufmann* (1839–1870), während das Denkmal am Grab des königlich belgischen Gesandten *Alfred O'Sullivan* (†1866) nicht länger vorhanden ist. Das Grabmal der Familie *Sünn*, den Besitzern des Sünnhofes auf der Landstraße, zeigt das antike Symbol der Urne samt biedermeierlichem Tränentüchlein. 1837 von Carl Sünn als Gewerbehof errichtet, ist der Biedermeierkomplex auch heute noch als Einkehrort und Durchgang zwischen Landstraße und Ungargasse bekannt.

Die Gruftkapelle der Ziegeleibesitzer *Drasche* wurde im Zuge des Gürtelumbaues aufgelassen und auf den Inzersdorfer Friedhof transferiert. Da sie zu den Erbauern der Ringstraße und von Neu-Wien zählen, werden sie wohl Verständnis dafür aufgebracht haben. Die Familie geht auf Eduard Drasche zurück, über den uns Sigmund Mayer berichtet: »Sein Fleiß war sprichwörtlich, er stand um 5 Uhr früh an seinem Pult, empfing seine zurückgekehrten oder auszusendenden Reisenden (…). Mit seinem Vermögen ging er an die Börse und war dort zu seinem Unglück ebenso fleißig wie in seinem früheren Geschäft und verspielte es dort.« Er starb als armer Mann, seine Frau und Kinder erhielten von seinem Cousin Heinrich Drasche, dem Neffen und Erben Miesbachs, des Gründers der Wienerberger Ziegelfabrik, ihren Lebensunterhalt. Heinrich von Drasche-Wartinberg (1811–1880) war es dann, der die ererbte Wienerberger Ziegelfabrik ausbaute und solcherart zu den großen Baumeistern der Wiener Ringstraße wurde.

Eine Gedenktafel des Kulturamtes erinnert an den Architekten *Ludwig Josef Montoyer* (1749–1811) und an den Hofarchitekten *Franz Montoyer*. Ludwig (Louis de) Montoyer stammte aus Belgien, war 1795 nach Wien gekommen, wo er für seinen Förderer Albert von Sachsen-Teschen die spätere Albertina umgestaltete, 1808 den Zeremoniensaal der Hofburg plante und das Palais Rasumofsky errichtete. Daneben liegt das Grabmal der Hofobstlieferantin *Marianne Jermer* († 1861), das eine Verbindung von Sarkophag und Kreuz aufweist. Von den 22 Maria-Theresien-Rittern, die hier beigesetzt wurden, sei hier vorerst dasjenige des Feldzeugmeisters *Josef Freiherr von Barco* (1798–1861) genannt, der sein Ritterkreuz 1849 im Sieg über polnische Legionäre errang. Lorbeerkranz und Lyra sind dem Grabmal der gefeierten Hofopernsängerin *Katharina Waldmüller* (1797–1850) durchaus angemessen, die in Agram den Maler Ferdinand Georg Waldmüller kennen lernte und ihn schließlich heiratete, um danach eine mehr als unharmonische Ehe mit dem großen Stilllebenmaler der Biedermeierzeit zu führen, ehe diese in Brüche ging. Von 1817 bis 1846 am Kärntnertortheater engagiert, sang sie unter anderem den Sextus in Mozarts »Titus«.

Michael Thonet (1796–1871), ein Fabrikant aus den Rheinlanden, kommt auf Anregung Metternichs 1842 nach Wien und eröffnet nach dessen politischem Konkurs 1850 eine Fabrik für gebogene Holzmöbel, die bald internationale Anerkennung finden. Er gehört auch zu den Gründern des Niederösterreichischen Gewerbevereins.

Zu seinem hundertsten Geburtstag, am 2. Juli 1896, verfassen seine Söhne eine Gedenkschrift, in der Leben und Werk von Michael Thonet ausführlich dargestellt werden. Demnach wird der Firmengründer 1796 in Boppard in Rheinpreußen geboren, erlernt das Tischlerhandwerk und beginnt 1819 einen selbständigen Geschäftsbetrieb. Anfang des Jahres 1830 unternimmt Thonet die ersten Versuche, Möbelbestandteile aus dicken Furnieren zu biegen, und bald war die Erfindung gemacht, Möbel aus gebogenem Holz herzustellen. Gelegentlich einer Ausstellung in Koblenz im Jahre 1841 wird Staatskanzler Metternich, der sich zu jener Zeit auf seiner Besitzung Johannisberg am Rhein aufhält, auf Thonets Erzeugnisse aufmerksam. 1842, auf Einladung Metternichs in Wien, erhält er hier wenig später von der k. k. allgemeinen Hofkammer das Privilegium verliehen, »jede, selbst die sprödeste Gattung Holz auf chemisch-mechanischem Wege in beliebige Formen und Schweifungen zu biegen«. In Boppard unterdessen von Gläubigern gepfändet, beschließt er, in Wien zu verbleiben und an diesem Ort ein Geschäft zu gründen. Der Parkettboden im Palais Liechtenstein ist einer seiner ersten Aufträge, erst 1849 beginnt Michael Thonet mit seinen Söhnen wieder selbständig zu arbeiten. Erneut wird die Produktion von Möbeln aus gebogenem Holz aufgenommen. Ein Sesselmuster Nr. 4, 1850 im Nö. Gewerbeverein ausgestellt, weckt das Interesse des Publikums. Der erste Auftrag für die später berühmt gewordenen Sessel wird von der Besitzerin des Kaffeehauses Daum am Kohlmarkt in Wien erteilt und diese bleiben dort bis 1876 in Verwendung. 1853, unterdessen durch die Londoner Weltausstellung europaweit zum Begriff geworden, überträgt Michael Thonet das Geschäft an seine fünf Söhne, behält sich jedoch dessen Leitung vor. Im Jahre 1854 wird die Münchner, 1855 die Pariser Weltausstellung beschickt und die Firma erreicht weltweite Bekanntheit. 1856 erbaut er im mährischen Koritschan eine größere Fabrik zur Erzeugung gebogener Möbel, nachdem zuvor mit dem Besitzer der Herrschaft, Herrn Hermann Christian Wittgenstein, dem Großvater des Philosophen Ludwig Wittgenstein, ein mehrjähriger Holzlieferungsvertrag abgeschlossen worden war. Neben dem Umstand, dass es in Mähren billige Arbeitskräfte gibt, erweist es sich auch als günstig, dass die gebogenen Sitzmöbel so zusammengebaut werden, dass die einzelnen Teile ohne Leimverbindung mittels eiserner Schrauben montiert und zerlegt werden können und in demontiertem Zustand einen geringen Raum beim Transport einnehmen. So geschieht es, dass dieselben bald zu beliebten Exportartikel werden. Gleichzeitig wird angestrebt, durch Einführung billiger Konsumsorten eine größere Verbreitung zu erzielen. 1859 gelingt es, in der Koritschaner Fabrik jene Type zu schaffen, die als Sessel Nr. 14 später der Hauptartikel der Thonet'schen Industrie wird und mit etwa 40 Millionen Stück in den Verkauf gelangt. In Bistritz wird 1861 eine weitere Produktionsstätte errichtet, danach entstehen in Ungarn und Galizien zahlreiche weitere Fabriken und Filialbetriebe. Zudem werden eigene Verkaufshäuser in Wien, Budapest, Brünn, Berlin, Hamburg, Amsterdam, Paris und London eröffnet. Am Ende seines Lebens kann Michael Thonet auch auf äußere Ehren verweisen: Das Ritterkreuz des Franz-Joseph-Ordens zieren neben dem goldenen Verdienstkreuz mit der Krone sowie der mexikanische Guadeloupe-Orden seine Brust. »Im Herbste 1870 erkrankte der bis dahin noch in ziemlicher Rüstigkeit Gebliebene in Folge einer Erkältung, welche er sich bei der Besichtigung eines Waldes in Ungarn zugezogen hatte, und von da an war eine Erholung leider nicht mehr möglich. Die Last der Jahre trug dazu bei, dass die Krankheit sich immer ungünstiger gestaltete, und am 3. März 1871 schloß er für immer die Augen. Im Thonet'schen Hause (Kaiser Josefstraße Nr. 40) in Wien starb er, umgeben von seiner ganzen Familie, beweint von seinen Angehörigen und Freunden, betrauert von Allen, die ihm im Leben nahe gestanden, und ganz besonders von seinen Arbeitern, die ihn wie einen Vater verehrt hatten.« – »Ein thatenreiches, von Wechselfällen aller Art durchquertes Leben endete am 3. März 1871«, heißt es in der Gedenkschrift abschließend, und: »Durch Kampf zum Siege war die Parole dieses wackeren Mannes.« Kein schlechtes Motto für einen, dem es gelungen war, sprödes Holz erfolgreich in alle möglichen Formen und Schweifungen zu biegen.

Neben dem tatenreichen Unternehmer liegt der Schauspieler *Ignaz Stahl* (1790–1862), eigentlich Frech von Ehrimfeld. Das »Hohe Alter« in Raimunds »Bauer als Millionär« und der Totengräber in Raupachs »Müller und sein Kind« zählten zu seinen Glanzrollen, mit denen er getrost in eine glanzvolle Zukunft blicken konnte. 1958 hat ihm die Gemeinde Wien einen romantisierten Grabstein gesetzt. Eine andere Art des Nachrufs gestaltete ihm Ludwig Gottsleben: Ignaz Stahl, »der besondere Erwähnung verdient, denn sorgten die angeführten Komiker reichlich für das Amusement des Publikums, so war dagegen Stahl eine unversiegliche Quelle der Erheiterung für die Schauspieler, als ›Garderobe-Wurzen‹.« Im Carltheater war es gewesen, wo eines Abends »der ›Foppier‹ Grün« ernsthaften, würdigen Männern in der Garderobe erzählte, »daß in dem weitläufigen Hof, der sich an das gegenüberliegende ›Loch‹ schloß, ein prachtvolles Echo, welches jeden Ruf haarscharf zurückgebe, zu hören sei, und forderte die Kollegen auf, ehebaldigst und in corpore einen Versuch anzustellen. Am nächsten Vormittag begab sich nach der Probe fast das ganze männliche Personal in den bezeichneten Hof. Grün hatte sich schon vorher hinter

einer Mauerecke versteckt, jeder der Schauspieler rief nun einzeln seinen Namen; derselbe wurde vom Echo getreulich wiederholt, und zwar immer aus der Ecke, wo Grün verborgen war. Schließlich trat auch Stahl, auf den es natürlich abgesehen war, vor und schrie laut: ›Stahl!‹ – Jetzt aber antwortete das Echo: ›Esel!‹ – welcher Ruf brausendes Gelächter und damit nun wirklich einen hundertfachen Widerhall weckte.«

Wie so manch anderer berühmte Tote wurde auch der Architekt *Josef Kornhäusel* (1782–1860) in ein Ehrengrab des Zentralfriedhofes überführt. Bedeutendster Vertreter der biedermeierlichen Ära des Klassizismus, gestaltete er zahlreiche Profanbauten sowie einige Kaffeehäuser, Miethäuser, Hotelrestaurants und zahlreiche Bauten in Baden. Er plante zudem das Haus der israelitischen Kultusgemeinde samt Synagoge in der Seitenstettengasse und unweit davon den »Kornhäuselturm«, neben dem jetzigen, fast gleichnamigen Hotel »Kornhäusl« gelegen, als Atelier und Wohnhaus. Dort, in seinem Turm ist er am 31. Oktober 1860 verstorben. Von 1842 bis 1848 wohnte hier auch Adalbert Stifter, der auf dem Dach des Turmes die totale Sonnenfinsternis von 1842 erlebte und in seinen Skizzen »Aus dem alten Wien« davon berichtet hat.

1832 hatte Kornhäusel das Kaffeehaus des Karl Petter in nächster Nähe des Theaters an der Wien renoviert, das spätere Café Dobner, und bereits sein 1819 fertiggestelltes Kaffeehaus Wagner würdigten die »Eipeldauerbriefe« mit einem Gedicht, in dem es heißt:

> *So engbegrenzt auch hier die Räume waren,*
> *Die man zum Bau des Hauses fand –*
> *Sie nutzte doch Kornhäusel, wohl erfahren,*
> *Daß dieses nette Werk entstand.*

In der Reihe 92 stößt man auf die Grabstelle des Schauspielers *Anton Cachee* (†1860) und des Kammerkupferstechers *Josef Fischer* (1769–1822), der zahlreiche Ansichten der Karpaten, der Schweiz und Englands anfertigte und schließlich Leiter der Gemäldegalerie des Fürsten Esterházy wurde. Ein einfacher Stein erinnert an den Sanskritforscher *Anton Boller* (1811–1869), ein weiterer an den Maria-Theresien-Ritter *Anton Freiherrn von Reisner* (1749–1822).

Einer auffallenden Grabform, einer Rundbogennische mit Heiligenfigur, begegnen wir an der Begräbnisstelle des Dombaumeisters

Leopold Ernst (1808–1862). Ernst, ein Schüler Nobiles, wendet sich der Neugotik zu, sein Hauptwerk, der Umbau des niederösterreichischen Schlosses Grafenegg, zeugt davon. Das Relief mit dem Porträt des Architekten am Fuße des Stephansdomes, eine Arbeit Kundmanns, erinnert an diesen »Frühgotiker Wiens«, wie ihn der Kunstkritiker Ludwig Hevesi genannt hat. Vorbei am Grabe des Regimentskapellmeisters *Gottlieb Vinzenz Knina* (1827–1861) gelangt man zum eindrucksvollen Grabmal des Staatsmannes *Philipp Graf Cobenzl* (1741–1810), der unter Kaiser Franz zum Chef der Staatskanzlei aufsteigt, 1793 jedoch seines Postens enthoben wird und sich fortan der Neugestaltung seines Schlossbesitzes am Reisenberg, dem heutigen Kobenzl, widmet. Noch einmal tritt er später an die Öffentlichkeit: Er, der das Unglück hat, Stotterer zu sein, wird als Vertreter Österreichs an den Hof Napoleon I. entsandt.

Oberhalb Grinzings ließ er seinen Naturpark mit Schloss anlegen, ein Besitz, der ursprünglich den Jesuiten gehört hatte und nach deren Auflösung 1773 von ihm erworben wurde. Fast 400.000 fl. hat er im Laufe der Jahre für die Verschönerung seines Anwesens ausgegeben und die Wiener haben es bei ihren Sonntagsausflügen gebührend bewundert. Aloys Blumauers Gedicht »Empfindungen in dem neu angelegten Lustgarten Sr. Excellenz des Grafen von Kobenzl« verweist darauf und erschien bereits im »Wienerischen Musenalmanach auf das Jahr 1874«.

An der Friedhofsmauer liegt die Stelle, an der bis 1891, dem Jahr seiner Überführung nach Paris, der 1809 in der Schlacht bei Wagram gefallene napoleonische Reitergeneral *Charles Compte de la Salle* beigesetzt wurde. Das Grabmal des Großhändlers *Johann Scheidlin* zeigt eine abgebrochene Lebenssäule und das Grabmal *Wisgrill*, eines der ältesten des Friedhofes, einen Obelisken mit Gesetzestafeln in Wolken samt einer weiblichen Figur. Links, zwischen den beiden Grabstätten, zweigt ein Weg ab, der zu den österreichischen Soldatengräbern von 1866 führt und den Besucher ebenso in das Gebiet der Schachtgräber weist.

Der Topograph *Johann Schlager* (1786–1852) ist in einem solchen begraben. Der Magistratsbeamte veröffentlichte zahlreiche Schriften über seine Heimatstadt, von denen die »Wiener Skizzen aus dem Mittelalter«, in fünf Bänden von 1836 bis 1846 erschienen, und die »Alterthümliche Ueberlieferungen von Wien aus handschriftlichen Quellen« aus dem Jahr 1844 am bekanntesten sind.

1848 wird er Mitglied der Akademie der Wissenschaften, ehe ihn vier Jahre später das anonyme Schachtgrab aufnimmt.

An der Friedhofsmauer steht auch das Empiregrabmal des Hofsekretärs *Franz von Schwind* (†1818), des Vaters von Moritz von Schwind, eines engen Freundes von Franz Schubert. Links davon das sehenswerte Grabmal *Mayer* und anschließend das der Familie *Gansterer*, samt Sturzfackeln und einer von der Ewigkeitsschlange umwundenen Weltkugel, arg vom Weltkrieg beschädigt.

Die Grabstelle des Gastwirtes *Franz Geringer* hat sich nicht erhalten, hingegen sein Nachruf. Geringer gehörte einer bekannten Wirtedynastie an und war Gastwirt »Zu den drei Hacken«. Es war dies eines der Lokale, erinnert sich Johann Pezzl, »die in engen Gassen, mit unsauberen Hof, schmutzigen, finsteren Treppen, mit viel Geschrei, Lärm und Verwirrung, dunklen Zimmern und schmierigen Kellnern« existierten. Mag der Missmut des Lokalchronisten auch verständlich sein, das Objekt seiner Kritik sollte sich bald eines Besseren besinnen. Die seit 1683 bekannten »Drei Hacken« verwandelten sich in jenen nachnapoleonischen Tagen in den Gasthof »Zum römischen Kaiser«, der als der vornehmste zu Kongresszeiten galt. Er lag in der Renngasse, wo sich später die Unionsbank der Rothschilds erhob. Über den »Römischen Kaiser« weiß der Zeitgenosse Schönholz wieder einschränkend zu berichten, dass während des Wiener Kongresses der Preußenkönig Friedrich Wilhelm III., nachdem er im »Römischen Kaiser« ein mittelmäßiges Dinner eingenommen, die Tafel mit der Äußerung aufgehoben hätte, »beim Kaiser von Österreich speist man doch besser«. Dies geschah bereits unter der Regentschaft Alois Geringers, der den Gasthof damals führte, und der im vormärzlichen Wien etwa die Rolle eines Sachers spielte. Ein Leopold Geringer führte von 1821 bis 1847 ein Kaffeehaus in der Wipplingerstraße. »Unter Geringer«, schreibt Gustav Gugitz aus dem Jahre 1940 rückblickend, »war dort ein Stammtisch meist jüdischer Literaten, wie Isid. Heller, Lorm, Seidlitz, Moritz Hartmann, S. Kolisch u.a., die dort große Politik machten«. Von 1787–1837 bereits scheint als Besitzer des Gasthofes zum »Goldenen Stern« Philipp Geringer auf, sein Sohn Alois wird dann, wie erwähnt, den »Römischen Kaiser« führen, während man Franz Geringer nunmehr in den Kongresszeiten als Wirt des »Goldenen Stern« auf der Brandstätte Nr. 669 begegnet, eine der ältesten Gaststätten Wiens, und zugleich als Besitzer des »Goldenen Lamms« in der Naglergasse angeführt wird. Franz Gräffer nennt Letzteres »das stattlichste von allen«, nicht ohne hinzuzufügen: »Das ›Lamm‹ kokettierte späterhin mit seiner Küche, Gourmands fanden sich da ein in den abscheulichen Kasematten und fanden alles gut, weil alles schrecklich teuer war.«

Reich seien damals die Wirte Wiens geworden, meint in diesem Zusammenhang bereits Johann Pezzl, vor allem »die Gasthofbesitzer Estner, Pirus, Marschall, Geringer, Luperger« und andere, die »in wenigen Jahren hunderttausende erworben, dann ihre Wirtshäuser aufgegeben und sich mit ihren Tonnen Goldes zur Ruhe gesetzt haben, um wie große Herren von ihren Renten zu leben.«

Eine Dynastie anderer Art findet sich unter den drei Empiregräbern der Angehörigen des Industriellen und Bankiers *Karl Ritter von Henikstein* (1773-1828). Er war das sechste von elf Kindern und entstammt einer Familie, unter der sich nach Sigmund Mayer auch jener Baron Henikstein befand, »der Nachkomme des Aron Moses Hönig, unter Kaiser Josef II. Bankgefälls – und Hauptsiegelamtsdirektor – dessen Sohn Armeelieferant und Bankier und nach genommener Taufe zum Baron Henikstein geworden, eine der bekanntesten Stadt- und Börsefiguren« war. 1784 geadelt, wird er eines Tages witzelnd gefragt: »Sagen Sie mir, gibt es auch dumme Juden?« »O ja«, antwortete er selbstironisch, »die getauften«. Doch die späteren Heniksteins hatten, seit sie assimiliert waren, jede Beziehung zum Judentum abgebrochen und zumeist eine militärische Laufbahn eingeschlagen.

Karl von Heniksteins Vater, Josef Hönig, Edler von Henikstein, hatte besonders für Musik eine Vorliebe, er zählte Mozart zu seinen Freunden und förderte Beethoven. Die musikalischen Abende in seinem Haus waren berühmt.

Eine Granitstele verweist auf die Grabstätte des Buchhändlers *Leopold Grund* (1782-1822). »Außer den ordentlichen Buchhändlern gibt es auch sogenannte Bücherantiquare«, schreibt Pezzl, »welche mit gebundenen alten und seltenen Büchern Handel treiben. Der wichtigste unter denselben ist August Gräffer (…) Neben ihm sind noch Klopstock (ein Bruder des Dichters), Binz, Wallishauser, Weiß, Grund und einige andere Buchbinder, welche dieses Gewerbe treiben.« Anton Mayer wieder meint in seiner Wiener Buchdruckergeschichte: »Unter den Buchbindern, denen ein beschränkter Buchhandel und Antiquariat gestattet war, ist Franz

Wirtedynastien

Erinnerungen an die stillen Bewohner

Leopold Grund zu nennen, dessen Nachkommen als Buchdrucker später in Wiens Buchdruckergeschichte oft genannt werden.« Sein Sohn Ignaz Grund erhielt 1783 eine Buchdrucker-Befugnis, seit 1804 befand sich die Offizin auf der Landstraße, in der Ungargasse. Nach seinem Tode im Jahr 1805, suchte seine Witwe Theresia um eine Konzession beim Magistrat für ihren Stiefsohn Leopold an, die 1807 an ihn auch vergeben wurde. Leopold Grund hatte die Buchdruckerei erlernt und stirbt 1822, er hinterlässt lediglich eine Witwe, Johanna, geb. Kaufmann, Fleischhauerstochter aus Göllersdorf, welche die traditionsreiche Buchdruckerei fortführt und vor allem Gebetbücher herstellt.

Entlang der einfachen Grabmäler eines Münzgraveurs und zweier Generäle führt der Weg zur Begräbnisstätte des Komponisten und Domkapellmeisters *Johann Georg Albrechtsberger* (1736–1809), der Beethoven, Gänsbacher, Hummel und andere zu seinen Schülern zählte, und mit seiner Familie Mozart das allerletzte Geleit bis zum Grabe gegeben haben soll.

Vorbei an einigen Geheimen Räten, eines Wiener Vizebürgermeisters und des längst vergessenen Schriftstellers *Karl Hickl* gelangt man zum Grab des Botanikers *Nikolaus Thomas Host* (1761–1855). Durch 21 Jahre hindurch war er Direktor des Botanischen Gartens gewesen.

In die Gegend bescheidenen Bürgertums weist das mit einer Urne geschmückte Grabmal des Mitglieds des Äußeren Rates *Jakob Giger* (†1834), der als Grundrichter auf der Landstraße tätig war, auf der noch heute zur Erinnerung an ihn eine Gasse seinen Namen trägt. *Moritz Leopolder* (†1869) gehörte einer Familie von Erfindern an, die sich im Bereich der Schwachstromtechnik einen Namen machte.

Ein Kelch mit Hostie und die Lyra am Sockel des Kreuzes weisen darauf hin, dass hier ein Priester und Musiker seine letzte Ruhe fand: *Abbé Maximilian Stadler* (1748–1833). Die von Castelli verfasste Inschrift lautet:

> *Ein Priester ruhet hier des Heiligen und des Schönen,*
> *Er predigte das Wort des Herrn und sangs in Tönen.*

»Ob er wirklich ein tüchtiger Musiker oder vielmehr ein pedantischer und musikalischer Schulmeister war«, grübelte Castelli Jahre später, »wäre wohl zu bezweifeln, denn er war der wütendste Gegner der himmlischen Beethoven'schen Kompositionen, die er baren Unsinn nannte, und aus einem Konzerte immer davonlief, wenn ein Musikstück von Beethoven an die Reihe kam.« Allerdings verehrte er aufrichtig einige Tonkünstler seiner Zeit, so war er ein Freund Mozarts, Schuberts und Haslingers. 1775 Professor für Theologie im Stift Melk, besuchte er öfters Mozart in Wien, da er von seiner Musik beeindruckt war. Nach dem Tode des Komponisten ordnete Stadler den umfangreichen musikalischen Nachlass. »Abbé Stadler, alt, hinfällig, aber von jugendlichem Feuer in den großen, dunklen, etwas stechenden Augen«, beschreibt ihn Gräffer, war selbst leidenschaftlicher Musiker. Sein großes Oratorium »Die Befreiung von Jerusalem« wurde 1816 in Wien uraufgeführt. Nachdem er sein Pfarramt aufgegeben hatte, lebte er als freier Komponist und starb hochbetagt und verarmt in Wien.

Vorbei an einigen geadelten Offizieren und bürgerlichen Ortsrichtern, wie jenem der Leopoldstadt, *Franz Nickel* (1766–1833), der 1826 am Karmeliterplatz ein heute noch bestehendes Versorgungshaus errichten ließ, gelangt man zum schön gestalteten Grab des Wirtschaftsrates *Straschiripka* (†1851), des Vaters des Ringstraßenmalers Hans Canon. Ein vom Kulturamt 1947 aufgestellter Gedenkstein bezeichnet den Ort, an dem einstens der k. k. Kunst- und Schulbereiter *Christoph de Bach* (1768–1834), aus Kurland gebürtig, beigesetzt wurde. Laut den »Eipeldauerbriefen« hatte de Bach seinen ersten Zirkus am Pfingstmontag des Jahres 1808 eröffnet. 1829 erbaute ihm der Architekt Kornhäusel ein großes Zirkusgebäude gegenüber dem Ersten Kaffeehaus im Prater. Der Leichnam de Bachs wurde schließlich im Zirkus eingesegnet, Kunstreiter trugen den Sarg, sein Lieblingspferd, ein Schimmel, folgte dem Zug.

Wendet man sich nunmehr zu einer Gräberabteilung, die wegen der gegen Osten gerichteten Grabsteine in der Sprache der St. Marxer Totengräber den Beinamen »Judendörfl« erhielt, so findet sich hier, neben zwei Pfarrern, einem Offizier und dem einstigen Direktor des Tierärztlichen Instituts und Doktors der Humanmedizin, *Gottfried Ubald Fechner* (†1831), der zu Lebzeiten nicht unumstrittene Schriftsteller und Vorsteher des Bücher-Revisionsamtes *Franz Sartori* (1782–1832). Er verfasste eine Reihe von Beschreibungen der deutschsprachigen Kronländer, doch waren nicht alle Kritiker von der geschäftigen Feder des »patriotischen Literators«, wie ihn Adolf

Schmidl in »Wiens Umgebung« nennt, restlos angetan, so auch Wurzbach, der in seinem »Biographischen Lexikon« meint, dass bei Sartori oft die Quantität auf Kosten der Qualität ginge. Verdienstvoll vielleicht seine Schilderung der großen Überschwemmung von 1830, »Wiens Tage der Gefahr und die Retter in der Not«, merkwürdig auch sein »Pantheon denkwürdiger Wundertaten, volkstümlicher Heroen und furchtbarer Empörer des österreichischen Reiches«. Sartori war Schriftsteller und von 1808 an Beamter im Bücher-Revisionsamt, wo er sich emsig den Ruf eines büchermordenden Zensors erarbeitete. 1812 wurde er dessen Direktor, ab 1805 redigierte er den »Almanach der österreichischen Literatur und Kunst«, der bei Degen, später bei A. Doll in Wien erschien. Daneben schrieb er eine Anzahl von historischen, geographischen, ethnographischen Werken und Reiseberichten, »doch zeigt die Menge des von ihm Veröffentlichten auch oft große Flüchtigkeit«, wie auch Gräffer berichtet. Solcherart zum Gegner geworden, machte Sartori ihm viele Ungelegenheiten bei geplanten Zeitungsgründungen.

Ansehnliche Grabmäler sind die des Bürgers und Hausbesitzers auf der Landstraße *Leopold Pirus* (†1847), möglicherweise Nachkomme der erwähnten reich gewordenen Gastwirtefamilie, oder das gotisierte Denkmal *Schmidl*. Schauspieler, Sänger und Komponist war *Karl Stein* (1807–1866). Der Wiener Männergesangverein, dem er seit der Gründung 1843 angehörte, ließ 1948 seinen Grabstein renovieren. Über die Gründung des Vereines berichtet Ludwig August Frankl: »Ein kleiner Mann, mit dem teutonischen Erbe der blonden Haare und blauen Augen begabt, faßte den Gedanken, einen Männergesang-Verein ins Leben zu rufen. Im Jahre 1843, in dem Monate, wo in Österreich die Traube reift und gekeltert wird, da versammelte Dr. August Schmidt einige Freunde im Salon zum ›goldenen Löwen‹ auf dem Heumarkte in Wien. Der zu früh geschiedene Komponist Ferdinand Füchs«, aber auch »der Sänger Karl Stein«, insgesamt »acht Männer versammelten sich am 13. Oktober mit ziemlich hoffnungslosen Aussichten, aber sie hatten doch den Mut, eine Vereinsordnung zu entwerfen. Gesangsliebende Freunde schlossen sich an, und noch vor Ablauf des Jahres 1843 feierte der bereits aus zwanzig Mitgliedern bestehende Verein sein erstes Auftreten in einem Konzerte.«

Das Familiengrab des niederösterreichischen Statthalters *Gustav Graf Chorinsky* (1806–1873) birgt auch dessen Sohn, den Oberleutnant *Gustav Chorinsky*, der sich in Wien einer gewissen Berühmtheit erfreute, nachden er gemeinsam mit seiner Geliebten, der Ehrenstiftsdame Julie Ebergeyi von Telekes, seine Frau, Gräfin Mathilde Chorinsky, vergiftet hatte. Zu 20 Jahren Festungshaft verurteilt, verstarb er 1871 in einer Irrenanstalt.

Neben dem Philosophieprofessor *Franz Wilde* (1751–1828) findet man die jungverstorbene Malerin *Karoline Benko* (1800–1828), die, laut Pemmer, im Gräberprotokoll des St. Marxer Friedhofes als »bgl. Kaffeehaus-Inhaberstochter« aufscheint. Ihr Vater war der Besitzer des Kaffeehauses auf der Brandstätte und des Ersten Kaffeehauses im Prater gewesen. Josef Benko (auch: Benco, Penko) übernahm 1789 als Stadtkaffeesieder »auf der Brandstadt bei St. Stephan« jenes Lokal, das zuvor der legendäre Koltschitzky geführt hatte. Später erwarb er Jünglings Kaffeehaus und gestaltete das so genannte Erste Kaffeehaus im Prater aus. Seit 1811 bestand neben dem Kaffeehaus auch eine Restauration. Im Ersten Kaffeehaus konnte man Beethoven bis 1814 als Klavierspieler bewundern, zehn Jahre später konzertierte hier Lanner mit seiner Kapelle. Nach Benkos Tod ging es 1840 in fremden Besitz über.

Nahe der Praterprominenz, zu der auch der Kunstreiter *Christoph de Bach* (†1815), der Sohn des erwähnten Zirkusdirektors gehört, betritt man nunmehr die Gegend des Gast- und Vergnügungsgewerbes. Hier fällt der Blick rasch auf den bemerkenswerten Grabstein des Gasthausbesitzers *Josef Mumb* (†1836), bei dem Schubert oftmals einkehrte, sowie von *Franz Mumb* (†1857). Beide sind sie Angehörige eines Wirtshausgeschlechts, das fast zweihundert Jahre den Gasthof »Zum goldenen Brunnen« in der Taborstraße besaß. Nahe davon liegt *Johann Streitberger* (†1872), der seine Laufbahn als Hausknecht begann und schließlich Besitzer des »Casinos« in der Dorotheergasse wurde, dem Treffpunkt der galanten Gesellschaft Wiens.

Georg Dubsky von Wittenau (†1831) besaß im Prater ein Wachsfigurenkabinett, in dem 1812 auch Abgüsse der Charakterköpfe des Bildhauers Franz X. Messerschmidt zu besichtigen waren, bemalt und als »sprechende Bilder« wurden sie gegen Eintrittsgeld präsentiert. »Die herumschlendernden Praterleute gingen hin«, schreibt Gräffer über diese Darbietung, »zahlten ihre paar Kreuzer, und schauten selber gähnend an den Gähner, den Nieser, den Speienden, den Schafskopf, den zornigen Zigeuner, den Erhängten, den Verstopften, den Erzbösewicht (nicht bloß Bösewicht aus Erz), den Schalksnarren, und derlei drastische Naturen und Expressionen; an den übrigen lag ihnen wohl nicht viel.« Mit Dubsky begraben wurde *Katharina Aken*, geborene Dubsky, die eine Menagerie leitete. Unweit davon findet sich der 1824 verstorbene Zuckerbäckermeister *Friedrich Jung*, bei dem es sich um Ferdinand Raimunds Lehrherren handeln könnte.

Zum Freundeskreis Karoline Pichlers zählte der Sektionschef im Finanzministerium *Franz X. Burgermeister, Ritter von Beerburg* (1783-1867). Er war seit 1821 wirklicher niederösterreichischer Regierungsrat und Vorstand des Präsidialbureaus im Finanzministerium, ab 1847 Vizepräsident der k. k. allgemeinen Hofkammer. Er starb 1867 in Wien, 84 Jahre alt, an amtlich bestätigter Altersschwäche.

In der nächsten Reihe ließ Johann Strauß Vater seinen vier Wochen alten, 1846 verstorbenen Sohn *Karl*, dessen Mutter die Putzmacherin Emilie Trampusch war, beisetzen. Ein weiterer Sohn der beiden, der im Alter von 28 Jahren 1864 verstorbene Eisenbahnbeamte *Josef Trampusch*, liegt in der Schachtgräberabteilung. *Johann Sartory* (1758-1840) führte lange Jahre hindurch die Direktion des Leopoldstädter Theaters. Außer Raimund gehörten damals noch Künstler wie Korntheuer, die Krones oder Schuster dem Ensemble an und der »Barometermacher«, der »Bauer als Millionär« sowie der »Alpenkönig« gelangten unter seiner Direktion auf die Bühne. Seit 1947 befindet sich ein Gedenkstein an Sartorys Grab.

Im Gegensatz zu Sartory wurde *Moriz Michael Daffinger* (1790-1849) im Jahre 1911 in ein Ehrengrab überführt. Ein Erinnerungsstein, 1947 vom Kulturamt errichtet, bezeichnet die Stelle, wo dieser, aus ärmlichsten Verhältnissen zum Maler des Hofes aufgestiegene Künstler einstens der Erde übergeben wurde. Zuerst Porzellanmaler, dann Porträtist, wurde er zum führenden Miniaturenmaler der Biedermeierzeit, die er auch nur um ein Weniges überlebte: 1849 verstarb er in Wien an der Cholera. Auch seine Tochter Mathilde (1826-1841) ruhte hier. Die ursprüngliche Grabinschrift lautete: »Einer der begabtesten Maler seiner Zeit, im Menschenantlitz und in der Blumenwelt suchte er einzig die Natur und fand sie, aber in ihrem Brautschmuck als Kunst.«

Die Auflösung des beliebten vormärzlichen Künstlervereines Ludlamshöhle, jener harmlosen, wenngleich misstrauisch überwachten geselligen Vereinigung durch den Polizei-Oberdirektor Alois von Persa ging übrigens auf dessen persönliche Gereiztheit gegen den Maler Daffinger zurück, der ihm in einer Liebschaft hinderlich gewesen war. Grillparzer bemerkt über Persa in seiner Selbstbiographie: »Es war damals ein Polizeidirektor in Wien, den man wohl einen Schurken nennen darf, da er wenig später wegen Geldunterschlagung sich selbst den Tod gegeben hat.«

Dies führt uns geradewegs zum Verfasser des Werkes »Das österreichische Kriminalrecht«, des Universitätsprofessors *Sebastian Jenull* (1777-1848), der ebenfalls in dieser Abteilung ruht. Über seine professorale Standhaftigkeit wieder berichtet uns Sueß: »Der berühmte Historiker Rotteck, eine bei den Behörden gar übel angeschriebene Persönlichkeit, sollte Wien besuchen (...) Alois Fischer erzählt (Aus meinem Amtsleben, S. 51), Rotteck habe den bekannten Juristen und späteren Universitätsrektor Jenull besucht, und Jenull habe sofort angsterfüllt bei dem Fürsten Metternich Audienz genommen, um sich wegen dieses Besuches zu entschuldigen. Metternich habe selbst über Jenulls Angst gelacht.«

Begraben wurde hier auch der tapfere Kavalleriegeneral *Maximilian Graf Auersperg* (1771-1850), dem das Kriegsglück in der Schlacht bei Leipzig zuteil wurde. Längst aufgelassen ist hingegen die Gruft der bgl. Glashändler *Josef Lobmeyr* (1792-1855) und dessen Sohns gleichen Namens (1828-1864). 1818 war der Vater nach Wien gekommen und betrieb ab 1823 in der Weihburggasse und später in der Kärntnerstraße die bis heute bestehende Glaswarenhandlung Josef Lobmeyr u. Sohn, deren selbstverfertigte künstlerische Glasprodukte bald Weltruf erlangten.

Der Architekt *Franz Forster* (†1859) liegt ebenfalls lange schon nicht mehr hier, im Gegensatz zu dem Erfinder *Jakob Degen* (1756-1848), der einstens daranging, bodenbehaftete Flugmaschinen zu konstruieren, ehe er 1820 den Doppeldruck für Wertpapiere sowie einen unfälschbaren Stempel entwickelte. Erfindungen, die ihm eine sorgenfreie Anstellung bei der Österreichischen Nationalbank einbrachten. Geboren in Basel, war auch er einer der vielen, die im biedermeierlichen Wien ihr Glück versuchten. Sein erster Auftritt als Aeronautiker mit einer selbstkonstruierten Flugmaschine fand 1810 in Gegenwart und auf Kosten des Kaisers in Laxenburg statt und erwies sich schließlich, von den Wienern ohnedies vorausgesagt, als viel belachtes Luftgeschäft. »Kein Prometheus von Gestalt«, beschreibt ihn Schönholz, »kränklich-hager, mit spärlichem Haupthaar, kleinen, trüben Augen, hoch in den Vierzigern, von schlauem, verstecktem Charakter, habgierig und durch einen von fixen Ideen getragenen, aufstrebenden Ehrgeiz angetrieben, sich durch eine denkwürdige Tat sowohl Auszeichnung als Reichtum zu verschaffen.«

Unübersehbar der Grabstein des Maria-Theresien-Ritters Feldmarschallleutnant *Anton Freiherr von Schön* (1782–1853), der zu den militantesten Gegnern des Schnurrbarttragens in der Armee zählte, die er solcherart, wie man ihm nachsagte, zu verschönern beabsichtigte. *Josef Blahack* (1780–1846) war Sänger, Komponist und Kapellmeister und wurde vor allem durch seine Kirchenmusik bekannt. Vermutlich lediglich den Bewohnern der unteren Taborstraße in Erinnerung geblieben ist jener *Michael Negerle* (†1859), nach dem eine schmale Gasse in der Leopoldstadt benannt ist, in dem er das erste Haus errichtete. An der Friedhofsmauer erblickt man die Gruft der Familie *Löwenthal* und die später renovierte der Familie *Lechner*. Unweit davon liegt *Johann Bogner* (†1850) bestattet, der Besitzer des Kaffeehauses Ecke Singerstraße und Blutgasse ab 1824, wo einige Jahre hindurch und bis zu seinem Tod auch Schubert verkehrte, im Gefolge seiner Freunde Schwind, Mayrhofer, Feuchtersleben, Bauernfeld, Sauter und Lachner. Schwind war es auch gewesen, der Bogner einen Türken und eine Türkin malte, die als Schild am Eingang Verwendung fanden. »Ein Künstlerrefugium, allerdings in bescheidenster Aufmachung, aber so ganz im Sinne des alten Wien, das so schummerige Höhlen liebte, war auch das Kaffeehaus des Karl Bogner«, schreibt Gustav Gugitz. 1846 wurde das Lokal durch Einbeziehung des ersten Stockwerkes erweitert. 1850, im Alter von 54 Jahren, ist Karl Bogner gestorben und das Kaffeehaus gelangte in den Besitz eines Herrn Johann Gagstätter, es wurde später geschlossen und 1856 neu renoviert wiedereröffnet.

Der Naturforscher *Johann Natterer* (1787–1843) wurde nahe Bogner begraben, seine sterblichen Überreste sind später auf den Zentralfriedhof überführt worden. *Franz Fernolendt* (†1866), der Besitzer einer 1832 in Erdberg gegründeten, lange bestehenden chemischen Fabrik, liegt in einem Familiengrab.

Als politischer Schriftsteller wirkte *Viktor Freiherr von Andrian-Werburg* (1813–1858), dessen 1843 erschienenes Werk »Österreich und seine Zukunft« großen Eindruck bei den späteren 1848er-Revolutionären hinterließ, galt er doch als Vordenker eines österreichischen Parlamentarismus. Ludwig August Frankl spricht in seinen Erinnerungen von ihm als »der edle Patriot«.

Nahe dem Grab des Offiziers *Franz Perin von Wogenburg* (†1852) findet sich die Stelle, an der der slawische Dichter *Jan Kollar* (1793–1852) lag, ehe er nach Prag überführt wurde. Kollar, der 1849 als Professor der slawischen Archäologie an die Wiener Universität berufen wurde, sammelte im Zuge einer nationalen Rückbesinnung slowakische Volkslieder und verfasste ein Werk über altslawische Götter. Als sein lyrisches Hauptwerk gilt die Sonettensammlung »Die Tochter des Ruhmes«.

Karl Bernhard Freiherr von Hitzinger (1786–1863) war der Autor von »Versuch einer Statistik der Militärgrenze des österreichischen Kaiserstaates« und wurde Präsident der Geographischen Gesellschaft. *Karl Freiherr von Birago* (1792–1845) galt als führender Brücken- und Festungsbaufachmann seiner Zeit. Vom Erfinder der später nach ihm benannten Laufbrücken stammen unter anderem die Befestigungsanlagen auf dem Pöstlingberg bei Linz. Biragos Überreste wurden auf den Zentralfriedhof überführt. Der Schauspieler *Paul Schonner*, ein gebürtiger Tiroler, starb 1850 als Hausbesitzer in der Leopoldstadt, 73 Jahre alt. Er war ein Freund Raimunds, der Krones und des ebenfalls in St. Marx bestatteten Carl Isenflamm. Paul Schonner kam 1817 ans Theater an der Wien, doch bereits 1821 gehörte er dem Theater nicht mehr an. Er lebte ab nun mit den Isenflamms harmonisch zusammen, Carl bedachte ihn 1833 mit einem Legat, Theresa Isenflamm, seine Schwester, verstarb 1838, 60 Jahre alt und ledig und setzte Paul Schonner zum Universalerben ein; nach Abzug aller Legate erhielt er von ihr das Haus und 85.270 Gulden, 3 Kreutzer.

Neben dem Maria-Theresien-Ritter *Josef Freiherr von Christ* erhob sich bis zur Überführung auf den Zentralfriedhof ein in Renaissanceformen gestalteter Sarkophag des Fürsten *Franz Josef Dietrichstein-Proskau-Leslie* (1767–1854). Der spätere Staatsmann trat in den Militärdienst und nahm 1801 als Generalmajor seinen Abschied, danach wurde er Obersthofmeister und Hofkommissär. 1850 verlieh ihm die Stadt Wien das Ehrenbürgerrecht, das Diplom nennt ihn »den Vater und größten Wohltäter der notleidenden Bevölkerung Wiens«. »Wollt' ich diesen unübertroffenen Mann seiner würdig darstellen«, schreibt der mit ihm in Freundschaft verbundene Castelli, »so müßtet ihr, Goethe und Schiller, mir eure Federn, und du, Raphael, deinen Pinsel leihen; für das Erhabendste ist mein Kiel zu schwach (...) Edler, hochherziger Mann, ruhe in Frieden! Die Kerze, die ich bei deinem Leichenbegängnis trug, habe ich gut aufbewahrt, sie soll auch bei meinem Sarge brennen!«

Besitzer des berühmten Gasthofes »Zum goldenen Lamm« in der Praterstraße war *Michael Hauptmann* (†1853), bei dem zahlreiche Mitglieder der Leopoldstädter Bühne verkehrten. Hauptmann, ein gebürtiger Bayer, kam als Hausknecht in den traditionsreichen Gasthof und verstarb als dessen reich gewordener Besitzer. Es war dies, wie wir bereits staunend erfahren haben, ein nicht untypisches Gastwirteschicksal im biedermeierlichen Wien.

Arg zerstört ist das Grabmal des k. k. Regierungs-Kanzlisten *Franz Josef Hadatsch* (1798–1849), der wenig gelesene Gedichte, Erzählungen und Romane veröffentlichte und schließlich mit den von ihm herausgegebenen Lebenserinnerungen des Komikers Hasenhut »Die Launen des Schicksals« ein wenig dann doch in die Kulturgeschichte einging.

Karl Agricola (1779–1852) wurde vor allem als Miniaturmaler bekannt. 1958 hat ihm das Kulturamt eine Engelsfigur auf hohem Sockel errichtet. 1848 als Unterstaatssekretär tätig war der Jurist *Ferdinand Freiherr von Stelzhammer* (1797–1858), später wirkte er an der Begründung einer neuen liberalen Rechtsordnung mit. An der Friedhofsmauer fällt das mit militärischen Emblemen gezierte Grabmal der Gastwirtsfamilie *Munsch* auf, das entstanden war, nachdem das ursprüngliche Mal abgeräumt und durch ein von einem Offiziersgrab stammendes ersetzt wurde. Hier ruhen *Franz Munsch, der Ältere* (†1837), *Franz Munsch der Jüngere* (†1862) und *Ferdinand Munsch* (†1875). Begründer dieser Wirtedynastie war Franz Munsch, der 1792 von Göllersdorf nach Wien kommt, Anna Maria Humerin, die »verwittibte bürgerl. Weinwirtin« zur »Roten Ente« auf der Wieden heiratet und einige Jahre später den »Weißen Schwan« auf dem Neuen Markt pachtet, zu dessen Stammgästen Beethoven gehört. Danach übernimmt er die bekannte »Mehlgrube« am Neuen Markt, das älteste Tanzlokal Wiens, wo sich in josefinischer Zeit Mitglieder der besseren Gesellschaft, Grabennymphen und, wie schon erwähnt, Musiker wie Mozart und später Schubert gern aufhielten. 1835, vermutlich zur Animierung der Kunden, werden die Charakterköpfe Franz Xaver Messerschmidts hier ausgestellt. 1822

FRANZ X. NIEMECZEK
ERSTER MOZARTBIOGRAPH
1766 — 1849

übergibt er das nunmehrige Kasino seinem Sohn *Franz Xaver*, einem kunstliebenden Wirten, der seit 1839 auch Mitglied der Gesellschaft der Musikfreunde ist. Ein erstes Kasino findet sich übrigens bereits 1784 im Trattner'schen Freihof am Graben, errichtet für den Adel sowie »charakterisierte u.a. Personen von Distinktion«. 1850 wird das Lokal in ein vornehmes Hotel umgewandelt und von Ferdinand Munsch bis zum Börsenkrachjahr 1873 geführt.

Einige Steine weiter erblickt man die Familiengruft *Wenkheim*, in der auch der Notar *Johann Baptist Bach* (1779–1847) zu liegen kam. 1841 gründet dieser den für die bürgerliche Emanzipation wichtigen »Juridisch-politischen Leseverein«, dessen bedeutendes Archiv rund 120 Jahre später an eine Universität in Übersee verkauft wird. Beethoven, der Bach in zahlreichen Briefen seinen Freund nennt, bestimmt ihn als seinen Testamentsvollstrecker und zum Kurator über seinen problematischen Neffen Karl.

Josef Ritter von Kudler (1786–1853) lehrte Rechtswissenschaften, zu seinen Hörern zählte auch Adalbert Stifter. Ein Denkmal im Arkadenhof der Wiener Universität erinnert noch an den Gelehrten. Schräg dahinter findet sich der Kustos am Hof-Naturalien-Kabinett *Josef Natterer* (†1852) sowie der Mozartbiograph *Franz X. Niemeczek* (1766–1849). Er war mit dem Tonkünstler bereits ab 1786 befreundet, übernahm nach dessen Tod die Erziehung der beiden Söhne und veröffentlichte 1798 eine Biographie des Komponisten. Bis 1820 las er an der Prager Universität, zwei Jahre später folgte Niemeczek seiner Tochter nach Wien.

Neben ihm liegt der einstens bekannte Professor für Augenheilkunde *Anton Edler von Rosas* (1791–1855) begraben. Mit 28 Jahren an die Universität Padua berufen, wird ihm 1821 die Lehrkanzel für Augenheilkunde an der Wiener Universität angetragen. Diese trägt übrigens den Ruhmestitel, die erste ordentliche Lehrkanzel für Augenheilkunde in der Welt besessen zu haben, nachdem Maria Theresia 1773 Josef Barth zum ordentlichen Professor ernannt hatte. Es wird von ihm, der im Alter zum Geizhals wurde, erzählt, dass er einmal am Hofe behandelt habe und zum Schluss ihn Maria Theresia mit den Worten: »Da nehme er das!« das Honorar anwies, auf eine Schatulle zeigend, in welcher der Betrag lag. Barth nahm die Schatulle und das kleine, kostbar eingelegte Tischchen, auf dem diese stand, unter dem Arm gleich mit und empfahl sich. 1830 veröffentlicht sein Nachfolger Rosas das »Handbuch der theoretischen und praktischen Augenheilkunde«. Auf seinem Grabstein erblickt man die Worte: »Viele Unglückliche erhielten durch seine Heilkunst sowie durch seine edle Herzensgüte das Licht. Gott gebe dem liebevollen Gatten, dem guten Vater das ewige Licht. Amen«. Leider wird sein Charakterbild durch die Art und Weise, wie er Ignaz Semmelweis, dem Bekämpfer des Kindbettfiebers, Schwierigkeiten bereitete, stark beeinträchtigt. Auch Frankl schreibt bitter über »Professoren wie Rosas«, denen »jede philosophische und allgemeine humanistische Bildung fehlte, was freilich die in Österreich geltende, borniert lichtlose Studienordnung mit verschuldete«. Sigmund Mayer hebt 1911 in seinen Erinnerungen einen weiteren Wesenszug des Augenheilkundlers hervor: »Speziell gegen das medizinische Studium gab es damals, wenn auch nur vorübergehend, unter den jüdischen Studenten eine Strömung. Kurz vorher nämlich hatte Professor Rosas, maßgeblicher Kliniker für Augenheilkunde an der Wiener medizinischen Fakultät, sich in der medizinischen Zeitung gegen den Andrang der Juden zum ärztlichen Stande sehr entschieden ausgesprochen. Der Vorfall erregte, zum charakteristischen Unterschied gegen heute, in der Intelligenz ganz allgemeine Mißbilligung, natürlich unter der jüdischen im doppelten Maße.«

Ein recht auffallender Grabstein ist es, dem wir nunmehr begegnen; mit einem liegenden Genius in Relief samt Sturzfackeln ziert er das Grab der Gastwirtefamilie *Stipperger* (*Johann Stipperger*, †1833, sein Sohn *Bernhard Stipperger*, †1872). Der gebürtige Bayer Johann Stipperger übernimmt um 1800 den berühmten Tanzsaal »Zur goldenen Birne« auf der Landstraße. 1801 umgebaut, wird ein Tanzsaal errichtet, den man den »Annentempel« nennt und in dem Josef Lanner aufspielt. Es war dies ein Gasthof, in dem Beethoven öfters speiste, danach wurde dem Lokal ein noch heute bestehendes Hotel angeschlossen, in dem Fürst Ypsilanti und Charles Thirion starben, Balzac abstieg, und über dessen Qualität Gräffer berichtete: »Auf der Landstraße, die ›goldene Birn‹, war eines der allersolidesten Gasthäuser der Welt, alles nach altem Schrott trefflich, reinlich, wohlfeil, eines der letzten Lichtstrahlen gewissenhafter, solider Wirtscharaktere.« Ab 1830 führt Johann Stipperger zudem das renommierte Hotel »Zum Goldenen Ochsen«, das er bald »Zur Stadt Frankfurt« umbenennt. Bauernfeld, Lenau und Grillparzer verkehren hier. Es lag in der Seilergasse Nr. 1113 und galt als das vornehmste der Biedermeierzeit.

Johann Stippergers Sohn Bernhard übernahm das Lokal »Die Schöne Sklavin« in Erdberg, bald finden wir ihn ebenso als Wirt des »Grünen Anker«, auch in diesem Lokal zählten damals Schubert und sein Freundeskreis zu den Stammgästen. Der »Grünangerkeller«, als Weinschenke bereits 1785 erwähnt, trug etwa ab 1820 das Schild zum »Grünen Anker«; später und bis in die neunziger Jahre des vergangenen Jahrhunderts hinein »Ancora Verde« genannt, wurde er bis zu seiner Schließung von der Familie Glück geleitet.

Am Ende der Südwand entdeckt man das Empiregrabmal der Hofopernsängerin *Katharina Ney* (†1852), von hier gelangt man zu der Gruft, die zwei Direktoren der (vermutlich vererbbaren) Staatsschuldenkasse beherbergt: *Karl Krumhaar* (†1859) und der gleichnamige *Karl Krumhaar* (†1872). Unweit davon liegt das prächtige Grabmal des Hof-, Silber- und Plattierwaren-Fabrikanten *Karl Klinkosch* (1799-1860), der Sohn des Josef Karl Klinkosch, der 1796 jene Firma gegründet hatte, die im Vormärz zahlreiche Kaffeehäuser ausschmücken sollte. So berichtet Gugitz vom 1843 eröffneten Kaffeehaus Kappelmayer auf dem Josefstädter Glacis, neben dem Militärgeographischen Institut: »… die Silberaufsätze sind aus der rühmlich bekannten Fabrik des Herrn Maierhoffer und Klinkosch …«

Sie waren eine Alt-Wiener Familie, die ihre Beziehung zum Hochadel keinesfalls verschwieg. So erzählt Sigmund Mayer: »Ich habe diese Klinkosch als Gelbgießer schon in einem Schema aus dem Anfang des 18. Jahrhunderts gefunden. Die Nichte der Frau Breisach, Hannah Klinkosch, wurde die Gattin des Prinzen Alois Liechtenstein und unser Josef Breisach erwähnte bei jeder nur möglichen Gelegenheit seinen Neffen, ›den Prinzen‹«.

An der östlichen Friedhofsmauer erreicht man eine Gruppe von Gräbern, die sich durch besondere Größe auszeichnen, darunter dasjenige des *Ignaz Anton Edlen von Morgenbesser* (1752-1831), seines Zeichens »k. k. Obersthofmeisteramt-Expeditor und Ceremonien-Protokollführer, dann königlich böhmischer Herold«. Jenseits des Friedhofsweges erinnert ein vom Kulturamt gesetzter Gedenkstein an den Theaterdirektor *Johann Hoffmann* (1802-1863), der 1856 das Theater in der Josefstadt übernahm und zugleich das Thaliatheater erbauen ließ, wo er als erster in Wien 1857 Richard Wagners »Tannhäuser« zur Aufführung brachte.

An zwei der schönsten Grabmälern, der Gruft der Juristen *Julius* (†1853) und *Philipp Ritter von Mannagetta* (1795-1862) und dem des

Handelsmannes *Anton Strasser* vorbei, gelangt man zu einer Reihe von Militärgräbern und anschließend zur letzten Ruhestätte des Weinwirten, Fleischhauers und Hausinhabers *Ignaz Kölbl* (†1850), der aus Klein-Jetzelsdorf nach Wien gekommen war, wo er Mitglied des Äußeren Rates wurde und als Grundrichter der Landstraße amtierte, wie uns eine nach ihm benannte Gasse des dritten Bezirks in Erinnerung ruft.

Zu den bekanntesten Schaustellern des biedermeierlichen Praters zählte *Heinrich Schreyer* (†1847), der eine Menagerie und ein Affentheater betrieb. 55 Jahre ist er alt geworden und seiner Nachkommenschaft konnte er dank derartiger Einrichtungen 29.000 Gulden hinterlassen. Auch *Dominik Adami* (†1847) zählte zu jenen, denen das Glück in der Haupt- und Residenzstadt begegnete. Gebürtig aus Trient, kaufte er 1827 einen Kaffeesiederkammerhandel in der Rothenthurmstraße 31 und zog 1830 in den Regensburgerhof am Lugeck. Das Lokal war später in der Bäckerstraße, mit Zugang auch von der Wollzeile, aus untergebracht. Es war eine Zufluchtsstätte für Künstler und Schriftsteller. 1846 gelangte das Kaffeehaus durch Kauf an Josef Heinrich Adami, Landesgerichtsrat und Schriftsteller, der es drei Jahre später weiterveräußerte. Da war der greise Dominik Adami am 4. Oktober 1847 im Alter von 70 Jahren bereits verstorben.

Zu den gefeiertsten Schauspielerinnen des Burgtheaters zählte *Julie Löwe* (†1849), die Direktor Schreyvogel als lebenslängliches Mitglied verpflichtete. Wenn auch ihre Lebensdaten ein wenig im Ungewissen verbleiben, sicher ist, dass sie ab 1789 am Burgtheater engagiert war, ihrem ausgewiesenen Geburtsjahr zufolge somit als Dreijährige. Castelli berichtet über sie: »Frau Löwe war eine hübsche Frau und für Anstandsdamen ganz geschaffen, besonders verstand sie es, sich immer sehr vorteilhaft und nach der letzten Mode zu kleiden. Sie galt den Wiener Frauen als lebendes Modebild. Ihrem Spiele kann man nicht vorwerfen, daß sie übertrieb, sie fiel sogar in den entgegengesetzten Fehler, sie wurde ihrer Rolle aus übertriebener Dezenz selten ganz gerecht. Sie stellte ihre Charaktere fast immer grau in grau dar und wußte Schatten und Licht nicht geschickt zu verteilen. Doch war sie eine sehr beliebte Schauspielerin des Hofburgtheaters.«

Ein Gedenkstein des Kulturamtes verweist auf jene Stelle, an der bis zur Überführung ins Ehrengrab des Zentralfriedhofes *Ernst Freiherr von Feuchtersleben* (1806–1849) bestattet war. 1833 schloss er sein Medizinstudium ab, veröffentlichte sechs Jahre später sein berühmtes Werk »Zur Diätetik der Seele«, hielt seit 1844 an der Wiener Universität Vorlesungen über ärztliche Seelenkunde, 1847 wurde er Vizepräsident der medizinisch-chirurgischen Studien und übernahm im Juli 1848 das Unterstaatssekretariat im Unterrichtsministerium. Gemeinsam mit Stifter und Grillparzer wird er als einer der »Unzeitgemäßen« des Jahres 1848 gewürdigt, das er nur knapp überlebte. Feuchtersleben war auf medizinischem wie schöngeistigem Gebiet literarisch tätig. Sein Werk »Diätik der Seele« fand Karoline Pichlers Gefallen. Als Dichter ist er in die lexikalische Erinnerung eingegangen, als Stammgast verkehrte er häufig im Silbernen Kaffeehaus des Herrn Neuner, ebenso wie Zedlitz, Bauernfeld, Grillparzer, Schwind, Anastasius Grün oder Castelli.

Über Feuchtersleben meinte Uffo Horn: »Blaßes Gesicht, schwarze Haare, schiefe Augen und Richtung, Pedant, forcirter Goethomane, mehr Denker als Dichter, kokattiert mit medizinischer Gelehrsamkeit, große Gewalt über die Form, als Arzt glücklich und nicht ohne Ruf, hat sehr berüchtigte Verwandte, und eine häßliche Frau; wie man sagt, angestellter Beamter der geheimen Polizei. Schade um ihn.«

Der Sänger *Ludwig Titze* (1797-1850) beteiligte sich rege am Musikleben Wiens. Schubert widmete ihm sein Opus 46 und begleitete Titze, wenn dieser Schubertlieder bei Konzerten der Gesellschaft der Musikfreunde zum Vortrag brachte. Er war hauptberuflich von 1825 bis 1848 Subpedell der Universität, seit 1840 auch Mitglied der k. k. Hofkapelle und Ehrenmitglied des Vereins zur Unterstützung erwachsener Blinder. Bei den Ludlamiten hieß er »Diskantino, der Biermane« und darüber erzählt uns Castelli: »Er war ein sehr lieblicher Tenorsänger, daher sein Name ›Diskantino‹, und der Beisatz, der Biermane, weil er gerne Bier trank, viel Bier trank und nichts als Bier trank. (Tot.)«

Der Empiregrabstein des Professors der Weltgeschichte, ehemaligen Rektor magnificus und Ehrenbürgers von Wien, *Johann Kaiser* (1791-1855), findet sich in der Nähe des »Biermanen« und schräg gegenüber auch die Grabstelle des Kirchenrechtlers *August Chabert* (†1849).

Eine mächtige, am Boden liegende Steinplatte schmückt die Inschrift: »Meiner innigst geliebten Gattin Sophie Hansen, geborene Förster, geboren 24. November 1830, †20. Juli 1851.

Von Erdenkummer frei schwingt engelgleich
Ihr seliger Geist sich auf in Gottes Reich.«

Und fürwahr, von engelgleich ertragenem Erdenkummer voll war dieses kurze Leben. In ihrem Todesjahr hat sie, die Tochter des bekannten Architekten Förster, den später berühmten Ringstraßenarchitekten Theophil Hansen geheiratet. Ludwig Christian Friedrich Förster war ein führender Architekt des österreichischen Historismus und Vater von Sophie sowie der Architekten Heinrich und Emil von Förster. Von 1846 bis 1852 hielt die problematische Arbeitsgemeinschaft mit seinem kurzzeitigen Schwiegersohn Theophil Hansen an, im gemeinsamen Atelier sekundierte übrigens auch Otto Wagner. Wie es scheint, war die Verstorbene von zwei mächtigen Persönlichkeiten gleichermaßen in ihrem Lebenswillen erdrückt worden. Zwischen den beiden Partnern war es jedoch zuvor schon zu fortwährenden Streitigkeiten gekommen. Ein Jahr nach Sophiens Tod trat dann der endgültige Bruch ein, der gemeinsam begonnene, schließlich von Hansen allein ausgeführte Bau des Heeresmuseums zeugt heute noch davon.

Über Hansen berichtet übrigens Sueß in seinen Erinnerungen, er habe »uns seither in dem Parlamentsgebäude ein architektonisches Juwel geschenkt; als er mich einst durch die Säle geleitete, meinte er, diese edlen, klassischen Formen müßten auf die Volksvertreter mit unwiderstehlicher Kraft erhebend und idealisierend wirken. Fragen wir nicht, ob der Meister recht behalten hat …«

Nun folgen die Gräber von einigen Schauspielern und Musikern. Komponist war auch *Ferdinand Füchs* (1811–1848), der einige Opern verfasste und erster Chormeister des Wiener Männergesangsvereins wurde. Eduard Hanslick sagt von ihm, er sei ein »angenehmes, höchst achtbares, aber kleines Talent« gewesen. »Der zu früh geschiedene Ferdinand Füchs«, so wieder ein zukunftsfroher L. A. Frankl, »dessen eine österreichische Kulturgeschichte sich mit liebevoller Wehmut erinnern wird«, zählte, wie erwähnt, auch zu den Mitbegründern des Wiener Männergesangsvereines.

Neben dem Hauptmann und Lehrer des unglücklichen Herzogs von Reichstadt *Johann Ritter von Foresti* (1776–1849) liegt der Literaturhistoriker *Franz Ficker* (1782–1849), der an der Universität Vorlesungen über klassische Philologie hielt. Metternichs Minister Karl Friedrich von Kübeck erwähnt ihn in seinen persönlichen Aufzeichnungen, indem er seinen Namen etwas pubertär unter beziehungsreiche Anführungszeichen setzt, nachdem Ficker seinen Sohn Max, den späteren Herausgeber jener Tagebücher, zu unterrichten begonnen hatte. Der aus Krems stammende Jurist *Josef Edler von Winiwarter* (1780–1848) wirkte von 1827 bis zu seinem Tode als Universitätslehrer für öffentliches Recht, sein Hauptwerk »Das österreichische bürgerliche Recht« erschien 1838 bis 1845. Sein Name findet sich bereits unter der Universitätsbrigade des Wiener Aufgebots, die gegen die Franzosen im Jahre 1797 aufgestellt wurde.

Umringt von den Militärs *Heinrich Sunstenau von Schützenthal* (1799–1865) und *Paul Freiherr von Wernhardt* (1776–1846), der die freudige, wenn auch nicht kriegsentscheidende Nachricht vom Siege bei Aspern Kaiser Franz überbrachte, liegt der Kunsthändler *Johann Sigmund Bermann* (1794–1846). Geboren in Westfalen, bereiste er zahlreiche Länder Europas und kam 1815 nach Wien. Hier wurde er 1820 bei der k. k. Akademie der bildenden Künste angestellt und trat 1829 zeitgerecht bei dem Kunsthändler Stöckl als Kompagnon ein, dessen Geschäft er 1830 übernimmt. »Den unterrichteten, gebildeten, gründlichen Kenner Sigmund Bermann«, wie Gräffer schreibt, wurde 1835 wegen seiner Verdienste der etwas umständliche Titel »Hofbibliothekskunsthändler« verliehen.

Nahe von ihm begraben wurde *Franz Dostal*, seines Zeichens »bgl. Vorstadttandler«. Geboren in Mähren, betreibt er ein Geschäft für Eisenhandel auf der Landstraße. Er stirbt 1844 und seine Familie führt die Firma bis 1926 weiter. Als »Zauberer im Prater« stadtbekannt in jenen Jahren war *Sebastian Schwanenfeld* (1770–1845), von dem Bäuerle berichtet, er habe mit dem Zauberstab in der Hand, mit Kanarienvögeln auf Kopf und Schultern vor seiner Praterhütte gestanden und für seine Vorstellungen geworben.

Ein niedriger Grabstein verkündet wehmutsvoll: »Jungfrau Elise Grammersdorfer, mein Erdenglück«, und in dieser Reihe finden wir auch den berühmten Komiker *Anton Hasenhut* (1766–1841). Zwar sind die Altersangaben auf seinem Grabstein unrichtig und in Anbetracht seiner Leistungen ein wenig kränkend, doch schon zu Lebzeiten musste er viel Elend erfahren. Bereits in seiner Jugend erlebte er das traurige Schicksal fahrender Komödianten, ehe er von Marinelli an das Leopoldstädter Theater geholt wurde, wo er die Figur des dümmlichen Thaddädls schuf, die ihn rasch bekannt machte. Von 1813 bis 1819 wirkte er am Theater an der Wien, wo er seine eigentliche Glanzzeit erlebte, ehe er langsam, aber unaufhaltsam in Not und Elend zurückfiel. Im Salon der Karoline Pichler lernte übrigens Clemens Brentano, ehe er 1814, literarisch erfolglos, die Stadt wieder verließ, auch den Komiker Hasenhut kennen. In den letzten Lebensjahren versuchte er mit kleinen Rollen und Abschreibarbeiten sein Leben zu fristen.

»Hasenhuts größte Eigentümlichkeit als Taddädl war der Ton seiner Sprache«, schreibt Castelli. »Es klang immer wie das Schmettern eines Kindertrompetchens, wenn er redete, und dadurch allein bewirkte er schon Lachen (…) Besonders war er geschickt in Darstellung der Ungeschicklichkeit. Wenn er bei einer Türe hinausging und stolperte, wenn er sich auf einen Tisch oder Stuhl lehnte und ausglitschte, so machte er dies alles so natürlich, daß man glauben mußte, es wäre zufällig geschehen. In den letzten Jahren verlor er sein Gedächtnis und war nur noch der Schatten seiner selbst; aber so wie er in seiner Glanzperiode war, wird er mir und gewiß allen, die ihn damals sahen, unvergeßlich bleiben.« Und Schönholz würdigt ihn mit den Worten: »Bis in die neueste Zeit blieb jener am Ruder, erst Kasperl, dann jedesmal anders geheißen, aber immer Hanswurst. Hasenhut war der Letzte dieses Schlages. Wer erinnert sich seiner Kastratenstimme und kindisch-possierlichen Komik (…) nicht? Wie fade jene Späße auch waren, es wird jetzt noch faderes belacht.«

Am Ende verfasste er seine Lebensgeschichte unter dem biedermeierlichen Titel »Launen des Schicksals, oder: Scenen aus dem Leben und der theatralischen Laufbahn des Schauspielers Anton Hasenhut«, die der uns hier bereits begegnete F.J. Hadatsch 1834 in Wien herausgab.

Grillparzer schrieb ihm daraufhin mit der Widmung »Dem Komiker Hasenhut«, obzwar noch lebend, einen schönen Nachruf:

> *Du mir Erinnrung meiner Jugendjahre,*
> *Und jener Jugendzeit zum Teil ein Bild,*
> *Wo noch der Ernst das Gute war, das Wahre,*
> *Der Schmerz ein Bach, der unter Blumen quillt.*

Die Welt ward stumpf seitdem vor langem Leide,
Das Grauen borgt vom Grausen seine Macht,
Es wühlt der Scherz im eignen Eingeweide,
Und lacht mit Grinsen, wie Verzweiflung lacht.

Erwartend, ob sich klärt das trübe Ganze,
Empfand ich dies dein Buch, erinnrungsvoll,
Wär's auch ein trocknes Blatt nur von dem Kranze,
Der einst so reich um deine Stirne schwoll.

Kaum ging auf der bunte Vorhang
Deines jungen, art'gen Lebens,
Wie, und schon ertönt das Glöckchen,
Das ihn wieder fallen heißt? –

Neben Hasenhut liegt *Ignaz Wagner* (1761–1841), dessen Name uns erneut in die Welt der biedermeierlichen Kaffeehäuser entführt. Im Jahr 1752 wird an der Schlagbrücke in der Leopoldstadt neben anderen bereits Johann Leichnambschneiders Lokal erwähnt. An diesem Ort sollten auch die berühmten Kaffeehäuser entstehen, die lange Zeit eine bedeutende Rolle im geistigen und gesellschaftlichen Leben Wiens spielten. In der Jägerzeile 1 war dieses Lokal gelegen und die Besitzerfamilie Leichnam(b)schneider dürfte schon um 1750 das Gewerbe ausgeübt haben. Auch nach dem Tod der beiden Besitzer Josef (†10. Mai 1775) und Johann (1. Juni 1775) wird das Kaffeehaus von Josef Leichnamschneider dem Jüngeren weiter betrieben. Er gilt als geistiger Vater des Billardkaffeehauses. Nach dessen Tod am 11. März 1792 ging das Kaffeehaus in den Besitz Ignaz Wagners über. 1819 wird der Neubau durch Kornhäusel fertiggestellt. Unter Wagner, schreibt Gugitz, »dem Vater von Raimunds Freundin Antonie Wagner, nahm das Kaffeehaus jenen Aufschwung, der es unter die bekanntesten Wiens stellt. Jedenfalls trug dazu bei, daß Wagner auch das beliebte zweite Kaffeehaus im Prater betrieb und damit wohl den Grundstock zu seinem Vermögen anlegte.« Antonie Wagner wird schließlich doch noch zu ihrem Jugendgeliebten zurückkehren. 1820 hatte Ferdinand Raimund, dem einstens Ignaz Wagner die Kaffeehaustür gewiesen hatte, Luise Gleich geheiratet und zwei Jahre später bereits die Scheidung eingereicht. Danach geht er eine Lebensgemeinschaft mit Antonie Wagner ein, die späterhin die sorgsam aufbewahrte Schädeldecke des Dichters bis zu ihrem Tod 1879 getreulich hüten wird.

Ein Grabstein des Kulturamtes ist dem Maler und Zeichner *Peter Fendi* (1796–1842) gewidmet. Fendi, der seit 1909 in einem Ehrengrab auf dem Zentralfriedhof ruht, gilt als bedeutender Biedermeierkünstler. Von Hormayr gefördert, verschafften ihm weitere Gönner die Stelle eines kaiserlichen Kabinettzeichners und Kupferstechers. Wohnhaft Landstraße 477 (Beatrixgasse), schuf er zahlreiche Bilder aus dem Wiener Volksleben, widmete sich der Genremalerei wie auch zahlreichen sexuellen Darstellungen aus ebendiesem Volksleben. Letztere werden uns in Ausstellungen ebenso gerne vorenthalten, wie auch jeglicher Hinweis darauf in den einschlägigen Nachschlagewerken fehlt. Es ist anzunehmen, dass diese ausgezeichneten Enzyklopädisten bis in die Gegenwart hinein in Sorge befangen waren, die ehrenvoll mit pädagogischen Gründen entschuldigt werden kann, da etwa das »Österreich-Lexikon« gelegentlich ja auch von der unmündigen Jugend für die Erledigung von Schulaufgaben herangezogen wird, wobei Hinweise auf aufreizende Darstellungen gewiss untunlich sind. Und auch die ursprüngliche Inschrift auf seinem Grabstein betont ästhetisch einen anderen Teil des Schaffens:

> *Sein Künstlergeist, so zart und sinnig,*
> *Schuf Bilder lieblich, ernst und wahr.*
> *Sein Leben, gottgetreu und innig,*
> *Bot selbst ein christlich Kunstwerk dar.*
> *Nun trösten ihn der Engel Harfentöne,*
> *Die er so gern gemalt in milder Schöne.*

Pianist, Klavierlehrer, Komponist und schließlich bekannter Klavierbauer war *Carl Stein* (1797–1863), dessen Schwester uns hier ebenfalls bald begegnen wird. Für die Verbesserung der Buchdrucker-Schnellpresse bekannt wurde der gebürtige Vorarlberger *Leo Müller* (1799–1844), und in der nächsten Reihe lag bis zur Überführung in ein Ehrengrab der Komponist und Domkapellmeister *Johann Gänsbacher* (1778–1844). Er war Schüler von Albrechtsberger, ab 1824 Domkapellmeister von St. Stephan und auch im Tiroler Freiheitskampf engagiert.

Bartholomäus Kopitar (1780–1844) kommt 1808 nach Wien, wird Angestellter der Hofbibliothek, lernt den später ebenfalls hierorts begrabenen Wuk Karadschitz (Vuk Karadžić) kennen und verfasst mit ihm ein serbisches Wörterbuch. Kopitar, laut Gräffer »einer unserer größten Slawisten«, lebte lange Jahre unter den Tuchlauben Nr. 435, im Haus »Steinernes Kleeblatt«, und verkehrte mit Mozart und Metastasio. Nachdem zahlreiche Damen der Wiener Gesellschaft, beeinflusst durch P. Klemens M. Hofbauer, zum Katholizismus übergetreten waren, bemerkte Kopitar 1815: »Und die Weiberl sind noch dazu schön und die Schwärmerei steht ihnen noch interessanter.« Derartige religiöse Schwärmereien im Biedermeier gehen vor allem auf den Burgpfarrer Jakob Frint zurück, ein theologischer Schriftsteller und konservativer Eiferer, somit späterhin Bischof von St. Pölten. Schönholz schreibt über ihn: »An der Spitze der ›Strengen‹ focht, unter dem Schild erlauchter Personen, mit Beihilfe einiger Dignitarien, eben dieser vielbesprochene Hofburgpfarrer Frint. Sein Kortege bildeten kleine Minoritäten des Klerus und höheren Adels.« Er zählte zur orthodoxen Partei der Liguorianer oder Redemptoristen, die »zur Beförderung des geistlichen Wohls der Untertanen«, wie die »Hofzeitung« vermerkte, 1820 dank der Bemühungen Klemens M. Hofbauers von der Regierung herbeigerufen wurden. Sie erregten bald lebhaften Unwillen, und der Orden wurde 1848 aus Wien auch vertrieben, ist freilich danach wiedergekommen, als neuerlich ein absolutistisches System im Entstehen war.

Unweit davon fällt ein Grabstein mit lateinischer Inschrift ins Auge. Er gehört dem Professor für Philologie an der Wiener Universität, *Anton Joseph Stein* (1759–1844). Bauernfeld schreibt über ihn in seinem »Alt- und Neu-Wien«: »Der Philologe Anton Stein war ein stämmiger, kräftiger Mann, nachlässig gekleidet, mit offener, haariger Brust und struppigem Bart. Dieser philosophische Diogenes besaß großes Wissen, nur verstand er es durchaus nicht, sich fruchtbar mitzuteilen.« Kein Wunder, seine Gedichte schrieb er nicht nur in deutscher, sondern ebenso in lateinischer und griechischer Sprache; in dem Gedichtband »Amor capnophilus« polemisierte er zudem gegen das in den Kaffeehäusern modisch gewordene Tabakrauchen. Von Gräffer als »steinalter Stein« beschrieben, publizierte der Achtundsechzigjährige 1827 ein recht lakonisches Gedicht gegen den Tabakgenuss, gemeinsam mit einem Kommentar in lateinischer Sprache, der dann 116 Seiten umfasst.

Der jungverstorbene Architekt *Julius Eduard Zernecke* (1815–1844) errichtete nach Plänen Försters das Börsegebäude in der Weihburggasse und wurde durch die Innengestaltung des Sperlsaales und des Wagner'schen Kaffeehauses bekannt. Nahe der Grabstelle des Hofzahnarztes *Georg Edler von Carabelli* (1787–1842) und unweit der Stele an der Grabstätte *Schenk* liegt der auffällige Stein des k. k. Kämmerers und Hofrates der Hof- und Staatskanzlei *Josef Freiherr von Bretfeld-Chlumczansky* (1777–1839). Geboren in Prag, trat er beim böhmischen Landesgubernium als Beamter ein, 1808 kam er als Konzipist zur Staatskanzlei nach Wien, wo er später wirklicher Staatskanzleirat wurde. Er war auch Schatzmeister des k. k. Sternkreuzordens, Doktor der Weltweisheit an der Wiener und Prager Universität, 1822 Rektor und 1820/21 Dekan der philosophischen Fakultät der Wiener Universität. Historiker, Rechtsgelehrter und Sammler, besaß er eine große Anzahl von Gemälden, Kupferstichen, Siegeln, Waffen und Münzen, allein seine Bibliothek zählte 12.000 Bände. Bretfeld veröffentlichte u.a. eine »Historische Darstellung der Landtage Böhmens« und war häufig in der besseren Gesellschaft anzutreffen. Dennoch schwankt sein Charakterbild eigentümlich in der Erinnerung. Es »war ein Baron Bretfeld mit der höheren Zensur in der Staatskanzlei betraut«, erinnert sich Frankl über den promovierten Weltweisheitler, »von dem Fürst Metternich, auf dessen Namen anspielend, sagte: ›Der hat ein Brett vor dem Kopf‹.« Bretfeld, dessen Verbrechen darin bestand, ein Theaterstück Karoline Pichlers verboten zu haben, war auch als Zensor gegen Grillparzers »Ottokar« vorgegangen, beide zählten demnach nicht zu seinen Verehrern, auch Hammer-Purgstall spricht von ihm wenig schmeichelhaft. Schönholz wieder schreibt auffallend milde gestimmt: »In seinem mit Altertümern, meist Waffen, erfüllten Studierzimmer empfing mich der überaus gefällige Herr im Schlafrock von blendend weißem Piké und einer ebenfalls schneeweißen, mit einem blauen Atlasbande um die Schläfe befestigten Nachtmütze, welches mit Sorgfalt gewählte Morgenkostüm ganz der etwas vornehm-steifen Haltung und zierlichen Ausdrucksweise eines gelehrten Musageten entsprach.« Es war dies ein Besuch, mit dem Schönholz beabsichtigte, Bretfeld zum

Protegé für den Staatsdienst zu gewinnen. Bretfeld starb 1839 unverheiratet und setzte seine Neffen als Erben ein.

Büchersammmler war auch Hofrat *Karl von Kesaer* (†1863), der nahe Bretfeld begraben liegt, seit 1816 Hofsekretär der k. k. geheimen Haus-, Hof- und Staatskanzlei und ab 1824 Wirklicher Hofrat ebenda. Er besaß eine Bibliothek von etwa 4.000 Bänden mit zahlreichen Raritäten und bibliophilen Kostbarkeiten. Von ihm sagt Gräffer: »Kesaer ist ein sehr wissenschaftlicher Mann überhaupt und einer der ersten Bücherkenner Wiens.« Um enttäuscht über gegenwärtigen Ort und Zeit fortzufahren: »Solche Bibliographen gibt es allerdings wenige, besonders jetzt und bei uns, wo es bereits zum Ton gehört, sich mit Büchern gar nicht mehr abzugeben. Es fällt förmlich auf, wenn irgend über literarische Dinge gesprochen wird (…) Nichts als Komödie, Musik, Tanz, Reunionen, Schmauserei, Seiltänzerei, Bier- und Weinsalons, Spektakelei.« Kesaer starb 1863, 83 Jahre alt, an Gehirnerweichung in Wien.

In der 23. Reihe liegt nach wie vor der Wiener Bürgermeister *Anton Lumpert* (1757–1837) begraben. Ihm wurde kein Ehrengrab auf dem Zentralfriedhof zuteil. 1834 musste er, vom Kaiser hoch dekoriert, wegen verschiedener Unstimmigkeiten aus seinem Amt scheiden.

Eines der schönsten Grabmäler des Friedhofes ziert die letzte Ruhestätte des Architekten und Professors der Baukunst an der Wiener Akademie *Andreas Wolfgang Fischer* (1754–1829), zwei Gräber rechts davon sehen wir das einfache Mal der »Totengräber allhier« *Joseph Rothmeyer* und *Josef Löffler*, von denen noch im Zusammenhang mit Wolfgang Amadeus Mozart die Rede sein wird.

Unter den Toten des St. Marxer Friedhofes ist neben Mozart *Therese Krones* (1801–1830) die wohl bekannteste. 1821 debütierte sie im Leopoldstädter Theater, und in ihrer Rolle als Raimunds »Jugend« hat sie das Wiener Publikum ebenso begeistert wie in dem etwas düsteren Auftritt, den sie im kurzen Leben des Raubmörders Jaroszynski spielte. Der russische Edelmann Severin von Jaroszynski, der 1826 erneut nach Wien kam, ermordete ein Jahr später seinen einstigen Erzieher, den Abbé Konrad Blank. Er wurde kurz danach in seiner Wohnung im Trattnerhof bei einem Abschiedssouper, zu dem auch Therese Krones eingeladen war, verhaftet und zum Tode durch den Strang verurteilt. Danach wurde die Krones von der besseren Wiener Gesellschaft vorübergehend gemieden.

Sie habe, schreibt auch Castelli abwertend, »eine große Berühmtheit durch ihre künstlerischen Leistungen und noch mehr nach ihrem Tode dadurch, daß man sie zur Heldin eines Romans und eines Schauspieles machte, erlangt. Was mich betrifft, so war ich mit dieser Berühmtheit weder in Rücksicht auf ihre Kunst noch auf ihren Charakter einverstanden. Sie holte ihre Komik aus der Hefe des Pöbels und aus der Kloake der Unsittlichkeit, sie kokettierte mit ihrer eigenen Nichtswürdigkeit. Was ihren Körper anbelangt, so war sie fürchterlich mager und abgelebt, und alles war schlaff und welk an ihr, mit Ausnahme von zwei schönen großen Augen, mit denen sie aber auch zu kokettieren verstand. Alle Bewegungen ihres Körpers waren eckig, die beiden Arme dünn wie zwei Leimruten, aber sie verstand durch Kleider nachzuhelfen und jene Teile des Körpers, welche besonders die Lorgnetten alter Roués so gerne in Bewegung setzen, durch Schwingungen und Biegungen aller Art in das rechte Licht zu bringen«- Soviel über die Schauspielkunst der Krones, doch wie steht es mit ihrem Charakter? »Vom Charakter will ich schweigen, denn ich könnte viele Tatsachen aufzählen, über die ich beim Schreiben erröten müßte; nur so viel ist gewiß, daß sie und ihre hübsche Freundin, die Schauspielerin Frau Walla, die beiden liederlichsten Frauenzimmer in Wien waren.«

1930 hat man sie anlässlich ihres hundertsten Todestages in ein Ehrengrab auf den Zentralfriedhof überführt.

Johann Adam Freiherr Wetzlar von Plankenstern (1771–1866) war das, was man im Biedermeier einen Exzentriker nennen mochte. Ahn Karl Abraham, der im Siebenjährigen Krieg Armeelieferant war und zu großen Reichtümern gelangte, wurde 1777 mit dem Titel von Plankenstern nobilitiert. Seine Nachkommen traten zumeist in den Militärdienst. »Reiche Juden«, schreibt Pezzl nicht ohne leise Abneigung, die von seinen späteren Herausgebern getreulich geteilt wird, wie die »Familien der Arnsteiner, Wetzlar, Hönig usw. sind bekannt. Sie haben sich durch mancherlei Wege ansehnliche Reichtümer erworben, aber eben diese Götzen haben manche derselben von der Religion ihrer Väter abtrünnig gemacht ...« Ebenso wie die Familie Hönig von Henikstein standen auch die Wetzlars mit Mozart in Beziehung.

Wie viele in der Verwandtschaft tritt auch Johann Adam Freiherr Wetzlar von Plankenstern in den Militärdienst. Acht Jahre und sechs Monate dient er als Unterleutnant bei den Dragonern und quittiert anschließend den Dienst. 1797 ist er neuerlich bei den Husaren als Regimentskadett eingetreten und 1800 als Oberleutnant zum Husarenregiment Nr. 2 transferiert worden, im Dezember 1804 ist er endgültig aus dem Militär ausgeschieden.

Schönholz, mit Wetzlar befreundet, entwirft ein Charakterbild von ihm, das erwartungsgemäß das abweichende gesellschaftliche Verhalten hervorhebt: »Jener christliche Baron, dessen Vorfahren, mosaischen Glaubens, auf der Börse die goldenen Sporen erstritten, war von jung auf das *enfant gâté de la maison* einer sonst achtbaren Familie, hatte stets Würmer im Kopfe und sauste windbeutelartig sein Leben durch, Straße auf, Straße ab, den Hut schief auf dem Ohre und pfeifend, daher unter dem Spitznamen das ›Pfeifchen‹ bekannt. Jetzt hatte er große Kinder, sich von der guten Frau, der Kreuzträgerin, getrennt; lebte mit einem Unhold von alter Köchin im Konkubinat öffentlich; denn mit den Jahren hatte die Narrheit zugenommen.« Schließlich trifft Schönholz ihn eines Tages in seltsamer Kostümierung an. »Auf meine Anfrage: was dieser wunderliche Aufzug wohl zu bedeuten habe? machte er mich mit seinem Gedankengang bekannt: Er hätte das alberne christlich-germanische Leben und dessen französischen Zuschnitt nunmehr satt. Aus guten Büchern, – nämlich solchen, wie die Wiener Leihbibliotheken damals sie halten konnten – habe er die Überzeugung geschöpft, daß lediglich der TÜRKEN Sitten Gehalt und Mohammeds Lehren Sinn hätten; kurz! er schmisse jetzt sämtliches Möbel zum Haus hinaus; ließe Teppiche, Kaftane, Schals, Pfeifen aus Konstantinopel kommen und würde sich rein türkisch, nicht bloß äußerlich, sondern auch innerlich einrichten; im Koran lese er schon und auch mit einem Harem wäre der Anfang gemacht.«

Bald danach zog er nach Pressburg in ein Haus an der Donau, »weil ein vornehmer Türke am Wasser wohnen müsse«. Wieder zurück in Wien, heißt es einem Polizeibericht des Ministeriums des Inneren vom 26. August 1823 zufolge: »Ich hörte, daß Baron Wetzlar (der gewesene Rittmeister, nicht der Major) Sonntags am 24. d. M. nach Mittag, durch einen sehr viel Mutwillen äußernden Streich, einen nicht unbedeutenden Zusammenlauf des Volkes in der Jägerzeile verursacht haben soll. Er ließ sich nämlich bei dem türkischen Schneider Hassan (…) ein prächtiges türkisches Kleid mit Scharlach, Kaftan und Zobel machen, welches über 2000 Gulden zu stehen kam und ließ sich ferner den Backenbart und die hinteren Haupthaare abscheren, damit er einen Turban aufsetzen konnte und kleidete sich sodann ganz türkisch bei erwähntem türkischen Schneider und ging von da aus in Gesellschaft seiner Köchin, die ebenfalls ein prächtiges türkisches Frauenkleid an hatte, dann des Schneiders Hassan und eines anderen Türken Namens Ali Bassa, bis zu dem Bierhause, welches das letzte an Prater stoßende ist (…) wo sie dann mehrere Maß Bier, von einem gaffenden Haufen umrungen tranken.« In einem weiteren Bericht wird über ihn, »der allgemein wegen Schuldenmacherei, wegen Liebschaften und einer Menge von tollen unüberlegten Streichen bekannt ist«, gesagt, dass er ein Kenner von Gemälden sei und darüber ein Werk geschrieben habe. Auch soll er eine ansehnliche Bildersammlung besessen haben. Der Sohn Johann Adams trat ebenfalls zum Islam über, nannte sich nunmehr Sabit-Bey und ist als kaiserlich-türkischer Major der Garde 1860 zu Skutari verstorben.

In den damaligen Wiener Leihbibliotheken konnte man spätestens ab 1827 Joseph Freiherr von Hammer-Purgstalls »Geschichte des osmanischen Reiches«, danach die »Geschichte der osmanischen Dichtkunst« entlehnen. Hammer-Purgstalls Übersetzungen waren es, die erstmals die Blicke deutscher Dichter wie Goethe, Platen oder Rückert auf einen bis dahin unbekannten poetischen Reichtum lenkten. Eine derartige Hinwendung zu anderen Kulturen, im Kaffeehaus ohnedies längst vollzogen, erwies sich zudem als Gegenstück priesterlicher Rhetorik, seit Abraham a Sancta Clara wortreich die Türken zum »Feind der gesamten Christenheit« ausgerufen hatte. Und geägt wurde mit alldem vielleicht auch an jenem barocken Selbstverständnis eines Staates, der aus den Türkenkriegen apotheosengleich hervorgegangen war. So entstand, von Österreich ausgehend, bis hin nach Deutschland oder Frankreich, die Mode des Orientalismus, der sich wohl auch Wetzlar in einer vielleicht überhasteten existentiellen Art verpflichtet fühlte. Er starb übrigens, wenig exzentrisch, 95-jährig und verarmt als »k. k. Armee-Oberleutnant« im Invalidenhaus auf der Landstraße.

Eine Stele mit einem Schmetterling, dem Symbol des rasch daheineilenden Lebens, findet sich an der Grabstätte des Dekans und Rektors der Wiener Universität, des Arztes *Alois Fiedler* (†1840); ein anderes, für jene Zeit nicht untypisches Schicksal erzählt uns das Grabmal *Roman Uhls* (1785–1859). Aus der Provinz nach Wien gekommen, heiratet er die Tochter eines Bäckermeisters mit dem

sprechenden Namen Mehling in der Leopoldstadt 339 und erwirbt 1814 das Haus Singerstraße 21, in dem sich noch vor wenigen Jahrzehnten das bekannte Bäckergeschäft Uhl-Breuning befand, ehe es auf den Kohlmarkt übersiedelte und schließlich vor wenigen Jahren dem Immobilienmarkt zum Opfer fiel.

Der Bayer *Ignaz Saal* (1761–1836) zählte in Salzburg zum Bekanntenkreis Leopold Mozarts und Michael Haydns, kam als Zwanzigjähriger an das Nationaltheater in Wien, wo er als Hofkapellsänger und Hofschauspieler wirkte. An ihn erinnerte sich Castelli mit den Worten: »Herr Saal, welcher noch vor zwanzig Jahren die Oberpriester sang, kommt schon im Jahre 1781 unter dem Personal der Hofoper vor. Ich kann nicht umhin, eine Äußerung zu erwähnen, welche ein Witzbold über diesen gravitätischen Sänger, der außer seinen Noten, welche er allerdings rein und mit sonorer Stimme sang, keine entfernte Idee von der Schauspielkunst hatte, so bezeichnend laut werden ließ. Er behauptete, Saal sei auf alle Oberpriester grundbücherlich vorgemerkt, und wenn er bei irgendeinem Mönchkloster vorübergehe, so schreie der Pater Pförtner immer: ›Gewehr raus!‹«

Einer weiteren bgl. Kaffeehausfamilie begegnen wir in Gestalt von *Jakob* (†1836) und *Franz Stierböck* (†1840). Franz Stierböck übernahm bekannterweise das Kaffeehaus Jüngling an der Schlagbrücke, eines der wenigen Vorstadtkaffeehäuser, die sich nach Gugitz im vormärzlichen Wien einen größeren Ruf schufen. Es war das Kaffeehaus der Freimaurer und bestand bereits um 1770 (Untere Donaustraße 5). Das Kaffeehaus wurde 1791 vom Markör Johann Jüngling aus Haßfurth in Bayern erworben. Bald gestaltete er dieses Lokal zum Mittelpunkt geselliger Freuden für Alxinger, Born, Blumauer, Retzer, Raschky, Pezzl und viele andere Josefiner. 1803 als großer Kaffeesalon ausgebaut, lobt es Gräffer und schreibt, dass es »in ganz Europa staunende Bewunderung« errege. Die »Eipeldauerbriefe« bemerken noch 1820, dass man dem Jüngling das schönste Kaffeehaus verdanke. In diesem Jahr wird eine Terrasse zur Donau hin errichtet und hier spielt Josef Lanner mit den Brüdern Drahanek auf, denen sich schließlich Johann Strauß dazugesellt. 1835, im Alter von 73 Jahren, erfolgt der Tod des unternehmungslustigen Jünglings. Seine Witwe führt das Unternehmen noch einige Jahre weiter, ehe es 1839 Franz Stierböck kauft, der das Kaffeehaus mit dem seinigen, das benachbart war, vereinigt. Auch vermeldet der »Eipeldauer«

über Stierböck, »der das mittlere Kaffeehaus zwischen Hugelmann und Jüngling in einer G'schwindigkeit und sehr g'schmackvoll hat bauen lassen« Franz Stierböck, der bedeutendste aus der Familie, hat sich namentlich um die Reorganisation der Kaffeesiedergenossenschaft hervorragende Verdienste erworben. Die längst fällige Vereinigung der Stadt- und Vorstadtkaffeesiedervertretung ist ihm zu verdanken, dem eigentlichen Schöpfer der letzten Ausgestaltung der Kaffeesiedergenossenschaft, der als Untervorsteher des Gremiums auch die Errichtung einer Krankenkasse für die Angestellten durchsetzen konnte.

Über die Jahre vor 1848 schreibt Sigmund Mayer zur Rolle des Kaffeehauses Stierböck als Börseplatz, kann man »also sagen, der Getreidehandel Wiens beruhte auf dem Kaffeehaus und auf seinen Gästen, nicht auf dem einmaligen Börsentag und seinem Geschäft, welches nur den Marktpreis deklarierte, der sich bei Stierböck ergeben hatte«.

Der Staatsrat Johann Friedrich Freiherr von Löhr war es übrigens gewesen, der 1782 in einer Sitzung des Gremiums die Entwicklung der Wiener Kaffeehäuser förderte. Auf den Vorwurf, dass bereits 24 derartige Lokale in der inneren Stadt wären, erwiderte er, »daß die Vermehrung der Kaffeegewölber, wodurch mehrere ihre Nahrung suchen, keinem besonderen Bedenken zu unterliegen scheine«. Und vielleicht ist er, schon der Überleitung wegen, mit den beiden rätselhaft gleichnamigen k. k. Kämmerern *Franz Freiherr von Löhr* (†1847) und *Franz Freiherr von Löhr* (†1848) verwandt, die nahe der Stierböcks zu liegen kamen. Hier finden wir auch die Generäle *Leopold Freiherr von Unterberger* (1734–1818) und *Josef Freiherr von Smola* (1764–1820). In nächster Nähe der beiden Maria-Theresien-Ritter liegt der russische Staatsrat und Offizier *Alexander Yermoloff* (†1835). Zwei weitere bedeutende Menschen, die später ein Ehrengrab auf dem Zentralfriedhof erhielten, befanden sich einstens ebenfalls an diesem Ort. *Johann Andreas Streicher* (1762–1833), der Friedrich Schiller 1782 auf seiner Flucht von Stuttgart nach Mannheim begleitete, und seine Frau *Nanette*, geborene *Stein* (1769–1835). Streicher war Pianoforte-Fabrikant und lernte in Augsburg Nanette Stein kennen, die Tochter des berühmten Orgel- und Klavierbauers Johann Andreas Stein. Im Gleichklang gemeinsamer Interessen beschlossen sie zu heiraten. 1794 verlagert das Ehepaar seine Klavierproduktion nach

Wien und gründet hier mit Nanettes bereits erwähntem Bruder Carl die Pianoforte-Fabrik »Geschwister Stein«. Nanette beginnt bald, im Musikleben der Stadt eine Rolle zu spielen, sie betätigt sich als Sängerin und Pianistin, Beethoven gehört zu den Freunden des Hauses.

Als Geschäftsfrau wie Künstlerin erfolgreich, übergab sie 1823 ihrem Sohn das Unternehmen. Sie verkehrte bei Karoline Pichler und war eine Freundin des Schädelforschers Franz Joseph Gall, den sie 1825 bewog, dessen Wiener Sammlung an den befreundeten Badener Arzt Anton Rollett abzutreten, der ebenfalls ein Freund Karoline Pichlers war, 1836 Raimund obduzierte und bei dieser Gelegenheit die Schädeldecke des Dichters vorübergehend in seinen Besitz brachte. Gall bestand übrigens darauf, dass nach seinem Tode sein Haupt in die Sammlung aufgenommen werde. Sein Wunsch ging in Erfüllung.

In einem Grab vereint liegen der Vizekanzler der vereinigten Hofkanzlei *Johann Limbeck, Freiherr von Lilienau* (1767–1812), und sein Schwiegersohn, der Professor der Physiologie und höheren Anatomie *Josef Julius Czermak* (1799–1851), der seinerseits eine akademische Ahnenreihe begründete. Schönholz nennt Limbeck einen »wohlwollenden und stillwirkenden« Beamten, der ihn auch gefördert habe, während Kübeck ihn in seinen Tagebüchern als »präsidierende Null« anführt.

Vergeblich sucht man das Grabmal der einst bekannten Tänzerin am Kärntnertortheater *Louise Pean*, es ist, wie manch anderes, nicht erhalten geblieben.

Die Abteilung der Griechisch-Nichtunierten lagert sich in Form eines Rechteckes der Ostwand des Friedhofes vor. »Da ruhen nun«, schreibt der Friedhofskenner Hans Pemmer, »Erzpriester, Großbojaren, russische Generäle, türkische, griechische und serbische Großhändler und Kaufleute, Börsensensale, Tschischmenmacher, Kapellensänger, auffallend viel ›chirurgische Subjekte‹ (Chirurgiegehilfen) und Friseure, die alle der Balkan nach Wien gesendet hatte und die hier ihr Leben beschlossen.« Einer von ihnen war *Fürst Alexander Karageorgewitsch* (Karadjordjević) ehe er nach Topolka in Serbien überführt wurde.

Begibt man sich vo dem im Zentrum der Anlage gelegenen Friedhofskreuz aus vom Mittelgang gesehen nach Norden, stößt man auf das Grab des griechischen Ministers und Professors an der Athener

Universität *Michael Potlis* (†1863). Die angrenzende Grabstätte beherbergte bis zu der 1874 erfolgten Überführung auf den Friedhof von Mauer den Präsidenten der Akademie der Wissenschaften *Theodor Georg Ritter von Karajan* (1810–1873). Sohn eines griechischen Kaufmannes, besuchte er zuerst die griechische Schule, danach das Gymnasium und die Universität in Wien. 1832 kam er durch Unterstützung Grillparzers ins Hofkammerarchiv, 1841 in die Hofbibliothek. Im Mai 1848 wurde er in das Frankfurter Parlament gewählt. Danach übernahm er die neu geschaffene Lehrkanzel für deutsche Sprache und Literatur an der Universität, legte dieses Amt jedoch 1852 wieder zurück. Von 1866 bis zu seiner Abwahl 1869 war er Präsident der Akademie der Wissenschaften. Sein Amtsnachfolger war der Anatom Rokitansky, der damalige stolze Besitzer des Schädels von Joseph Haydn. Karajan, ein Freund Uhlands, gab Michael Beheims Werk von den Wienern, Wolfgang Schmeltzls Lobspruch von Wien heraus und eröffnete mit dieser Edition österreichischer Autoren die Reihe »Fontes rerum Austriacarum«. Karajan war der erste Präsident des Altertumsvereines, des späteren Vereines für Geschichte der Stadt Wien, der ihm 1947 auch am Grabe einen Denkstein setzen ließ. Die Karajangasse und deren Schule im heutigen 20. Bezirk erinnern ebenfalls an ihn.

Zwei Grabstellen weiter steht das Grabmal des serbischen Wissenschaftlers *Wuk Stephanowitsch Karadschitz* (Vuk Karadžić, 1787–1864), der später nach Belgrad überführt wurde. Er kam auf der Flucht vor den Türken 1813 nach Wien und gab hier im Sinne einer nationalen Erweckung seines Volkes Sammlungen serbischer Volkslieder, Märchen und Sprichwörter, gemeinsam mit dem hierorts begrabenen Kopitar eine Grammatik der serbischen Sprache sowie ein Werk über Montenegro in deutscher Sprache heraus. 1848 wurde er Mitglied der Akademie der Wissenschaften.

In der griechischen Abteilung lag neben dem Maria-Theresien-Ritter *Lazar Baron Mamula* (1795–1878) auch einer, der bis zu seiner Transferierung auf den Zentralfriedhof eine stadtbekannte Persönlichkeit war: *Basilio Calafati* (1800–1878). »1840, drei Jahre nach Errichtung der ersten österreichischen Eisenbahn«, schreibt Hans Pemmer, »baute er sein Eisenbahnkarussell und stattete es 1854 mit der Figur des großen Chinesen aus. Das Ringelspiel mit den zwei rasselnden Dampfwagen und dem ›Großen Chineser‹ bildete ein Wahrzeichen des Wurstelpraters bis zum Brande vom April 1945.«

Allein der Chinese hat überlebt und ist noch heute im von Hans Pemmer mitbegründeten Pratermuseum zu sehen. An Calafatis Grab wurde 1959 auf dem noch vorhandenen Sockel ein Kreuz angebracht.

Von den übrigen Toten der Griechisch-Nichtunierten soll noch kurz auf den Hofkriegsrats-Vizepräsidenten Feldzeugmeister *Peter Freiherr von Duka* (†1822) hingewiesen werden sowie auf die Fürstentochter *Catharina Obrenovics* (Obrenović, †1848), den Bojaren *Georg Brailoi* (†1850), die Tochter des Fürsten der Walachei, *Sofie Bibesko* (†1850), *Fürst Alexander Vadbolsky* (†1862) oder auf den kaiserlich ottomanischen Konsul *Steroi Dumba* (†1870), dessen Familie in der Ringstraßenzeit zu großer Bedeutung gelangen sollte.

Wir nähern uns nunmehr der Schachtgräberabteilung links vom Friedhofskreuz, wo an unbekannter Stelle der Schriftsteller *Wenzel Carl Blumenbach* (1791–1847) begraben liegt. Blumenbach, eigentlich Wabruschek, schrieb zahlreiche topographische Werke, sein bekanntestes ist vielleicht die 1816 erschienene »Neueste Landeskunde von Österreich unter der Enns«. Vom Verein für Landeskunde von Wien und Niederösterreich wurde ihm 1947 an mutmaßlich topographischer Stelle ein Gedenkstein gesetzt.

In einem Schachtgrab wurde auch der Erfinder *Josef Madersperger* (1767–1850) bestattet. 1807 hatte er sein erstes Modell einer Nähmaschine vollendet, 1814 folgte ein verbessertes zweites. Die einzige Anerkennung, die er erlebte, war die Verleihung einer bronzenen Medaille durch den Niederösterreichischen Gewerbeverein im Jahre 1841. Wenige Wochen vor seinem Tod zog der unterstandslose alte Madersperger mit seiner Frau in das Versorgungshaus von St. Marx. Das Modell seiner Maschine ist heute im Technischen Museum zu sehen, ein gusseisernes Grabkreuz wurde ihm von der Schneidergenossenschaft errichtet.

Ebenfalls in der Schachtgräberabteilung wurde der Domkapellmeister *Adolf Drechsler* (1782–1852) beigesetzt. Drechsler stammte aus Böhmen, von 1822 bis 1830 war er Kapellmeister am Theater in der Josefstadt, ab 1844 ebenso Domkapellmeister zu St. Stephan. Er schrieb neben Messen auch eine Reihe von Opern und Singspielen, bekannt wurde er für seine Musik zu Raimunds »Diamant des Geisterkönigs« und »Mädchen aus der Feenwelt«. 1959 wurde ihm vom Kulturamt ein Grabstein gesetzt.

Vorbei an den sächsischen Soldatengräbern des Jahres 1866, an dem Grabmal des »jubilierten Kassiers der k. k. Hauptkassen« *Karl Fuchs* (1788-1853), nahe dem Grabstein des Lampenfabrikanten *Friedrich Ditmar*, dem Begründer einer später weltbekannten Firma, entdeckt man die Grabstätte des Staatsmannes *Josef Graf O'Donnell* (1756-1810), eine mächtige Steinplatte bedeckt sie. Nicht weit vom Schachtgrab Albrechtsbergers hat auch sein Schüler, der Domkapellmeister *Josef Preindl* (1756-1823), seine letzte Ruhestätte gefunden. Zurück in volkstümlichere Gefilde bringt uns ein Grabaltar mit der Inschrift »Eisvogels Familiengrab«. Die »bgl. Bierwirtin« und Hausbesitzerin *Franziska Eisvogel* (†1817) war Besitzerin des noch im 20. Jahrhundert bestehenden Gasthofes »Zum grünen Jäger« in der Praterstraße 37. Hier konzertierten oftmals Lanner und Strauß. Der Bierwirt *Leopold Eisvogel* (†1838) war ein bekannter Kunstfreund und besaß neben einem Praterlokal auch eine ansehnliche Gemäldegalerie, was wieder auf regen Besuch des Wirtshauses hindeutet.

Ein einfaches Grabmal kennzeichnet die letzte Ruhestätte des Malers *Josef Weidner* (1801-1871), des Bruders von Katharina Waldmüller. 1841 stellte er in einer damals ungewöhnlichen Weise, im Salon des Zirkus de Bach, seine Bilder zur Schau. *Josef Leonhard Knoll* (1775-1841) wirkte als Professor für Geschichte in Krakau, Prag und Wien, 1821 verfaßte er »Mittelpunkte der Geschichtsforschung und Geschichtsschreibung in Böhmen und Mähren«. Schräg gegenüber ruht der General *Johann Rainhart* (1780-1865), der das Invalidenhaus auf der Landstraße als Kommandant leitete und solcherart zur Belegschaftsmehrung des St. Marxer Friedhofes beitrug.

Rechst abzweigend stößt man auf die Symbole von Glaube, Hoffnung und Liebe, angebracht am Grabstein des Burgschauspielers *Maximilian Korn* (1782-1854). Iffland hat bereits den jungen Schauspieler ans Burgtheater empfohlen, gegen sechstausendmal trat er bis zur Pensionierung hier auf und sein Porträt findet sich in der Ehrengalerie der Bühne. »Er gehörte«, schreibt Castelli, »zu den ältern und zu den neueren Schauspielern, er war der Liebling der frühern und der gegenwärtigen Generation (…) Mit Recht hieß und war er der erste Liebhaber, denn alle Welt mußte ihn lieb haben. Seine edle Gestalt, sein offenes, freundliches Gesicht, sein feines, anständiges Benehmen, welches nie mit dem Firnis der Komödianterei übertüncht war, die herzliche Gutmütigkeit im Vortrage, alle diese Eigenschaften hätten ihn auch ohne Kunstbegabung zum Liebling jedes Publikums machen müssen.« Er war aber auch, und das hebt ihn als Schauspieler besonders hervor, »über alles dies noch ein vortrefflicher Mensch, brüderlich, zuvorkommend gegen alle seine Kollegen, nicht nach den besten Rollen schnappend, und niemals intrigierend«. Dieser Charakteristik Korns pflichtet auch Schönholz bei, der für ihn »der Vornehmste von ihnen« war, in »gewohnter hofmännisch-graziöser Haltung«. Er gehörte zu den großen Charakterdarstellern der Bühne, Anschütz spricht in seinen Erinnerungen von dem unvergesslichen Korn, der als Darsteller seiner Liebhaber und Bonvivants Leistungen bot, die man mit niemandem vergleichen konnte. Sein Auftreten war auch für die Mode tonangebend.

Zwei Reihen vor Korn befand sich bis zur Überführung in ein Ehrengrab die Ruhestätte des Architekten *Peter von Nobile* (1776–1854). Der Grabstein samt Inschrift erinnert noch an ihn, der das Stadtbild mit dem Äußeren Burgtor und dem Theseustempel mitgestaltete. Neben dem Corti'schen Kaffeehaus und dem Sommerkaffeehaus im Paradeisgartl war ein weiteres Lokal im Volksgarten nach den Plänen des Hofbaurates Peter von Nobile errichtet worden, das am 1. Mai 1823 seiner Benützung übergeben wurde.

Der eingangs erwähnte Maler *Johann Höfel* wieder war jener Künstler, der dem hier ebenfalls ruhenden Kaffeehausbesitzer *Ferdinand Wallner* (†1843) ein recht auffallendes Ladenschild samt Türkin und einer Schweizerin gemalt hatte. Wie Gugitz anmerkt, entstanden als eine Besonderheit in der Ausstattung der Kaffeehäuser seit dem Wiener Kongress Schilder, die, mehr oder weniger geschmackvoll, die Blicke auf sich ziehen sollten. Ein solches Kunstwerk vor dem Vorstadtkaffeehaus stellte sich, laut »Theaterzeitung« von 1827, folgendermaßen dar: »So sieht man seit kurzem die äußeren Thür- und Fensterbalken am Kaffeehaus des Herrn Wallner auf der Landstraße Nr. 296 mit sehr freundlichen Gebilden von der Hand des rühmlich bekannten Künstlers, Hrn. Johann Höfel, ausgeschmückt. Der Maler scheint sich in Thaliens Tempel Rates erholt zu haben, indem die beiden Thürbalken, zwei weibliche Figuren in ballettmäßiger Stellung und in dergleichen Costümen, eine in türkischer, die andere in Schweizertracht, vorstellen, welche die Genüsse, die man im Inneren zu erwarten hat, aufzutragen scheinen.« Etwas kritischer gestimmt, registriert der »Eipeldauer« später neben der Türkin und der Schweizerin auch die rege Anwesenheit der Wiener Halbwelt in Wallners Kaffeehaus.

Der philosophische Schriftsteller, Arzt und Professor für Heilkunde an der Wiener Universität, *Philipp Karl Hartmann* (1773–1830), veröffentlichte 1808 seine »Glückseligkeitslehre für das psychische Leben des Menschen« sowie 1820 das Werk »Der Geist des Menschen in seinem Verhältnis zum physischen Leben« und nahm damit bereits einiges von Feuchterslebens »Diätetik der Seele« vorweg. Als Arzt hat man ihn den Kant der medizinischen Theorie genannt, als Philosoph hat er wenig Anerkennung davongetragen. Streng nach den Regeln seiner Bücher scheint Hartmann allerdings nicht gelebt zu haben. Über ihn, der in seiner Schrift den Genuss von Kaffee energisch verurteilte, schreibt Schönholz: »Die populäre Wissenschaft fand nur noch in Hartmann einen Vertreter, aber kaum Gehör beim großen Publikum. Seine ›Glückseligkeitslehre‹, darin der liebenswürdige Mann den Kaffee bekämpfte, obgleich er selbst nur den stärksten trank, erreichte nicht entfernt die Verbreitung, wie einst in einer besseren Bildungsphase Hufelands Makrobiotik. Sein ›Geist des Menschen‹, worin er Gall widerlegte, blieb im Erfolg hinter der Schädellehre zurück. Das Publikum hatte seit zwanzig Jahren auffallende Rückschritte gemacht.«

Ein beschauliches, vielleicht glückseliges Leben hat in der nächsten Reihe ihr Ende gefunden. Der »Adjunkt des Zeichnungsfaches am k. k. polytechnischen Institut« und Blumenmaler *Mathias Tomfort* (†1822) liegt hier begraben. Das Grabmal *Chazis* aus rotem Marmor mit seiner griechischen Inschrift aus dem Jahre 1789 ist eines der ältesten des Friedhofes und wurde später ins Historische Museum der Stadt Wien überführt.

In derselben Reihe erinnert ein Familiengrabmal an jene *Marie von Piquot* (†1822), die zu Grillparzer eine tiefe Liebe hegte, ohne dass diese allerdings vom Dichter erwidert wurde. »Ein Mädchen von seltner Geistesbildung und trefflichem Charakter«, hat sie Karoline Pichler genannt. Tochter eines preußischen Gesandten, herrschte, nach den Worten Grillparzers, in seinem Haus ein gezierter und gesuchter Ton. Marie von Piquot starb vierundzwanzigjährig 1822 an schleichendem Fieber und wurde in der Familiengruft der mit den Piquots durch Einheirat verbundenen Isenflamms bestattet. Sie trug zu Grillparzer, der anfangs in dem Haus viel verkehrte und danach, seiner Gewohnheit gemäß, aus Furcht plötzlich ausblieb, eine tiefe Verehrung im Leibe, dem dies, davon nach ihrem Tode erfahren, ziemlich unbequem war. Auch die von ihm verfasste Grabinschrift klingt kühl. Einem »übrigens höchst geistreichen, gebildeten, guten Mädchen« sei er einstens begegnet, erinnert er sich nach Maries Ableben, das, »wenn auch nicht gerade schön, doch besonders durch ihren über allen Ausdruck schönen Wuchs auch äußerliche Vorzüge genug besaß«. An der Stephanskirche vorübergehend, begegnete er dem Leichenzug, die Bahre mit dem Jungfrauenkranz geziert, und notiert sodann in seinem Tagebuch: »Alle Anwesenden weinten ›über das brave, schöne Fräulein, das so wohl ausgesehen und so früh sterben müssen‹. Da kam mir denn doch auch eine Art Rührung an, aber mehr eine allgemeine, auf die Hinfälligkeit des Menschengeschlechts gehende; nur wenn ich mir in der Phantasie das Mädchen im Sarge liegend, mit geschlossenen Augen, mit gefalteten Händen ausmalte, mischte sich ein persönliches Bedauern mit ein, das aber bald wieder verschwand.«

Aus dem Testament der Marie von Piquot, an ihren Bruder Karl gerichtet, erfährt man als letzten Willen bezüglich Grillparzer: »Ja ich habe ihn wahrhaft, mit aller Kraft meiner Seele geliebt, und obgleich er meine Liebe nicht erwidert, ja nicht einmal geahnt hat, so verliert er doch viel an mir, denn bei seinem Mangel an den äußeren Vorzügen, die das weibliche Geschlecht meist ausschließend anziehen, wird er nicht leicht ein Weib finden, die ihn so heiß, so unaussprechlich liebt, um so mehr, da vielleicht nicht viele Menschen eines solchen Grades von Liebe überhaupt fähig sind. Es ist, ich gestehe es, ein heißer Wunsch von mir, dass er ein Geschenk von mir als Andenken behalte und bestimme dazu sein von mir gezeichnetes Bild, und dass er einen wenn auch noch so kurzen Nachruf an mich dichte, nicht als Grabschrift, sondern um in den Händen meiner Familie zu bleiben. Sagt ihm oder lasst ihn wenigstens erraten, dass ich ihn geliebt und dass ich das von ihm fordere, gleichsam als Ersatz für die unsäglichen Leiden, die er, ohne es zu wissen und zu wollen, mir verursacht. Sagt es ihm ja, denn dann wird er mir doch vielleicht eine Träne des Mitleids, des Schmerzes nachweinen, und diese Idee hat für mich etwas unendlich Tröstendes, so wie mir im Gegenteil der Gedanke ganz unbedauert von ihm zu sterben, schrecklich ist.« Von den Eltern der Verstorbenen wurde der so Beschriebene daraufhin eingeladen und ihm das Testament zu lesen gegeben. Grillparzer überkam eine Art Rührung, mehr eine allgemeine, reagierte dann abweisend, innerlich distanziert und suchte stumm das Weite.

»Ein Besuch des St. Marxer Friedhofes (Wien III) am 3. November 1913«, schreibt der Herausgeber von Karoline Pichlers »Denkwürdigkeiten«, Emil Karl Blümml, »ließ mich das Grab der Isenflamms finden (Links, Reihe 51). Ein eingesunkener Hügel und ein altersschwacher Grabstein bezeichnen die Stätte. Am Sockel steht die Inschrift auf einer Kehlheimer Platte: Dem unvergeßlichen Bruder / C. Isenflamm / †den X. Mai MDCCCXXXIII / Von seiner trostlosen Schwester. // Theresia Isenflamm / Gest. den XXIV. Mai MDCCCXXXVIII. – Das Mittelstück des Steines war einst ebenfalls mit einer Inschriftplatte bedeckt, deren Reste am Boden lagen und Folgendes ergaben: Fräulein / Maria Piquot / … Februar MDCCXCVIII / … März MDCCXXII. – Dies ist die letzte Erinnerung an Grillparzers treue Verehrerin, deren Eltern Peter und Anna wohl auch dieser Hügel deckt«.

Die zweite erhalten gebliebene Inschrifttafel erzählt uns vom Oheim der Marie Piquot, dem Großhändler *Carl Isenflamm* (1755–1833), ein Rappelkopf in vielfältiger Hinsicht.

Isenflamm, Aktionär und Associé, starb 1833, 58 Jahre alt, im ledigen Stand und hatte seine Schwester Theresia zur Erbin eingesetzt, der Gesamtnachlass betrug 98.110 Gulden, 28 Kreuzer, wovon auch der Hausfreund Paul Schonner, wie wir erfahren haben, ein Legat erhielt.

Als Sohn eines sächsisch-weimarischen Ministerresidenten wurde er in Wien geboren und widmete sich dem Handelsstande. Ab 1819 war er Aktionär-Mitglied der priv. österr. Nationalbank und seit 1827 Zensor der ersten österr. Brandversicherungsgesellschaft und Großhandelsassocié im Großhandlungshaus J.-G. Schuler. Seine Furcht vor der Polizei verfolgte ihn lebenslänglich, wenn auch unbegründet, denn diese führt ihn kein einziges Mal in ihren Akten an. Er war, schreibt Schönholz, ein »Sonderling, in- und auswendig, Hypochondrist, Atheist, Misanthrop; gepeinigt von allerlei eingebildeten Übeln und Gefahren. Er nährte, niemand wußte weswegen, einen giftigen Haß gegen den Kaiser und alles was mit Thron und Regiment zusammenhing, und das Bewußtsein dieses Hasses strafte sich an ihm durch die unsägliche Furcht vor polizeilicher Verfolgung«. Nicht unverständlich, dass er seinem

Freund Raimund als brauchbares Vorbild zum »Menschenfeind« dienen sollte.

An der Nordwand der griechisch-nichtunierten Abteilung liegt in einem, wie es im Gräberprotokoll heißt »ausgemauerten Grab« jener *Fürst Alexander Ypsilanti* (1792–1828), der 1821 die Führung des griechischen Freiheitskampfes übernommen hatte, jedoch am 19. Juni 1821 bei Dragasani eine vernichtende Niederlage gegen die Türken erlitt. Alexander Ypsilanti war der alles überragende Held der Biedermeierzeit, wie uns auch die Erinnerungen von Gräfin Lulu Thürheim nahe legen. Der wache Kongressbeobachter August Graf de la Garde lernt ihn kennen als »der glühende, edelmütige, und ach, dennoch zu einem grausamen Ende in den Gefängnissen von Munkács und Theresienstadt bestimmt«.

Bereits sein Vater war vor den Türken geflohen und in Russland aufgenommen worden. »Durch des Kaisers Alexander Großmut«, schreibt Gräfin Thürheim, »mit väterlicher Sorgfalt erzogen, trat der junge Prinz in den Dienst und machte bald eine glänzende Karriere. Sein edles Gemüt, sein lebhafter, unternehmender Geist, die Offenheit seines Charakters hatten mich angezogen und er war ein inniger Freund von mir geworden.« Der ehemalige Flügeladjutant Zar Alexanders I., der in der Schlacht bei Leipzig seinen rechten Arm verloren hatte, war während des Wiener Kongresses eine ständige Figur in allen Salons. »Ypsilanti war zu dieser Zeit von jenen leichten Liebschaften förmlich belagert, welche so sehr geeignet sind, einen jungen Kopf trunken zu machen«, erinnerte sich die Gräfin. Später zog er sich nach Bessarabien auf seine Güter zurück. 1821, als in Konstantinopel eine Griechenverfolgung ausbrach, stellte sich Ypsilanti an die Spitze einer Befreiungsbewegung, in der Hoffnung, dass der Zar ihn unterstützen würde. Sein Aufruf zur Befreiung lautete: »Erhebet nur eure Blicke, Kameraden! Sehet an euren erbarmenswerten Zustand, eure entheiligten Tempel, eure Töchter der Wollust der Barbaren preisgegeben, eure geplünderten Häuser, eure verwüsteten Felder, euch selbst als unselige Sklaven! Wäre es nicht endlich Zeit, das unerträgliche Joch abzuschütteln, das Vaterland zu befreien? Legt alles Ungriechische ab, schwingt die Fahnen, schlagt das Kreuz, und ihr werdet überall siegen und das Vaterland und die Religion von der Beschimpfung der Gottlosen retten. Wer von euch, edle Griechen, wird das Vaterland nicht freudig von seinen Banden befreien wollen?«

1821 erklärte er der Hohen Pforte den Krieg und am 19. Juni 1821 lieferte er den Türken seine erste und einzige Schlacht, die eine vollkommene Niederlage für ihn bedeutete. Er flüchtet nach Österreich, wurde aber, um dem Zaren eine Gefälligkeit zu machen, an der Grenze verhaftet und auf die Festung Munkács, später nach Theresienstadt gebracht. Erst 1827 wurde er auf Veranlassung von Nikolai I. befreit. Eine unglückliche Liebe zu Konstantine, der Gemahlin des Fürsten Rasumofsky, begleitet sein letztes Lebensjahr. Im Gasthof »Zur goldenen Birne«, ganz in der Nähe des Rasumofskypalais, stirbt er schließlich 1828 an den Folgen der Festungshaft und der Biedermeiermentalität zufolge auch an gebrochenem Herzen.

»Sein Vermögen, die Vorteile einer glänzenden Karriere in Russland«, rief ihm die Gräfin Thürheim ins Grab nach, »seine Ruhe, wahrscheinlich auch sein Leben, vielleicht sogar seine Ehre, dies alles legte er auf den Altar des Vaterlandes nieder – sein Opfer war ein vollständiges.«

Unweit davon treffen wir in der Person von *Ludwig von Brevillier* (1800–1855) einen der nüchteren Pioniere der industriellen Moderne, rechts von ihm die ehemalige Grabstätte des im selben Jahr verstorbenen Großhändlers *Heinrich Reisner de Collmann*, dem zu Ehren die Reisnerstraße im dritten Bezirk ihren Namen führt. Der Gemmenschneider und Medailleur *Johann Michael Scharff* (1806–1855) verfertigte nach den Revolutionstagen des Jahres 1848 zahlreiche Medaillen auf die Helden der Konterrevolution Radetzky, Haynau und Fürst Windischgrätz und machte sich damit in Wien nicht bei jedermann beliebt. Die Grabstätte des Kunst- und Musikalienhändlers *Jeremias Bermann* (1770–1855) erinnert an einen, der 1807 nach Wien kam, die Tochter des Kunsthändlers Josef Eder heiratete und ab 1815 das Geschäft allein betrieb. Eine Spezialität der Firma waren aufwendige Glückwunsch- und Neujahrskarten. Über sie schreibt Gräffer: »An gewissen Namens-, besonders aber an den Neujahrstagen wogten viele Hunderte von Käufern da (im Elephantenhaus am Graben) aus und ein; der Laden ist im Zustand der Bestürmung und Wachen müssen Ordnung halten. Tausende solche Billette mit Flittern gestickt, mit eigenen gedruckten Verschen, in farbigem Kuvert, ein bis zwei Gulden im Preis, werden für hier und die Ferne verkauft.«

Ein nicht unumstrittener Schriftsteller war *Julius Seidlitz* (1815–1857), eigentlich Ignaz Jeiteles. Er schrieb zahlreiche Novellen und Romane, war Mitarbeiter des »Humoristen« und als der Hof 1848 nach Olmütz flieht, wird er bei der Gründung des »Österreichischen Korrespondenten« verwendet. In den darauffolgenden Jahren beim »Wanderer« und der »Presse« tätig, gründet er die »Wiener Vorstadtzeitung«, die schließlich eine Auflage von 20.000 Stück erreicht.

Seidlitz verfasste auch »Die Poesie und die Poeten in Österreich im Jahre 1836«, erschienen 1837 in Grimma, und äußerte sich darin über einen seiner Konkurrenten: »… Bis dahin galt Castelli in Österreich für einen Dichter, und das Ausland, das uns so gerne richtet, ohne zu untersuchen, hielt ihn für unseren Größten, während er jedoch nichts anderes als ein Repräsentant einer gewissen ›Backhändel-Poesie‹ ist.« Uffo Horn wieder charakterisiert Seidlitz mit den Worten: »Klein und lebhaft – sardonisches Lächeln, spricht sehr besonnen, immer satyrisch – treffender Witz, gewöhnlich boshaft – viel Wissen, aber noch mehr Scharfsinn …«

Feldzeugmeister *Peter Graf Morzin* (1770–1855) war Adjutant, später Obersthofmeister des Erzherzogs Johann. Nach ihm wurde ein Platz in der Innenstadt und schließlich ein Hotel benannt, das ab März 1938 als Gestapo-Hauptquartier nur wenigen buchenswert schien. Gut lesbar ist die Inschrift auf dem Grabstein von *Anton Pannasch* (1789–1855). Er war eine jener wunderlichen Mischungen aus einem kaiserlichen Obersten und einem Dichter, wie sie vielleicht nur die Monarchie hervorbringen konnte. Nicht weniger als zehn Trauer- und Lustspiele von ihm wurden ab 1817 am Burgtheater aufgeführt. Pannasch war 1809 bei der Armee eingestellt worden und ging 1844 als Oberstleutnant im Generalstab in Pension. 1848 wurde er zum Oberkommandierenden der Wiener Nationalgarde gewählt und zum Obersten ernannt, legte seine Stelle jedoch bald nieder und leitete danach das Kriegsarchiv. Er verkehrte im Salon der Karoline Pichler bis in deren letzten Lebenstage, die ihn auch als der »gehaltvolle Dichter Pannasch« vorzustellen pflegte. Uffo Horn wieder meint von ihm: »Klein und dick, graukörig, etwas passirt, noch sehr lebhaft in Wort und Gestikulation, viel Talent zur Beschreibung von Schlachten, Major im Regiment, wohnt in der Kaserne und ist verheirathet.«

Schräg gegenüber lag bis zur Überführung auf den Grinzinger Friedhof der Architekt *Anton Martinetti* (†1856). 1846 wurde das Kaffeehaus des Herrn Katzmayer nahe dem Kärntnertortheaters-

Dichter, Feldzeugmeister, Architekten …

durch den Architekten einer umfassenden Umgestaltung unterzogen, »wobei«, wie es in einem zeitgenössischen Bericht heißt, »an Carraramarmor, Mahagoni und Tapezierung mit rotem und grünem Samt nicht gespart wurde«. Auch der jungverstorbene Pianist *Julius Egghard* (1834–1867), Pseudonym für Julius Graf Hardegg, ruht hier und ebenso der Steinmetzmeister *Johann Börner* (†1856), der sich selbst als Grabstein einen Obelisken mit dem Hochrelief des segnenden Christus schuf. Die gleichfalls in diesem Jahr verstorbene *Therese Uhrl* wieder gelangte in ein Nahverhältnis zum Wiener Kulturgeschehen durch den in der Nähe in einem Schachtgrab bestatteten mittellosen Dichterkomponisten Kanne. Dieser wohnte in dem ihr gehörigen Haus Leopoldstadt 211, wodurch sie in seiner Verlassenschaftsabhandlung als Gläubigerin aufscheint.

Ein Gedenkstein des Kulturamtes bezeichnet die Stelle, an der der Architekt und Erbauer des Palais Modena, des heutigen Innenministeriums, und des nahe gelegenen Landhauses in der Herrengasse *Ludwig Pichl* (1782–1856) begraben liegt. 1824 kauft der »bgl. Bierwirt« *Josef Hagenbucher* das Gasthaus »Zum wilden Mann« und 1833 ein weiteres Lokal im Prater. Im »Wilden Mann« gings bald hoch her, an Sonntagen spielten hier Lanner und Strauß. Das Lokal selbst zählt zu den ältesten und berühmtesten Praterwirtshäusern. Perinet sagt bereits 1788 in seinen »Annehmlichkeiten«, dass dort »die schönen Weiber geschnürt werden«. Gräffer erwähnt, dass im »Wilden Mann« und in den benachbarten Lokalen »jährlich 22000 Paar Hühner konsumiert zu werden pflegen«. Bis 1926 blieb das Lokal im Besitz der Familie Hagenbucher, deren Ahn hier ruht.

Jenseits des Mittelganges erinnert ein kleiner Grabstein an *Johann Ritter von Perthaler* (1816–1862). Mitglied des Juridisch-politischen Lesevereins, wird er 1849 ins Frankfurter Parlament entsandt. Danach setzt er sich für die Wiener Stadterweiterung ein und nimmt am liberalen Verfassungswerk Anteil. *Franz X. Riepl* (1790–1857) war der Schöpfer der Ferdinand-Nordbahn, seine 1871 aufgestellte Büste im Vestibül des Nordbahnhofes erinnerte an seine Taten.

Der spätere »k. k. Hof-Musikalienhändler und Compositeur« *Anton Diabelli* (1781–1858) gründete gemeinsam mit Peter Cappi 1818 einen eigenen Verlag, 1824 die Kunst- und Musikalienhandlung A. Diabelli & Comp. Er war unter anderem der Verleger Schuberts. Über einen Walzer von Diabelli schrieb Beethoven seine bekannten 23 Variationen. Beethoven war es auch, der zu den letzten Besuchern am Totenbett Diabellis zählte. (Es ist dies ein jedem Klavierschüler allzu vertrauter Name, zu allem Überdruss veröffentlichte Diabelli in seinem Verlag auch noch die Etüden Czernys.)

Anfang 1852 zog er sich vom Verlegergeschäft zurück, alt und schwach war er geworden und hatte bereits sechs seiner Kinder verloren, ehe er selbst wenige Monate später am St. Marxer Friedhof bestattet wurde. Der Stein trägt die Inschrift:

> *Hier ruhet vereint*
> *mit seiner Tochter Laura*
> *Herr*
> *Anton Diabelli*
> *k. k. Hof-Musikalienhändler und Compositeur*
> *geboren im Jahr 1781*
> *gestorben den 7. April 1858*
> *Friede ihrer Asche*

Links von ihm finden wir den »Natursänger« *Georg Pigall* (†1857). Harmonisch nahe liegt die Sängerin und Schauspielerin *Anna Gottlieb* (1774–1856) begraben. Gräffer spricht von »der wunderschönen Stimme der Pamina, einer gewissen Anna Gottlieb, für welche Mozart diesen Part eigens geschrieben hatte«. Die Sängerin Anna Gottlieb war tatsächlich die erste Pamina in Mozarts »Zauberflöte«, der diesen Part eigens mit Berücksichtigung ihrer Stimme für sie verfertigt hatte. Für sie schrieb Mozart auch die Rolle der Barbarina in der »Hochzeit des Figaro«, die sie bereits als Zwölfjährige singt, mit 17 Jahren gibt sie dann bei der Erstaufführung der »Zauberflöte« die Pamina. Nach dem Tode ihres Gönners wendet sich Anna Gottlieb mit wenig Glück der Schauspielerei zu, bis sie 1828 ohne Pension entlassen wird. Ihr weiteres Leben verbringt sie in Armut. 1947 wurde vom Kulturamt an ihrem Grab ein Gedenkstein, 1958 ein Grabstein errichtet.

Rechts davon befindet sich die Stelle, wo *Alexander Baumann* (1814–1857) vor seiner Überführung in ein Ehrengrab des Zentralfriedhofes ruhte. Baumann, Dichter und Komponist, war bis zu seinem frühen Tode Staatsbeamter. Zuerst im Hofkammer-Archiv unter Direktor Grillparzer angestellt, arbeitete er später im Archiv des Reichsrates. Er schuf sich einen Freundeskreis, die so genannte

Baumannshöhle, zu deren Mitgliedern etwa Castelli, Bauernfeld oder Vesque von Püttlingen zählten. Dort trug er auch in der Erinnerung L. A. Frankls häufig »manchen seiner komischen Schwänke vor, die nicht selten ein Lachgewitter wachriefen«. Sein Freund Benedikt Randhartinger, der uns bereits in Gesellschaft Schuberts begegnet ist, vertonte seine Lieder. »Er wusste auch durch hundert andere Schnurren und Schwänke eine Gesellschaft aufs beste zu unterhalten«, bezeugt Castelli, »er verstand und sprach weder ungarisch noch englisch, aber er wußte Worte, Tonfall und Sprachweise so nachzuahmen und einige aufgefangene fremde Worte so untereinander zu mischen, daß man wirklich glauben mußte, er spreche diese Sprachen, und sogar den Sinn seiner Reden erriet. Ich hörte ihn einst eine ungarische Rede halten, welche er mit aller Heftigkeit eines ungarischen Redners vortrug, und woraus man nur aus den Namen Goethe, Schiller, Grillparzer und Kisfaludi erraten konnte, daß er seinen Landsmann als Dichter höher als die deutschen Heroen der Dichtkunst stellte. Unter den Zuhörern befand sich auch ein Ungar, der am Schlusse der Rede zu mir sagte: ›Terremtete! Der Mann spricht ungarisch, aber ich versteh' ihn nicht.‹«

Er starb »in seinem besten Mannesalter«, schreibt Castelli weiter, »betrauert von allen, die ihn kannten; er war, was der Wiener einen lieben, guten Kerl nennt«. Seine Verlassenschaft wurde an die Meistbietenden veräußert, darunter auch die Erinnerungsstücke, die er auf seiner Reise nach dem Orient gesammelt hatte, die er gemeinsam mit dem Sohn des englischen Ministers Sir Arthur Russell unternommen hatte, ein Neffe des Premierministers Lord John Russell, des Philosophen Bertrand Russells Großvater. Reste seines handschriftlichen Nachlasses befinden sich in der Wiener Stadtbibliothek.

Schräg gegenüber der Grabstelle Anna Gottliebs steht noch der Sockel vom Erinnerungsmal des Schriftstellers *Alexander Patuzzi* (1813–1869), der literarische wie wissenschaftliche Werke verfasste. »Kleiner, beständig gestikulirender Buchhändlerkommis«, so beschreibt ihn Uffo Horn, »der sich in allen in- und ausländischen Blättern aufdringt und sich auf sein Wissen viel einbildet; dünnhaarig, blaßrothes Gesicht, gellende, widrige Stimme, klebt überall wie eine Klette an. Er hat übrigens sehr viel, aber ohne Anerkennung geschrieben, denn seine Sachen gefallen nur ihm selbst; das Burgtheater will seine Stücke nicht annehmen.«

In der bogenförmigen Gruftreihe sieht man schon von Weitem das Granitgrabmal des Theologieprofessors *Josef Scheiner* (1789–1867), der seine 4.000 Bände umfassende Sammlung der Wiener Universitätsbibliothek hinterließ. Rechts von ihm gelangen wir an jene Stelle an der Mauer, die dem Elisabethinenorden vorbehalten blieb. Hier liegt die Oberin des Ordens, *Maria Theresia Ritterspurg* (1775–1815) und nach Pemmer vermutlich ebenso die »hochwürdige Frau Anna Barbara de Visiatione B.M.V. gebohrne *Weillerin* (†1805, 81 Jahre alt), in Tyrol gebürtig, im 37ten Jahre Oberin allhier«. Eine kleine Pyramide, die Inschrift von der Ewigkeitsschlange umrahmt, verweist auf die letzte Ruhestätte des Miniaturmalers *Johann Anton Schärmer* (1785–1868), eines Freundes Schuberts, Franz von Schobers und des überragenden ungarischen Dichters Kisfaludy. Je ein Bezirksvorsteher und ein Revierjäger begleiten uns auf dem Weg zum Germanisten *Franz Pfeiffer* (†1868), der am Streite über die Urheberschaft des Nibelungenliedes beteiligt war, und führen uns weiter zur jungverstorbenen Schauspielerin *Lory Hornischer* (1850–1868), der Schwester der bekannten Volkssängerin Fanny Hornischer. Lory, die zum Kreis der »Fiaker-Milli« gehörte, endet, wie man so sagt, »in der Blüte ihrer Jahre« durch Selbstmord. Josef Koller, der Historiker des Wiener Volkssängerwesens, berichtet uns auch, dass ihre Freundin, die »Fiaker-Milli« Emilie Turecek, 1889 an »Leberentartung« verstarb und in einem Schachtgrab am Dornbacher Friedhof beigesetzt wurde. Im Dunkeln bleibt wohl für immer der Vorwurf, dass Fanny Hornischer den Selbstmord der hübschen Schwester als Reklame benutzt habe.

Der Name des 1868 verstorbenen Hotelbesitzers *Josef Meißl* erinnert an das bis 1945 bestehende Hotel Meißl und Schaden am Neuen Markt, in dem am 21. Oktober 1916 Friedrich Adler aus Protest gegen die Krieg den österreichischen Ministerpräsidenten Karl Grafen Stürgkh nach einem aus drei Gängen bestehenden Mittagessen erschoss. Der Musiker *Josef Stadler* (1796–1859) wurde vor allem durch seine Kompositionen für die Leopoldstädter Bühne bekannt. Ihn ehrte das Kulturamt durch Anbringung eines Gedenksteines und 1958 durch die Errichtung eines granitenen Grabmales. Die Tochter des Kunstfeuerwerkers Anton Stuwer des Älteren, die 1859 im Alter von 46 Jahren an Tuberkulose, der »Wiener Krankheit«, verstorbene *Aloisia Stuwer* ruht an diesem Ort unweit anderer Familienangehöriger.

Hier endet vorerst unser Rundgang. Nicht alle, die auf dem Friedhof von St. Marx begraben wurden, konnten genannt werden, auch uns ist es, schon aus Platzgründen, aufgetragen, historisches Gedenken der weiteren Vergessenheit zu überlassen. Doch dank der unermüdlichen Forschungen Hans Pemmers kommt noch eine zweite, tiefere Erinnerungsschicht auf unserem Friedhof zum Vorschein. Bekannt ist, dass nach Aufhebung des Nikolaifriedhofes vor der Rochuskirche auf der Landstraße fuhrenweise die Gebeine nach St. Marx gelangten. Diese wurden hier zwar anonym an unbekanntem Ort verscharrt, doch existieren noch Aufzeichnungen, aus denen sich ihre Anwesenheit erschließen und die jeweilige Person wiederfinden lässt.

So befinden sich die Überreste von *Georg Raphael Donner* (1693-1741), der vorschnell auf der Landstraße zur »ewigen Ruhe« beigesetzt worden war, irgendwo an diesem Platz. Donner war ein berühmter Bildhauer, der zahlreiche Aufträge in Wien erhielt, von denen der bekannteste jener so genannte Providentialbrunnen am Mehlmarkt (Neuer Markt) ist. Ebensowenig auffindbar ist der Bestattungsort des Paters *Ignaz Parhammer* (1715-1786), des ersten Pfarrers der Kirche Maria Geburt am Rennweg und Direktors des streng militärisch geführten Waisenhauses. Er stand in dem Ruf, derb-volkstümlich wie schon Abraham a Sancta Clara oder Zacharias Werner gepredigt zu haben, von dem Graf Nostitz während des Kongresses sagte: »Er tobt wie ein Narr und spricht wie ein Fiaker.« Parhammers Schädel blieb allerdings erhalten und fand ab 1786 einen Verwahrungsort in der Sakristei jener Maria-Geburt-Kirche, in der Mozart 18 Jahre zuvor erstmals aufgetreten war.

Ein berühmter Vorläufer des Wiener Vorstadttheaters, *Johann Matthias Menninger* (um 1733-1793), liegt ebenso unbekannt in St. Marxer Erde. Bei der Menninger'schen Truppe in Baden findet sich bald auch La Roche als Kasperl ein. 1775 war das erste Theater Badens errichtet worden, in dem dann die Truppe um Menninger spielte, nach ihm übernahm Karl Marinelli die Bühne. Als »nettes Theater«, empfahl es Gräffer, »nahe dem Kirchhof«.

Auch an den einstens gefeiertsten Dichter der josefinischen Aufklärungszeit, *Aloys Blumauer* (1755-1798), erinnert kein Stein. Geboren in Steyr in Oberösterreich, war er in Wien Zensor bis 1793, danach Buchhändler und vor allem Literat. Nach Pezzl war er wie Alxinger, Born, Denis, Eckhel, Haschka, Jacquin, Mastalier oder

Sonnenfels einer jener Dichter, die »als Sterne der ersten Größe am literarischen Horizont glänzten und dessen auch das gegen Österreich nicht selten unbillige Ausland laut und allgemein Gerechtigkeit widerfahren läßt«. Mit Ratschky hat er auch den »Wiener Musenalmanach« herausgegeben.

Castelli ehrte ihn mit den Worten: »Er war und bleibt einer der ersten humoristischen Dichter Österreichs. Die undankbare Welt nennt selten seinen Namen mehr, aber manche Sammlung von Gedichten voll Bombast, welche jetzt auf allen Pulten liegt, wird gänzlich vergessen sein, wenn man seine Travestien der Äneide und des Herkules und seine witzigen Gedichte wieder hervorsuchen und dem Verfasser volle Gerechtigkeit wird widerfahren lassen.« »Auch erfuhr ich«, schrieb der Zeitgenosse Metternichs weiter, »daß Steyr ihm ein Denkmal setzen wollte, aber die Erlaubnis dazu nicht erhielt. Wenn das wahr ist, so ist nicht schwer zu erraten, wer es zu verhindern wußte.«

Seine einstens viel gelobte Travestie »Abenteuer des frommen Helden Aeneas oder Virgils Aeneis travestiert« aus dem Jahr 1782 bewahrte ihn nicht vor dem Schicksal, dass sein Bestattungsort vergessen wurde. Lediglich eine Gasse in der Leopoldstadt versucht mit zweifelhaftem Erfolg, die Erinnerung an ihn aufrechtzuerhalten.

Die Spuren des bereits erwähnten Komponisten und Schriftstellers *Friedrich August Kanne* (1778–1833) verlieren sich auf dem Friedhof von St. Marx ebenfalls in einem anonymen Schachtgrab. Oper, Theater und Konzerthaus waren sein Leben, das Gasthaus seine Schreibstube. In seinem Lieblingslokal, dem »Pfau« in der Kärntnerstraße, gedachte man seiner und es wurde lange noch von Freunden »Kannes Kaffeehaus« genannt.

Geboren in Sachsen, studierte er in Leipzig Medizin, zu Wittenberg Theologie und kam 1808 nach Wien, wo ihn der Fürst Josef Lobkowitz protegierte. Hier wirkte er als Musiklehrer, Dichter und Kritiker. »Kanne kämpfte immer mit Mangel«, berichtet Castelli über dessen Lebensumstände, »er verstand es nicht, seine Bedürfnisse zu regeln und seine Talente geltend zu machen. Er trank gern und trank viel, gemeine Kneipen waren seine Studierzimmer, und wo der beste Wein zu haben war, da machte er seine besten Verse. Am Ende kam er gar so weit, daß er seine Dienste als Hochzeits- und Epitaphiendichter in öffentlichen Blättern anbot. Durch das viele Trinken und unregelmäßige Leben hatte er selbst seinen Tod gewaltsam herbeigeführt; er starb mit der Flasche in der Hand.«

»Kanne war eine nicht große gedrungene Gestalt mit einem offenen freundlichen Gesichte. Er war leicht erzürnt, aber auch leicht wieder gut gemacht«, wird er von einem Freund beschrieben und Castelli meint in seinem Nachruf: »Es hat wenige Künstler gegeben, welche die Doppelkünste, wozu sie Talent besaßen, nämlich Poesie und Musik, so wenig geltend zu machen verstanden, als Kanne.«

Kein Mahnmal erinnert an *Johann Schenk* (1753–1836), den Komponisten des »Dorfbarbiers« und des Singspiels »Der Faßbinder«. Aus Niederösterreich war er nach Wien gezogen, um sein Glück zu versuchen. Er hatte zum Bekanntenkreis Mozarts gehört, lebte vom Komponieren, gab Privatunterricht und starb in Armut.

Vergessen und unauffindbar ist auch die Gestalt der blinden Klaviervirtuosin und Sängerin *Maria Theresia von Paradis* (1759–1824). In ihrem dritten Lebensjahr plötzlich erblindet, wurde sie in Gesang und Klavierspiel unterrichtet. Später unternahm sie mit großem Erfolg zahlreiche Kunstreisen durch Europa.

Der berühmte Magnetiseur Dr. Mesmer sollte sich an ihr erproben, wenn auch erfolglos. »Fräulein Therese von Paradis war damals ein Mädchen von 17–18 Jahren, nicht hübsch, aber voll Geist, Herzensgüte und Talent, besonders für Musik, was denn, mit ihrem Unglück zusammengenommen, ihr eine sehr anziehende Persönlichkeit gab«, berichtet Karoline Pichler in ihren Erinnerungen. Und über Thereses Hoffnung auf Heilung schreibt sie: »Nach einigen Wochen fielen sehr unangenehme Szenen zwischen Mesmer und der Familie Paradis vor, welche damit endigten, daß der erste sie und bald auch Wien verließ, um in Paris seine magnetischen Kuren fortzusetzen, und noch viel mehr Aufsehen und Anhänger zu machen als in Wien; die unglückliche Blinde aber in dem Zustande blieb, in welchem sie vor der Kur gewesen.«

Verschwunden auch der Grabstein des Josephiners *Johann Melchior von Birkenstock* (1738–1809). Birkenstock, welch passender Name für einen Schulmann, machte rasch Karriere. Maria Theresia hatte sich seiner angenommen, empfahl ihn ihrem Sohn Josef, »und so war Birkenstocks Laufbahn geborgen«, schrieb Gräffer. Sein Haus, reich an Kunstschätzen, lag in der Erdbergerstraße auf Nr. 19. Dort verwahrte er eine kostbare Bibliothek und besaß eine Kunstsammlung, durchaus vergleichbar mit den Sammlungen der Kaunitz, Liechtenstein, Hagen, Paar, der Kunstkabinette der Schmutzer, Füger, Brand, Zauner, Hickel, Hagenauer, Mannsfeld, Rosa und anderer.

Laut Gräffer »fein gekleidet, ein markiertes Gesicht, ernst und edel, wie ein fester Gelehrter«, versuchte er lange, den steten Ärger über seinen Schwager Sonnenfels zu verwinden. Er starb 1809 in Wien. Bei der Versteigerung seiner Bibliothek hatte sich laut Gräffer auch ein »ausländischer Dichter« eingefunden und viele Kuriosa gekauft. Es war dies Clemens Brentano, dessen Bruder Franz mit Birkenstocks Tochter Johanna Antonia vermählt war, in deren Besitz dann auch das Haus gelangte. Es war das neben dem ehemaligen Wohnhaus Schuberts gelegene, so genannte Brentano-Schlössl, in dem 1809 bis 1812 Beethoven bei Bettina von Brentano verkehrt hatte.

Lehrer und zudem viel publizierender Heimatforscher war auch *Franz de Paula Gaheis* (1763–1809). Seine »Wanderungen und Spazierfahrten in die Gegenden um Wien« und die »Merkwürdigkeiten von Wien« haben ein wenig zum literarischen Überleben beigetragen. Verschollen auch das Grab des Maria-Theresien-Ritters, Feldmarschallleutnants und Regimentsinhabers *Graf Harrach* (†1796) oder dasjenige des Priesters *Thomas Pöschl* (1769–1837), der 1806 den unglücklichen Buchhändler Palm zur Exekution begleitete, später die Sekte der »Brüder und Schwestern von Zion« gründete, exkommuniziert wurde und im Priesterdefizientenhaus in der Ungargasse verstarb. Unbekannt ebenso die Begräbnisstätte des *Dr. Johann Gottfried Bremser* (1767–1827), dessen Hauptwerk »Lebende Würmer in lebenden Menschen« sich verständlicherweise einstens großer Beliebtheit erfreute. Er war Arzt, Naturforscher und Kustos am naturgeschichtlichen Museum in Wien sowie Verfasser zahlreicher naturwissenschaftlicher, besonders entomologischer Studien. Ihm attestiert Gräffer: »Bremser war die Wahrhaftigkeit selbst; sein ganzes Wesen war Unumwundenheit.« Darüber weiß auch Sueß eine Anekdote zu berichten: »Es war die Zeit des Wiener Kongresses. Zugleich beschäftigte die Naturforscher die eben hervortretende Frage des Generationswechsels bei den Gliedertieren. Der Kustos Bremser hatte einige wichtige Beobachtungen auf diesem Gebiete gemacht. Kaiser Franz führte den Kaiser Alexander durch das Museum. Man gelangt in die Abteilung der Eingeweidewürmer. ›Gehen wir weiter‹, sagt Kaiser Franz, ›das sind grausliche

Dinger.‹ Bremser fühlt sich verletzt. Ein Fläschchen ergreifend, tritt er mit den Worten vor: ›Majestäten, dieses Flaschl ist mir lieber als Ihre beiden Kaisertümer.‹ – ›Lassen wir den Narren gehen‹, bemerkt Kaiser Franz.«

Irgendwo hier ruhen die Überreste der beiden Angehörigen der bekannten Feuerwerksfamilie Stuwer: *Johann Georg Stuwer* (1732–1802), der aus Württemberg nach Wien kam und hier erstmals ein Feuerwerk im Prater vorführte, und die seines Sohnes *Kaspar Stuwer* (†1819), der das Geschäft übernahm und zur Zeit des Wiener Kongresses seine größten Triumphe feiern konnte. »Herr Stuwer«, berichtet Gräffer, »ward nach verschiedenen Schicksalen zum Feuerwerker. Man muß gestehen, daß er seiner Kunst Ehre macht. Die Feuerwerkstage sind die schönsten Tage des Praters. Der Eintritt kostet zwanzig Kreuzer; dies macht, daß bei diesem Schauspiel der geringe Pöbel wegbleibt und dann nur das bessere Publikum erscheint …«

Am 27. Mai 1774 brannte Johann Georg Stuwer auf der Feuerwerkswiese im Prater sein erstes pyrotechnisches Wunderwerk ab. »Wenn die Witterung gut ist«, grübelte Pezzl damals, »nimmt Herr Stuwer gewöhnlich 5000 bis 6000 Gulden ein.« 1799 übergab Johann Georg Stuwer das Geschäft an seinen Sohn Kaspar, 1819 kam es an seinen Enkel Anton. Das letzte Feuerwerk der Familie Stuwer brannte 1876 ab.

In einem unbekannten Schachtgrab wurde auch die Schauspielerin *Emilie Raimund* beerdigt. Sie war die Tochter der Aloisia Raimund, geborene Gleich, der ersten Frau des Dichters. Emilie Raimund wurde im Oktober 1874 in St. Marx der Erde übergeben, wenige Tage vor Schließung des Friedhofes.

Es sei am Ende eingestanden: Nicht allzu viele Besucher folgen unserem verschlungenen Totenreigen, mancher hätte ihn sich auch gerne erspart. Diejenigen, die es zumeist hierher führt, wandern zielstrebig den Hauptweg bergan, biegen kurz vor dem unübersehbaren Friedhofskreuz links ab und interessieren sich lediglich für die eine Grabstätte, die das alleinige und ausschließliche Ziel ihrer Reise darstellt. Doch das Grabmal gibt bis heute Rätsel auf, allein magistratische Entscheidungsmacht hat schließlich bestimmt, dass es an diesem Ort zu stehen kam. Es ist ganzjährig sorgfältig gepflegt und auf der Tafel unter der abgebrochenen Säule neben dem trauernden Genius findet sich der Schriftzug: »W. A. Mozart 1756–91«.

Auf der Suche nach Mozarts Grab

Am 5. Dezember 1791, in der ersten Morgenstunde, ist er, vermutlich ohne Empfang der Sterbesakramente, verschieden. »Seine Todeskrankheit währte fünfzehn Tage«, schreibt der Lokalhistoriker Gräffer. »Er war schon leidend, als er von Prag, von der Krönung zurückkehrte. Die im Herbst 1791 verliehene Domkapellmeisterstelle bei St. Stephan, die ihn in eine geborgene Lage versetzt hätte, konnte er nicht antreten.« Der Totenbeschauzettel, den der Arzt nach der amtlichen Beschau an diesem Tag ausstellt und den Verstorbenen irrtümlich um ein Jahr älter macht, lautet: »Mozart Wohledler H[err] Wolfgang Amadeus, k. k. Kapellmeister und Kammeter Compositeur, verh[eiratet] von Salzburg gebürtig, ist im kleinen Kaiserh[aus] No. 970 in der Rauhensteingasse, an hitzigem Frieselfieber b[esc]h[au]t worden: alt 36 J[ahre].« In den Sterbedokumenten von St. Stephan fehlt der sonst übliche Passus: »Versehen mit den Sterbesakramenten«, hingegen »Ort, wohin und Tag, an welchem die Begräbniß beschehen«, ist hier wie auch im Totenbuch von St. Stephan vermerkt: »den 6. Dezembris« im »Freydhofe ausser St. Marx.« Im frühen Morgengrauen erscheint der sonderliche Inhaber des am roten Turm gelegenen Müller'schen Wachsfigurenkabinetts, Graf Josef Deym, und nimmt die, zum Leidwesen aller Reliquiensammler später dann abhanden gekommene Totenmaske ab. Mozart dürfte zu dieser Zeit im Arbeitszimmer, in der Nähe des Klaviers, aufgebahrt worden sein. Am darauf folgenden Nachmittag des 6. Dezember, um drei Uhr, bringt man den Leichnam in einem schlichten Fichtensarg vor die Kruzifix-Kapelle beim Eingang zu den Katakomben, neben dem unausgebauten Nordturm des St. Stephansdoms und in der Nähe der Capristan-Kanzel, wo die Einsegnung, wie bei einfachen Begräbnissen üblich, im Freien stattfindet. Danach erfolgt Mozarts Überführung und Bestattung auf dem Friedhof von St. Marx. Am 7. Dezember 1768 hatte das damals zwölfjährige Wunderkind bei der Einweihung der nahe des Gräberfeldes gelegenen Waisenhauskirche zu Maria Geburt am Rennweg unter Anwesenheit der Kaiserin Maria Theresia eine von ihm komponierte Messe (Waisenhausmesse c-Moll, KV 139), ein Offertorium (KV 117) und ein heute verschollenes Trompetenkonzert dirigiert. Es war dies sein erster öffentlicher Auftritt in Wien. Fast auf den Tag genau 23 Jahre später rollt sein Leichenwagen dem St. Marxer Friedhof zu. Seine Frau Constanze wohnt dem Begräbnis nicht bei, weil sie, wie sie später angibt, vor Schmerzen krank geworden sei und obendrein strenger Winter geherrscht habe. Dass es auf dem Weg zum Friedhof geregnet und geschneit hätte und schließlich ein fürchterlicher Schneesturm losgebrochen sei, wie es die Überlieferung und mit ihr zahlreiche romantische Wien-Filme glaubhaft machen möchten, stimmt freilich nicht; an diesem Tag fiel den amtlichen Berichten zufolge kein Niederschlag, es herrschte Windstille und die Temperatur erreichte etwa drei Grad, fast milde für die Jahreszeit. Der Komponist und Domkapellmeister Johann Georg Albrechtsberger, der Lehrer Beethovens, der seit 1809 ebenfalls auf dem St. Marxer Friedhof ruht, soll, einigen Berichten zufolge, mit seiner Familie als einziger das letzte Geleit gegeben haben, nicht nur bis zum Stubentor, wie die anderen Trauergäste, sondern hinaus bis zum Grab.

Auf Ratschlag Gottfried Freiherr van Swietens, Sohn des berühmten theresianischen Arztes Gerhard van Swieten, seit 1777 Präfekt der k. k. Hofbibliothek und seit 1781 Präses der Studien- und Bücherzensurhofkommission, Komponist und Förderer des Wiener Musiklebens, war ein Begräbnis dritter Klasse vereinbart worden, das insgesamt Kosten von 8 Gulden, 56 Kreuzer verursachte, 4 fl., 36 kr. »Pfarrgeld« und 4 fl., 20 kr. »Kirchengeld«, wobei noch 3 fl. für den Leichenwagen hinzukamen.

Tags zuvor hatte van Swieten gemeinsam mit einer kleinen Schar Leidtragender in der Wohnung Abschied von Mozart genommen, nicht in bester seelischer Verfassung, da er eben durch ein Handbillett des soeben an die Regierung gelangten Kaiser Leopolds sein Amt als Präses der Studien-Hofkommission verloren hatte. Die Vermögensverhältnisse des Verstorbenen ließen wohl auch keine andere Bestattungsart zu, denn Wolfgang Amadeus Mozart gehörte keineswegs zu den favorisierten Komponisten seiner Zeit, an Beliebtheit waren ihm andere überlegen. Zu seinen Lebzeiten wurde nur knapp ein Viertel seines Gesamtwerkes gedruckt, überdies erbrachten diese durch Übervorteilung und Raubkopien nur mäßigen Gewinn. Die Opern waren es schließlich, die ihn berühmt machten.

Die »Zauberflöte« gab den Anstoß zu endgültigem, weltweitem Triumph, der sich im vollen Maße allerdings erst posthum einstellte. Was Mozart an Geschäftstüchtigkeit abgehen mochte, besaß seine Witwe im Übermaß. Der eigentliche Anfang für die gewinnbringende kommerzielle Verwertung des Erbes scheint dann von ihr und vor allem von Georg Nikolaus Nissen ausgegangen zu sein, der für die »Geschäfte«, wie er den Nachlasshandel öfters nannte, verantwortlich zeichnete, der die Kompositionen und Partituren wiederholt als »Ware« etikettierte und an den Meistbietenden verschacherte. Dennoch war Nissens Verehrung gegenüber Mozart aufrichtig und tief, tiefer als gegenüber der Witwe, die er schließlich 1809 heiraten sollte.

Die ebenfalls am 5. Dezember begonnene und im Frühjahr 1793 abgeschlossene amtliche Todfallsaufnahme registriert als wertvollste Hinterlassenschaft Mozarts lediglich ein »Forte-Biano mit Pedal« um 80 fl. und ein »grünn tüchenes Billard« samt Ausrüstung um 60 fl., das Barvermögen umfasst ungefähr 200 Gulden, dem allerdings 3000 Gulden Schulden gegenüberstehen. Mozarts sterbliche Überreste gelangen somit in ein »Allgemeines einfaches Grab«, ein josefinisches Schachtgrab, das bis zu zwanzig Leichen aufnimmt und nach Ablauf von zehn Jahren neu belegt wird. Was die Kennzeichnung der Grabstätte anlangt, verlässt Constanze sich ganz aufs Pfarramt, »ich war daher der Meinung, die Pfarre, wo die Einsegnung stattfindet, besorge auch selbst die Kreuze«, erklärt sie noch 1832.

Doch Grabkreuze waren zum Zeitpunkt von Mozarts Begräbnis in Wien noch unüblich, zumal auf einem Schachtgrab. Constanzes josefinisches Desinteresse an der Grabstelle war möglicherweise zeitbedingt, denn bereits am 16. November 1786, erst ein Monat alt, war des Komponisten und Constanzes Sohn Johann Thomas Leopold Mozart laut Sterbematrikeln von St. Stephan verstorben und ebenfalls, »unbekannt wo«, am »Freydhof außer St. Marx« begraben worden. Als Constanzes zweiter Ehemann Georg Nikolaus Nissen inmitten der Biedermeierzeit 1826 in Salzburg sein Leben beendete, ließ sie ihn allerdings feierlich im fälschlicherweise so genannten Mozart'schen Familiengrab beisetzen. Nissen wurde mit einem pompösen biedermeierlichen Grabstein bedacht, das Andenken an Leopold Mozart, den Schwiegervater, wie zuvor schon an Wolfgang Amadeus Mozart im fernen Wien, hingegen endgültig ausgelöscht.

1796 lernt Constanze den dänischen Gesandten Georg Nikolaus Nissen kennen, die Heirat erfolgt im Jahr 1809. Wie Constanze Weber entstammt auch der Diplomat, entgegen anders lautender Erwähnungen, keinesfalls dem Adelsstand und wird auch zu Lebzeiten niemals nobilitiert, auch wenn die Witwe Mozarts wie Nissens später als biedermeierliche Matrone stets das Adelsprädikat verwenden wird.

Den entscheidenden Hinweis über den Friedhofsbesuch und die Grabsuche der Witwe erhalten wir wieder von einem Freund und Kollegen Nissens, dem deutschen Diplomaten und Schriftsteller, Geschäftsträger von Weimar in Wien Georg August von Griesinger, über den uns Gräffer in seinem Artikel »Ferneres über Mozarts Grabstätte« berichtet, und dabei aus einem Brief Griesingers kurz vor dessen Ableben im Jahre 1845 an ihn zitiert. Den Friedhofsbesuch Constanzes begründet Griesinger mit den Worten: »In einem Hefte von Wielands deutschem Merkur vom Jahre 1808 stand eine Rüge, daß niemand wisse, wo Mozart begraben sei, obschon er selbst auf den Tod eines Papagei ein Lied komponiert habe. Ich las diese Stelle der Witwe Mozarts vor, die ich bei ihrem zweiten Gemahl, dem königlich dänischen Geschäftsträger von Nissen, sehr oft sah, und befragte sie, ob sie nicht geneigt wäre, mit mir auf den St. Marxer Gottesacker zu fahren, um die Grabstätte ihres Gatten auszuforschen. Sie zeigte sich sehr bereitwillig, und wir fuhren also in Begleitung ihres im vergangenen Sommer auch verschiedenen Sohnes Wolfgang hinaus.« Und weiter heißt es in dem Schreiben: »Auf dem Gottesacker angekommen, erfuhren wir, daß der Totengräber, dem dieses Geschäft im Jahre 1791 oblag, schon seit längerer Zeit gestorben sei, daß die Gräber von dem gedachten Jahre bereits wieder umgegraben worden wären, und daß man die zum Vorschein kommenden Gebeine nicht aufzuhäufen, sondern wieder in die Erde einzuscharren pflege. Es bliebe also nichts übrig, als sich nach den REIHEN zu erkundigen, in welchen im Jahre 1791 die Ruhestätten der Toten bereitet wurden. Nur diese konnte der Totengräber angeben, nämlich die dritte und vierte, wenn man von dem Monumentalkreuze, welches mitten auf der Höhe des Gottesackers aufgerichtet ist, herabkommt.« – »Ein genügenderes Ergebnis«, heißt es abschließend in dem Brief an Gräffer, »war nicht zu erlangen. Ich habe es in Wielands deutschen Merkur einrücken lassen, aus dem es in die Vaterländischen Blätter gekommen sein wird.«

Mehreres gleich bleibt an diesem Bericht rätselhaft: Denn 1799 bereits wird in Wielands »Neuer Teutscher Merkur« der anklagende Brief eines englischen Reisenden zitiert, der vergeblich Mozarts Grabstelle gesucht hatte, und damit wird die Frage nach dem Gedächtnisort erstmals flüchtig aktuell. 1808 in den »Vaterländischen Blättern für den österreichischen Kaiserstaat« wird der Vorwurf erneut aufgegriffen, zu diesem Zeitpunkt dürfte sich Mozarts Witwe, siebzehn Jahre nach dessen Tod, tatsächlich zum erstmaligen Besuch des Friedhofes von St. Marx bereit erklärt haben. Die vorwurfsvolle Stelle über Mozarts vergessenes Grab findet sich, wie erwähnt, im »Neuen Teutschen Merkur«, 1799, 9. Stück, S. 90f., wie die späteren Herausgeber Franz Gräffers, Schlossar und Gugitz anmerken, und nicht im Jahrgang 1808, wie Griesinger angibt. Veranlasst durch die immer häufiger werdenden Fragen Fremder nach Mozarts Begräbnisort, soll demnach die Witwe entweder im Jahr 1809 oder 1809 die Grabstelle aufgesucht haben. Es wurde ihr dort der Bescheid zuteil, niemand kenne Mozarts Grab. Der Totengräber, der noch 1791 im Amt gewesen, wäre kürzlich verstorben. In den »Vaterländischen Blättern« Nr. 31 von 1808 wurde auf Seite 211 tatsächlich jener alte Vorwurf aus dem »Neuen Teutschen Merkur« von 1799 wiederholt, worauf auf Seite 252 erwidert wurde, und zwar mit den obigen Worten Griesingers, dass die Hoffnung dahin sei, »die unschätzbaren Reliquien selbst nur zu unterscheiden, wenn sie auch wirklich vorhanden«. Hier schreibt Griesinger, möglicherweise noch vor dem gemeinsamen Besuch weiter: »Der Fleck, auf welchem Mozarts Körper verwest ist, kann jetzt (1808), nach siebzehn Jahren, nicht mehr bestimmt werden, weil die Gräber periodisch umgegraben werden. Um das Jahr 1816 werden die obigen Gräberreihen wieder bearbeitet und vielleicht gelingt es alsdann einem glücklichen Späher, noch den Schädel zu entdecken, in dem sich einst eine der herrlichsten Erscheinungen des Geisterreiches offenbarte.«

Bekanntlich heiratet Nissen erst 1809 die Witwe Mozarts und diese könnte sich in eben diesem Jahr zum ersten Mal um das Grab gekümmert haben. Der Totengräber, der 1791 im Amt war, dürfte Joseph Rothmayr gewesen sein, der tatsächlich im November 1809 auf seiner langjährigen Wirkungsstätte beerdigt wurde. Demnach kann aber 1808 nicht jene Situation gewesen sein, wie sie Griesinger darstellt. Wenn indessen der Sohn Wolfgang Mozart bei dem

Grabbesuch ebenfalls anwesend war, dann muss dieser Besuch wieder vor dem Oktober 1808 erfolgt sein, da dieser sich danach in Galizien aufhielt und 1844, also kurz vor Griesingers Bericht an Gräffer, mit einem gereimten Nachruf Grillparzers bedacht, bestattet wurde. Damals, 1808, war aber Constanze noch nicht verheiratet, wie Griesinger behauptet, obschon er selbst mit Hinweis auf die »Vaterländischen Blätter« vermutlich das Jahr 1808 in Bezug auf den Grabbesuch im Auge haben dürfte. Die ganze Mitteilung des mitunter unzuverlässigen Gräffers wie die des alten Griesingers ist somit verwirrend, ergibt lediglich einen Sinn, wenn von Letztem allein eine neuerliche Reinwaschung der Witwe gegenüber den nun lautstark erhobenen Vorwürfen der Interesselosigkeit an Mozarts letzter Ruhestätte beabsichtigt war, und möchte den bestimmenden Eindruck hinterlassen, diese habe rasch auf den Vorwurf im »Neuen Teutschen Merkur« von 1808 reagiert, der allerdings, wie berichtet, dort bereits 1799 formuliert worden war. Zudem weiß Griesinger nichts von einem erhaltenen Schädel Mozarts zu vermelden.

Gegen Ende seines Lebens schreibt der Diplomat an Gräffer, »dass die Gräber von dem gedachten Jahre bereits wieder umgegraben worden wären, und dass man die zum Vorschein kommenden Gebeine nicht aufzuhäufen, sondern wieder in die Erde einzuscharren pflege«. Aus seinem weiteren Bericht erfährt man: »Mozarts Hülle wurde auf dem Todtenacker vor der St. Marxer-Linie begraben, aber die Stelle ist, leider! nicht anzugeben. Mozart starb am 5. Dec. 1791, und die Leichnahme wurden damahls nach der Angabe des Todtengräbers in der dritten und vierten Reihe vom Kreuze an gerechnet, welches auf dem St. Marxer Kirchhofe stehet, begraben.«

Dies schien dem sächsischen Legationsrat getane Pflicht genug und auch Constanze regte später ein wenig enerviert an, sollten die Wiener Mozart gedenken wollen, sie dies durch ein Denkmal irgendwo auf dem Friedhof tun könnten, schließlich liege auch in Salzburg Mozarts Ehrenmal weit vom Geburtshaus entfernt. Es ist sehr wahrscheinlich, dass ihr Wunsch in Erfüllung ging.

Das war nun das Neue an der kaiserlichen Reform mit ihren Friedhöfen außerhalb der Stadt: Die Einsegnung des Toten und dessen Beerdigung blieben ab jetzt räumlich getrennt, die weit entfernte Grabstätte fiel demnach oftmals dem Vergessen anheim. All das, eine rationalistische Mentalität der Gleichgültigkeit und ein sparsames Memento mori gegenüber den Toten, entsprach dem ausklingenden josefinischen Zeitgeist, der wenig Wert auf Memorabilien legte. Derartiges Verhalten sollte sich dann im Biedermeier rasch ändern. Erwin Chargaffs Feststellung, in Wien beginne die Vergötterung gewöhnlich kurz nachdem der Leichnam in das Armengrab geschmissen wurde, entbehrt hier noch jeglicher Gesetzmäßigkeit. Im Falle Mozarts brauchte Österreich etwas länger, um mit dem Willen zur Erinnerung jene landesübliche Begeisterung zu entfachen, die sich der künstlerischen Verwertung zum Nutzen des Fremdenverkehrs stets bedient.

1793 veröffentlicht der Gothaische Gelehrte Friedrich Schlichtegroll einen ersten biographischen Nekrolog Mozarts, der jedoch das Missfallen Constanzes erregt, eine spätere Auflage entzieht sie der Öffentlichkeit durch vollständigen Aufkauf und anschließende Vernichtung. 1798 gibt Franz X. Niemeczek eine Lebensbeschreibung des Künstlers heraus, die sich auf getreue Quellenberichte stützt, da der Autor, wie bereits erwähnt, mit Mozart seit 1786 befreundet, nach dessen Tod die Erziehung der beiden Söhne übernimmt. Er stirbt 1849 und liegt ebenfalls auf dem St. Marxer Friedhof begraben. Nissen verfasst in Zusammenarbeit mit Constanze nun selbst eine Mozart-Biographie, die erst nach dem Tod ihres Autors 1828 erscheint und nicht nur Retuschen am Charakterbild der Witwe enthält, sondern auch Dokumente, deren unliebsame Stellen überschrieben oder durch Schwärzung unkenntlich gemacht werden, zudem unterschlagen oder vernichten beide jene Briefe, die dem süßlich angelegten Bildnis des Unsterblichen zuwiderlaufen und in der Ära Metternichs zu kompromittierendem Urteil Anlass geben könnten, vor allem Mozarts Haltung zu Adel und Kirche, sein Sinn für Fäkalhumor wie sein Hass auf Salzburg. »Man will, man darf seinen Helden nicht öffentlich ganz so zeigen, wie er sich etwa selbst in Abenden der Vertraulichkeit geschildert hat. Durch alle Wahrheit«, postuliert Nissen in seiner Einleitung zur Mozart-Biographie diesbezüglich, »kann man seinem Ruhm, seiner Achtung und dem Eindrucke seiner Werke schaden«.

Nach 1800 wandelt sich somit das Mozart-Bild. Ab nun, und bis in unsere Tage hinein, erscheint er stark idealisiert und in apotheotischer Verklärung voll tändelnder Anmut, klassizistischem Ebenmaß und himmlischer Gabe. Im anbrechenden Biedermeier wird nunmehr der Künstler abseits aller Konflikte und Kämpfe harmonisch als einzig wahres, voraussetzungsloses und unerreichbares Muster kompositorischer Genialität wie menschlicher Vollkommenheit hingestellt, was notwendigerweise die Umdeutung und Verzerrung biographischer und musikgeschichtlicher Fakten bedingt, wie sie von den Erben fürsorglich vorbereitet worden waren. Ein Prozess der Heroisierung und Ikonisierung setzt hierorten freudig ein, in dem das originäre Genie immer auch als sein eigener Ursprung auftritt, eine Rezeption des Traditions- wie Zeitlosen und Immerwährenden bleibt dabei selten aus und verleiht der erwählten Person eine gewisse auratische Macht des Unerklärbaren und eine Gnade, die allein von oben kommt, ganz so, wie es die Grabinschriften der Biedermeierzeit unterdessen nahe legen. Das Schrifttum dieser Ära, von Reichardt bis E. T. A. Hoffmann, sieht, nach dem Mozart-Biographen Bernhard Paumgartner, den Gefeierten dann auch im Lichte der eigenen, völlig veränderten Zeit, mit dem Urteil und den Ansprüchen einer grundlegend gewandelten Lebens- und Kunstanschauung. Und zur Vollendung seines Auftrags fehlt dem biedermeierlichen Geniekult lediglich die getreue, erinnerungsumrankte Begräbnisstätte.

Ein weiterer vergeblicher Versuch, das Grabmal Mozarts ausfindig zu machen, wird inmitten der Vormärzzeit, 1829, unter völlig geänderten mentalen Verhältnissen vorgenommen. 1841 und dann 1847, im Jahr des Abbruchs von Mozarts Sterbehaus, stellt sich die Grabesfrage erneut. »Wo aber auf dem St. Marxer Friedhof ruhen diese über allen Ausdruck kostbaren Reste? Wohl kennt man ungefähr die Stelle, wo die Hülle des göttlichen Mozart eingesenkt worden«, resümiert in diesen Tagen im Stile der neuen Zeit Franz Gräffer, »aber seitdem ist mehr als ein halbes Jahrhundert verflossen. Dahin ist die Hoffnung, die unschätzbaren Reliquien selbst nur zu unterscheiden, wenn sie auch wirklich vorhanden. Nichts bleibt übrig, als der jammervolle erbärmliche Trost, daß man schon vor fünfunddreißig Jahren, nämlich 1808, jegliche Aussicht aufgegeben.«

1855 schließlich, zwölf Monate vor der Zentenarfeier von Verehrern des Künstlers bedrängt, ordnet Wiens Bürgermeister Johann Kaspar Seiler eine magistratische Untersuchung an, um die Grabstätte endgültig festzulegen, und sei es, um müßige Anfragen aus dem Ausland für immer abzustellen. Mit einer Reihe von Personen werden Protokolle aufgenommen, von denen anzunehmen war, dass sie etwas über Mozarts Grabstätte auszusagen wissen. Als Informant soll sich lange zuvor bereits der unterdessen verstorbene Totengräber Radschopf angeboten haben, der erklärt hatte, dass er einst von der Witwe eines Musikus einen von ihrem Mann stammenden Zettel übergeben bekommen habe, wonach sich Mozarts Grab »auf der linken Seite des Eingangs vom Kreuze an gezählt in der sechsten Gräberreihe befinde, und dasselbe das achte Grab sei«. Die Mitteilung habe er damals zum Musikverein getragen, sei jedoch dort nicht eben freundlich aufgenommen worden. Johann Radschopf war es auch, und dies macht die Geschichte nicht unbedingt glaubwürdiger, der von seinem Amtskollegen Joseph Rothmeyer den angeblichen Schädel des Komponisten erhalten haben soll. Demnach soll Rothmeyer es gewesen sein, der Mozart am St. Marxer Friedhof verscharrt und, nach Umbettung des Schachtgrabes den Kopf geborgen hätte. Radschopf und Rothmeyer: sie treten in dieser Geschichte auf wie die beiden Totengräber bei Hamlet, und auch hier wird der Totenschädel zu einem Symbol, dem der Vergänglichkeit, und hierzulande möglicherweise ebenso zu dem der späteren verehrungswürdigen Verwertbarkeit. Am 25. November 1855 wird Joseph Rothmeyers Sohn Ludwig vom Magistrat der Stadt Wien in dieser Sache vernommen. Er gibt zu Protokoll: »Ich wurde im Jahre 1804 am St. Marxer Friedhofe geboren, woselbst mein Vater, Joseph Rothmeyer, Totengräber war, der im Jahre 1809 gestorben ist. Ich verblieb daselbst bis zum Jahre 1828, während welcher Zeit mein Stiefvater Löffler Totengräber war, und kam dann als selbständiger Totengräber auf den Hundsturmer Friedhof. Vom Grab Mozarts habe ich nie etwas Bestimmtes gehört; jedoch kann ich mit Gewißheit behaupten: die Manipulation mit den allgemeinen Gräbern war von jeher dieselbe.« Man kann demnach die Frage stellen, weshalb denn Vater Rothmeyer seinem Sohn und beruflichen Nachfolger die genaue Grabstätte wie den angeblich 1801 aufgefundenen Schädel Mozarts verheimlicht haben soll.

Der Handel mit prominenten Totenköpfen und Totenmasken war allerdings eine jener in die Biedermeierzeit durchaus passenden verschwiegenen Liebhabereien. Seit Franz Joseph Galls »Schedellehre« in den Köpfen des Wiener Publikums herumgeisterte und den Glauben bestärkte, mit derartigen phrenologischen Vermessungen ließen sich die seelischen Vorgänge in bestimmten Teilen des Gehirns lokalisieren und damit eine Art psychologischer Charakterisierung zumindest post mortem ermöglichen, war die »Kopfjägerei« in Wien zur großen Mode geworden. Auch wenn Gall 1802, wie der Reisende Johann Gottfried Seume anmerkt, wegen »Materialismus« schließlich Lehrverbot erhält und danach nach Paris abwandert, befürchtet Kaiser Franz nicht zu Unrecht einen lang anhaltenden ausufernden Enthusiasmus, durch den »manche ihren eigenen Kopf verlieren dürften«. Der Kaiser kannte seine Untertanen: »Nun ist kein merkwürdiger Kopf, auch in der Toten-Ruhe, vorm Ausgraben mehr sicher«, klagt ein Zeitgenosse und ein anderer berichtet: »Ein jeder ist in Wien besorgt und in großer Angst, dass sein Kopf in Galls Sammlung kommen könnte.«

Am 4. Juni 1809, drei Tage nach dem Begräbnis, entwenden zwei Anhänger der Gall'schen Lehre nächtens den Schädel Joseph Haydns, der 1852 nach manchen Irrwegen in den Besitz des Anatomen Rokitansky und durch dessen Erben 1895 an die Gesellschaft der Musikfreunde gelangt, ehe er am 5. Juni 1954, 145 Jahre und einem Tag nach dem Begräbnis, endlich im Mausoleum der Eisenstädter Bergkirche mit den übrigen sterblichen Überresten vereinigt wird. Als Beethoven vom aufgelassenen josefinischen Währinger Ortsfriedhof auf den Zentralfriedhof überführt wird, entdeckt man bei der Exhumierung, dass sein Kopf zersägt worden war. Bald nach Ferdinand Raimunds Begräbnis 1836 verbreitet sich die Kunde, seine Schädeldecke sei ebenfalls Objekt ungewöhnlicher Sammlerlust geworden. Tatsächlich hatte sich der obduzierende Badener Arzt Anton Rollett, der Erbe der Gall'schen Wiener Schädelsammlung und Freund Karoline Pichlers, sich dieses Teils des Dichters bemächtigt und daraus geschlossen, »dass Raimund ein geborener Dichter und Schauspieler« gewesen sei. Nach dem Tod der Lebensgefährtin und zahlreichen weiteren Besitzern gelangt der unbestattete Überrest Raimunds schließlich an das Historische Museum der Stadt Wien und von dort im September 1969 ins Grab auf dem Zentralfriedhof.

Der Mozart zugeschriebene Schädel wieder soll vom Totengräber Radschopf dem Kupferstecher Jakob Hyrtl 1842 übergeben worden sein, dem Jahr, in dem achtzigjährig in Salzburg eine Dame der Gesellschaft stirbt, die bis zuletzt lieber mit dem Namen einer verwitweten »Etatsrätin von Nissen« angesprochen werden möchte, denn als einstige Gattin des Künstlers Mozart. Als Hyrtl 1868 am Friedhof von St. Marx beigesetzt wird, gelangt der nunmehr zur Reliquie emporgestiegene Überrest in den Besitz seines Bruders, des berühmten Anatomen Joseph Hyrtl, der, wie sein Schüler Ernst

Fuchs bemerkte, »ein glänzender Redner und Polyhistor« war und es nicht verschmähte, »damit in seinen Vorlesungen zu glänzen, so dass wir alle von ihm begeistert waren. In einem kleinen Verschlag hinter dem Hörsaal, stellte er seine schönen Präparate her, mit denen er einen sehr einträglichen Handel ins Ausland betrieb.« Der begeisterte vergleichende Anatom lässt auf der Stirn des Kopfes, dem der Unterkiefer fehlt, mit Tinte den Namen Mozart anbringen und nimmt solcherart eine deutliche Zuschreibung vor. 1874 versucht er, den gefälschten Mozart-Schädel einem amerikanischen Museum zu verkaufen. Joseph Hyrtl verscheidet 1894 und hinterlässt seine Schädelsammlung dem Mödlinger, später Hyrtl'schen Waisenhaus, von wo der angebliche Kopf des Tonkünstlers 1901 nach Salzburg gelangt. Ungeachtet der Warnung von Gustav Gugitz oder Arthur Schurigs Biographie »Wolfgang Amadeus Mozart. Sein Leben und sein Werk«, erschienen 1913 in Leipzig, der darin den Schädel bereits ein »beklagenswertes Betrugsstück« nennt, bleibt der Kopf bis 1940 in Mozarts Geburtshaus in der Getreidegasse allgemein zu besichtigen, und übersiedelt schließlich in die Bibliothek des Salzburger Mozarteums, wo er seither unter Verschluss gelagert liegt. Eine DNA-Analyse sollte seine Echtheit bestätigen und danach auch die Todesursache des Musikgenies endgültig klären. Mit Sinn fürs Dramatische wurde das Ergebnis der Untersuchung im Jänner des Mozartjahres 2006 präsentiert, da allerdings DNA-Vergleichsmaterial fehlte, konnte die Echtheit Schädels nicht bewiesen werden. Geplant war, ihn an der Seite Constanzes am Sebastians-Friedhof von Salzburg feierlich beizusetzen, in jener Stadt, von dessen Bewohnern er einstens an seinen Vater geschrieben hatte, »ich schwöre ihnen bey meiner Ehre dass ich Salzburg und die ihnwonner/: ich rede von gebohrnen Salzburgern/: nicht leiden kann; – mir ist ihre Sprache – ihre Lebensart ganz unerträglich ...«

Constanze Mozart hatte bereits darauf verwiesen, auch der Errichtung des Salzburger Mozart-Denkmals ist eine sonderbare Geste eigen. Da, wie erinnerlich, das Metternich'sche System derartige offizielle Erinnerungszeichen selten zuließ, musste es, wie Ludwig August Frankl schreibt, »sonach in der gemeinherrschenden Anschauung als ein freisinniger Fortschritt angesehen werden, daß im Jahre 1842 dem ›Musikanten‹ Mozart in Salzburg eine Statue errichtet wurde. Der Gedanke wuchs nicht aus dem dankbaren Bewußtsein des Vaterlandes hervor; er war durch den kunstliebenden

König Ludwig I. von Bayern angeregt und durch die weitaus größere materielle Beteiligung des deutschen ›Auslandes‹ verwirklicht. Wir wollen die beschämend kleine Summe nicht niederschreiben, die Alt-Österreich, das damals völlig ›vermusizierte‹ Wien, für die Errichtung der Bildsäule Mozart's beigesteuert hatte. Die Geistlichkeit protestierte in Salzburg gegen die Aufstellung der Statue auf einem Platze, wo die des heiligen Michael stand, und das war von ihrem Standpunkte aus nicht ganz unberechtigt. Dem Landvolke erschien aber tatsächlich Mozart als ein anderer Heiliger; es strömte herbei, und kniete nieder und betete zum vermeintlichen heiligen Wolfgang, wie einst die Venezianer zum heiligen Marco, nach dem der Senat den früheren Schutzheiligen San Teodor mittels Dekret – versetzt hatte.

Mit den Tausenden, die bei der Enthüllungsfeier, zu beten oder sich künstlerisch zu begeistern, heranströmten, waren auch lustige Studenten aus München gekommen und tranken und sangen auf dem alten St. Peterskirchhofe in der nach Michael Haydn benannten Kneipe mit den österreichischen Studenten deutsche, damals in Österreich verpönte Lieder. Sie stellten unter anderm auch den Text des Finales aus der Oper ›Don Juan‹ her, und sangen:

> *Es lebe die Freiheit,*
> *Die Freiheit soll leben!*

während auf allen österreichischen Bühnen von der Zensur die Freiheit verpönt war und die genehmigte Variante allein gesungen werden durfte:

> *Es lebe die Fröhlichkeit,*
> *Die Fröhlichkeit soll leben!*«

Soweit Frankl, der übrigens 1868 bezeugte, der damalige Mozart-Schädel hätte vier Zähne weniger als der heutige aufgewiesen. Die Vermutung taucht auf, dass sich im Schatten der Salzburger Statue und im Zusammenhang mit Mozarts gesuchter Wiener Grabstelle auch andere fröhlich ihr Denkmal zu setzen beabsichtigten. Der Schriftsteller Moriz Bermann etwa äußert sich in diesem Zusammenhang folgendermaßen: »Im Jahre 1859 erhielt der unsterbliche Wolfgang Amadeus Mozart auf dem St. Marxer Friedhofe, und zwar auf seiner muthmaßlichen Grabstätte – dem länglichen Vierecke, das sich in der Richtung vom Friedhofskreuze gegen den Eingang zu, rechts vom Hauptwege in der fünften Reihe der allgemeinen Gräber befindet und mit einem Weidenstrauche bepflanzt ist – ein Grabmonument. Auf Anregung des Kunst- und Musikalienhändlers Franz Glöggl im Jahre 1855 und nach Vernehmung mehrerer anderer Experten (des k. k. Rechnungs-Officials Karl Hirsch, eines Enkels des berühmten Albrechtsberger, k. k. Hofkriegsraths-Beamten und Musikschriftstellers Alois Fuchs, des vaterländisch-historischen Schriftstellers Moriz Bermann) durch welche sich die genaue Uebereinstimmung in Bezug auf die zu wählende Stätte herausstellte, übernahm es die Commune Wien als eigene Ehrensache, dem Tonheros ein Grabmonument an der bezeichneten Stelle zu errichten. Am 6. December 1859 wurde das vom Bildhauer Hanns Gasser verfertigte Denkmal enthüllt. Auf umgitterten Sandsteinplatten erhebt sich der granitene Sockel, auf welchem in gebeugter Stellung die in Bronze ausgeführte Muse der Tonkunst ruht. Die Figur blickt gebeugten Hauptes zur Erde nieder, hält in der Rechten die offene Partitur des Requiems und stützt sich mit der Linken, die einen Lorbeerkranz hält, auf die aufgeschlichteten Werke des großen Tondichters. Die Foliobände führen die Aufschrift: Figaro, Zauberflöte, Symphonien etc. Ueber den Ecken des Piedestals erheben sich vier Candelaber, deren Mündungen sich zu Schalen ausdehnen, in welchen bei der Einweihung Flammen leuchteten.«

Offen bleibt nach wie vor die genaue Lokalisierung der Grabstätte. Irgendwo auf der kleinen Lichtung nahe dem Kreuz, inmitten des einstigen Schachtgräberfeldes wurden seine Überreste verstreut und liegt er demnach wohl tatsächlich begraben. Hier, an angenommener Stelle, wurde als Ergebnis der protokollarischen Einvernahme »mit größter Wahrscheinlichkeit«, wie es im Amtsvermerk vom 1. Dezember 1855 heißt, die symbolische Grabstelle erhoben und darauf 1859 jenes oben beschriebene Denkmal errichtet. Als man dieses jedoch 1891 auf den Zentralfriedhof überführte, wo es seitdem als Kenotaph, als leeres Grabmal zur Erinnerung an einen Toten, der an anderer Stelle begraben liegt, inmitten der Musikerabteilung zu finden ist, wäre beinahe Mozarts vermutetes Schachtgrab in St. Marx erneut in Vergessenheit geraten. Hätte nicht der Friedhofswärter Alexander Kugler für eine provisorische Kennzeichnung gesorgt, indem er aus umliegenden Grabsteintrümmern, einen trauernden Genius mit Sturzfackel samt einer abgebrochenen Säule zum ewigen, unvergesslichen Erinnerungsort zusammenfügte. Durch die Kampfhandlungen 1945 stark beschädigt, wurde das Denkmal 1950 auf Veranlassung des Kulturamtes wieder instand gesetzt, 1958 überholt und in den Zustand versetzt, in dem es sich noch heute, von einem Blumenbeet umgeben, an der vermuteten Stelle befindet: als brikoleurartiges Biedermeierdenkmal inmitten eines letzten Vormärzfriedhofes.

Nicht Mozarts gesicherte letzte Ruhestätte blieb also vermutlich der Nachwelt erhalten, hingegen, mit einer gewissen romantischen Ironie, wie sie dieses Zeitalter zu Recht schätzte, dasjenige seines Totengräbers. Biedermeierliche Volkstümlichkeit ließ in der 23. Reihe des Friedhofes, unweit der Grabstelle eines wenig gefeierten Wiener Bürgermeisters und der populären Schauspielerin Therese Krones, den einfachen Grabstein der »Totengräber allhier« Joseph Rothmeyer, gestorben 1809, und sein beruflich wie privater Nachfolger Joseph Löffler, gestorben 1828, ansiedeln. Der ungenannte Totengräber, der 1808, ein Jahr vor seinem eigenen Ableben, den Legationsrat Griesinger und vermutlich Constanze Mozart bei ihrem ersten und einzigen Besuch begleitet und ihr mitgeteilt haben soll, dass im Jahr 1791 die Schachtgräber der dritten und vierten Reihe vom Friedhofskreuz aus belegt worden waren, dürfte jener Joseph Rothmeyer gewesen sein. Kein Wort von einem Schädel. Die genaue Stelle von Mozarts Grab, so erklärte er bekanntlich der Witwe damals, wüsste man nicht.

Es ist nicht auszuschließen, dass dies alles den später weltweit gefeierten Komponisten ungerührt gelassen hätte. Irgendwo links vom Friedhofskreuz, gemeinsam mit den ärmeren Bewohnern aus demselben Stadtviertel, die um den 6. Dezember 1791 beigesetzt und seine engeren Nachbarn wurden, inmitten lobpreisender biedermeierlicher Epitaphe der eigenen Persönlichkeit, liegen Teile von ihm wohl tatsächlich verscharrt, eingeholt, umringt und übertrumpft von all den bgl. Hausherren, Wirtsleuten, Wohnungsbesitzern und Händlern, derentwegen er sein kurzes Leben hindurch ständig, von Mietrückständen und Anspruchsforderungen verfolgt, zum eifrigen Komponieren gezwungen wurde.

In der Nähe finden sich allerdings auch einige Freunde und Gefährten, die sein kurzes Leben getreu begleitet haben, so der Domkapellmeister Albrechtsberger, der ihm das letzte Geleit gegeben

haben soll, die Hofopernsängerin Katharina Waldmüller, die bemitleidenswerte Frau des Malers, der für heftige Gewalt im biedermeierlichen Heim sorgte, und die oftmals den Sextus in Mozarts »Titus« sang. Karl von Henikstein, dessen Familie mit Mozart und Beethoven in Verbindung stand, zählte ebenso zum Freundeskreis wie Johann Schenk und der Komponist und Priester Maximilian Stadler oder Anna Gottlieb, die erste Sängerin der Pamina in der »Zauberflöte«, für die Mozart die Rolle der Barbarina in der »Hochzeit des Figaro« schrieb. Sein Sohn Johann Thomas Leopold ist hier begraben, und an der südlichen Friedhofsmauer Franz X. Niemetschek, der Mozarts erste ausführliche Biographie veröffentlicht hatte. Das Grabmal Jakob Hyrtls, des einstigen Besitzers seines angeblichen Schädels, entdeckt man allerdings in sicherer Entfernung von all diesen. So, als ob die Sammlerwut des Kupferstechers auch späterhin noch für Unruhe unter der Belegschaft gesorgt hätte. Sie alle ruhen auf jenem abseits gelegenen Friedhof im Schatten eines Mannes, dem allein die Aufmerksamkeit der wenigen Besucher und Touristen auf der Suche nach Mozarts Grab gilt.

Franz Grillparzer, unterdessen zum veritablen Nachrufdichter emporgereift, fand darüber bereits in seinem »Trinkspruch zur Mozartfeier« für den 6. Dezember 1841 die tröstlichen Worte:

> *Wenn man das Grab nicht kennt, in dem er Ruh erworben,*
> *Wen, Freunde, ängstet das? Ist er doch nicht gestorben!*
> *Er lebt in aller Herzen, aller Sinn*
> *Und schreitet jetzt durch unsre Reihen hin.*

Hinweis für Besucher

Lage: A–1030 Wien, Leberstraße 6–8

Erreichbar: ab U-Bahnhof Wien Mitte mit Autobus 74A bis Hofmannsthalgasse bzw. ab Schwarzenbergplatz mit Straßenbahnlinie 71 bis Schlachthausgasse.

Öffnungszeiten:
April, Oktober: 7.00 bis 17.00 Uhr
Mai, September: 7.00 bis 18.00 Uhr
Juni bis August: 7.00 bis 19.00 Uhr
ab November: 7.00 bis zum Einbruch der Dunkelheit

Größe: 60.143 m^2

Der Eintritt ist frei

Auf dem Friedhofsgelände gilt generelles Hunde- und Radfahrverbot.

Tafel und Plan der Gräber finden sich links vom Eingang, hierauf sind die Bewohner nach Berufsgruppen vermerkt: vom Architekten über Erfinder und Fürsten (1x), Komponisten, Kunstreiter, Nonnen, Philosophen (1x) bis Tänzer und Totengräber (2x).

Den St. Marxer Friedhof-Folder erhalten Sie kostenlos unter:
gru@m42.magwien.gv.at bzw. telefonisch: +43/1/796 36 13
Der Friedhof im Internet:
http://www.wien.at/ma42/ (deutsch/englisch)
http://www.wien.at (wien-online)

Literatur

ALEXIS, Willibald, Wiener Bilder. Leipzig 1888.

ANONYM (Uffo HORN), Oesterreichischer Parnass, bestiegen von einem heruntergekommenen Antiquar. Nachdruck. Hrsg. v. R. M. Werner (= Der österreichische Parnaß, verspottet in Wort und Bild, Beilage Literarisches Pamphlet VI), Wr. Bibliophilen-Gesellschaft. Wien 1912.

ARIÈS, Philippe, Geschichte des Todes. München 1982.

BACH, Maximilian, Geschichte der Wiener Revolution im Jahre 1848. Volksthümlich dargestellt. Wien 1898.

BAEDEKERS Handbuch für Reisende in Deutschland und dem Oesterreichischen Kaiserstaate. Coblenz 1846.

BANIK-SCHWEITZER, R., A. BARYLI, J. EHMER, P. FELDBAUER, W. HÄUSLER, G. MEISSL, W. PIRCHER, A. PRIBERSKY, R. SANDGRUBER, H. STEKL, Wien im Vormärz (= Forschungen und Beiträge, Bd. 8). Wien 1980.

BASIL, Otto, Johann Nestroy. Reinbek b. Hamburg 1967.

BAUER, Roger, Die Welt als Reich Gottes. Grundlagen und Wandlungen einer österreichischen Lebensform. Wien 1974.

BAUER, Roger, »Laßt sie koaxen, Die kritischen Frösch' in Preußen und Sachsen!« Zwei Jahrhunderte Literatur in Österreich. Wien 1977.

BAUER, Werner T., Wiener Friedhofsführer. Genaue Beschreibung sämtlicher Begräbnisstätten nebst einer Geschichte des Wiener Bestattungswesens. 4. Aufl. Wien 1997.

BAUERNFELD, Eduard, Aus Alt- und Neu-Wien (= Deutsche Hausbücherei, Bd. 87). Hrsg. v. Rudolf Latzke. Wien 1923.

BENEDIKT, Heinrich, Das Zeitalter der Emanzipationen 1815–1848. Wien-Köln-Graz 1977.

BERG, Heinrich, Mozart-Dokumente. Wiener Geschichtsblätter, 46. Jg., Heft 3, 1991.

BERGER, Günther, Spuren der Vergänglichkeit. Aufgelassene und verschwundene Friedhöfe in Wien. Wiener Geschichtsblätter, Beiheft 1/1989.

BERMANN, Moriz, Alt und Neu-Wien. Geschichte der Kaiserstadt und ihrer Umgebungen seit dem Entstehen bis auf den heutigen Tag und in allen Beziehungen zur gesammten Monarchie geschildert. Wien, Pest & Leipzig 1880.

BIETAK, Wilhelm, Das Lebensgefühl des ›Biedermeier‹ in der österreichischen Dichtung. Wien u. Leipzig 1931.

BISANZ, Hans, Günter DÜRIEGL u.a., Wien 1800–1850. Empire und Biedermeier. Historisches Museum der Stadt Wien. Katalog zur 26. Sonderausstellung. Wien 1969.

BLETSCHACHER, Richard, Der Grasel. Chronik eines Räuberlebens. Wien 1981.

BLÜMML, Emil Karl u. Gustav GUGITZ, Alt-Wiener Thespiskarren. Die Frühzeit der Wiener Vorstadtbühnen. Wien 1925.

BODI, Leslie, Tauwetter in Wien. Zur Prosa der österreichischen Aufklärung 1781–1795. 2., erw. Aufl. Wien/Köln/Weimar 1995.

BRAUNEIS, Walther, Mozarts Nachruhm. Wiener Geschichtsblätter, 47. Jg., Heft 1, 1992.

BÜRGERSINN UND AUFBEGEHREN. Biedermeier und Vormärz in Wien 1815–1848. Ausstellungskatalog. Wien 1987.

BURKE, Peter, Eleganz und Haltung. Die Vielfalt der Kulturgeschichte. Berlin 1998.

BURKE, Peter, Geschichte als soziales Gedächtnis. In: Aleida Assmann, Dietrich Harth (Hrsg.), Mnemosyne. Formen und Funktionen der kulturellen Erinnerung. Frankfurt/M. 1991.

CASTELLI, Ignaz Franz, Memoiren meines Lebens. Gefundenes und Empfundenes, Erlebtes und Erstrebtes. Hrsg. v. Josef Bindtner (= Denkwürdigkeiten aus Alt-Österreich IX, X). 2 Bde. München 1913.

CHARGAFF, Erwin, Das Feuer des Heraklit. Skizzen aus einem Leben vor der Natur. Stuttgart 1979.

CHARLES, Jean, Wien und die Wiener. Stuttgart 1840.

CLOETER, Hermine, Die Grabstätte W. A. Mozarts auf dem St. Marxer Friedhof in Wien. Wien 1956.

CSÁKY, Moritz / Walter PASS (Hrsg.), Europa im Zeitalter Mozarts. Bearb. v. Harald Haslmayr u. Alexander Rausch. Wien/Köln/Weimar 1995.

CULBERTSON, Judi & Tom RANDALL, Permanent Parisians. An Illustrated Guide to the Cemeteries of Paris. London 1991.

Czeike, Felix, III. Landstraße. Wiener Bezirksführer. Wien/München 1984.
Czeike, Felix, Historisches Lexikon Wien in fünf Bänden. Wien 1992–1997.

De la Garde, August Graf, Gemälde des Wiener Kongresses 1814–1815. Erinnerungen, Feste, Sittenschilderungen, Anekdoten. Eingeleitet und erläutert v. Gustav Gugitz. 2 Bde. 2. verbess. Aufl. München 1914.

Englisch, Franz, Friedhofsymbolik. Wien 1925.

Fekete de Galántha, Johann Graf, Wien im Jahre 1787. Skizze eines lebenden Bildes von Wien, entworfen von einem Weltbürger. Wien-Leipzig-Berlin-München 1921.
Frankl, Ludwig August, Erinnerungen. Hrsg. v. Stefan Hock (= Bibliothek Deutscher Schriftsteller aus Böhmen, Bd. xxix). Prag 1910.
Friedell, Egon, Kulturgeschichte der Neuzeit. Die Krisis der europäischen Seele von der Schwarzen Pest bis zum Weltkrieg. Bd. 3, Romantik und Liberalismus/Imperialismus und Impressionismus. München 1931.
Frimmel, Theodor, Beiträge zu einer Ikonographie des Todes. Wien 1891.
Frimmel, Theodor, Beethoven und das Ehepaar Streicher. In: Alt-Wiener Kalender für das Jahr 1925. Hrsg. v. Alois Trost. Wien (1924).
Fuchs, Ernst, Wie ein Augenarzt die Welt sah. Selbstbiographie und Tagebuchblätter. Hrsg. v. Adalbert Fuchs. Wien 1946.
Füster, Dr. Anton, Memoiren vom März 1848 bis Juli 1849. Beitrag zur Geschichte der Wiener Revolution. Frankfurt a. M. 1850.

Glassbrenner, Adolf, Bilder und Träume aus Wien. Leipzig 1836.
Glossy, Karl (Hrsg.), Literarische Geheimberichte aus dem Vormärz. (Separatdruck aus dem Jahrbuch der Grillparzer-Gesellschaft, Jg. xxi–xxiii). Wien 1912.
Goldschmidt, Harry, Franz Schubert. Ein Lebensbild. Leipzig 1980.
Gottsleben, Ludwig, 50 Jahre Komiker! Wien 1910.

GRÄFFER, Franz, Kleine Wiener Memoiren und Wiener Dosenstücke. Hrsg. v. Anton Schlossar u. Gustav Gugitz (= Denkwürdigkeiten aus Alt-Österreich XIII, XIV). 2 Bde. München 1918, 1922.
GRÄFFER, Franz, Alt-Wiener Miniaturen. Stimmungen und Skizzen. Hrsg. v. Eugenie Benisch-Darlang. Wien 1912.
GREINER, Gustav, Berühmte Tote auf dem St. Marxer Friedhof. In: Die Landstraße in alter und neuer Zeit. Ein Heimatbuch. Hrsg. von Landstraßer Lehrern. Wien 1921.
GRILLPARZER, Franz, Tagebücher und Reiseberichte. Hrsg. v. Klaus Geißler. Berlin 1980.
GROSS-HOFFINGER, Anton Johann, Wien wie es ist. Leipzig 1847.
GUGITZ, Gustav, Alois Blumauer. In: Jahrbuch der Grillparzer-Gesellschaft, 18. Jg. Wien 1908.
GUGITZ, Gustav, Das Wiener Kaffeehaus. Wien 1940.
GÜNZEL, Klaus, Wiener Begegnungen. Deutsche Dichter in Österreichs Kaiserstadt 1750–1850. Wien 1990.

HANSLICK, Eduard, Aus meinem Leben. Hrsg. v. Peter Wapnewski. Kassel-Basel 1987.
HANTSCH, Hugo, Leopold Graf Berchtold. Grandseigneur und Staatsmann. 2 Bde. Graz/Wien/Köln 1963.
HÄUSLER, Wolfgang, Von der Massenarmut zur Arbeiterbewegung. Demokratie und soziale Frage in der Wiener Revolution von 1848. Wien-München 1979.
HÄUSLER, Wolfgang, Von der Manufaktur zum Maschinensturm. Industrielle Dynamik und sozialer Wandel im Raume von Wien. In: R. Banik-Schweitzer, u. a., Wien im Vormärz (= Forschungen und Beiträge, Bd. 8). Wien 1980.
HENNENBERG, Fritz, Wolfgang Amadeus Mozart. Leipzig 1976.
HERMANN, Georg (Hrsg.), Das Biedermeier im Spiegel seiner Zeit. Briefe, Tagebücher, Memoiren, Volksszenen und ähnliche Dokumente. Berlin-Leipzig-Wien-Stuttgart 1913.
HORMAYR, Joseph Frhr. v., Allgemeine Geschichte der neuesten Zeit, vom Tode Friedrich des Großen bis zum zweyten Pariser Frieden. 3 Bde. Wien o. J.

KILLMEYER, Franz, Friedhöfe in Wien. Wien 1986.
KNISPEL, Franz, Bestattungsmuseum Wien. Führer durch die Sammlung. Wien 1997.

Koller, Josef, Das Wiener Volkssängertum in alter und neuer Zeit. Nacherzähltes und Selbsterlebtes. Wien 1931.
Konnert, Wilfried, Landstraße. Unter Mitarbeit v. Willi Grotte. Wien 1918.
Kretschmer, Helmut, Landstraße. Geschichte des dritten Gemeindebezirks und seiner alten Orte. Wien-München 1982.
Kretschmer, Helmut, Mozarts Spuren in Wien. Wien 1990.
Kübeck von Kübau, Carl Friedrich Frhr. v., Tagebücher des Carl Friedrich Freiherrn Kübeck von Kübau. Hrsg. und eingeleitet von seinem Sohne Max Frhr. v. Kübeck. 2 Bde. Wien 1909.

Laube, Heinrich, Reise durch das Biedermeier. Leipzig 1833–1837.
Leitich, Ann Tizia, Wiener Biedermeier. Kultur, Kunst und Leben der alten Kaiserstadt vom Wiener Kongreß bis zum Sturmjahr 1848. Bielefeld u. Leipzig 1941.

Markl, Hans, Alt-Wiener Friedhöfe. Wien 1947.
Marx, Julius, Österreichs Kampf gegen die Liberalen, Radikalen und kommunistischen Schriften 1835–1848 (Beschlagnahme, Schedenverbot, Debitentzug) (= Archiv f. österr. Geschichte, Bd. 128/1). Wien 1969.
Marx, Julius, Die österreichische Zensur im Vormärz. Wien 1959.
May, Erich Joachim, Wiener Volkskomödie und Vormärz. Berlin 1975.
Mayer, Anton, Wiens Buchdrucker-Geschichte 1482–1882. 2 Bde. Wien 1883, 1887.
Mayer, Sigmund, Ein jüdischer Kaufmann 1831 bis 1911. Lebenserinnerungen. Leipzig 1911.
Mayer, Sigmund, Die Wiener Juden 1700–1900. Wien-Berlin 1917.
Messner, Robert, Topographie von Alt-Wien, V. Teil: Die Landstraße im Vormärz. Historisch-topographische Darstellung der südöstlichen Vorstädte und Vororte Wiens auf Grund der Katastralvermessung. Wien 1978.
Müller-Funk, Wolfgang u. Franz Schuh (Hrsg.), Nationalismus und Romantik. Wien 1999.
Müller-Guttenbrunn, Adam, Im Jahrhundert Grillparzers. Literatur- und Lebensbilder aus Oesterreich. Wien 1893.

Nagl, J. W., Jakob Zeidler u. Eduard Castle, Deutsch-Österreichische Literaturgeschichte. Ein Handbuch zur Geschichte der deutschen Dichtung in Österreich-Ungarn. Bd. 2, Erste Abteilung. Von 1750 bis 1848. Wien 1914.

Nicolai, Friedrich, Beschreibung einer Reise durch Deutschland und die Schweiz im Jahre 1781. Berlin u. Stettin 1783–96.

Niemeczek, Franz X., Leben des k. k. Kapellmeisters Wolfgang Gottlieb Mozart, nach Originalquellen beschrieben. Prag 1798.

Österreichisches Biographisches Lexikon 1815–1950. Hrsg. v. d. Österr. Akademie d. Wissenschaften, Leitung Leo Santifaller, bearb. v. Eva Obermayer-Marnach. 2. Aufl. Wien 1993ff.

Paumgartner, Bernhard, Mozart. 10., erg. Aufl. Wien 1993.

Pichler, Caroline, Denkwürdigkeiten aus meinem Leben. Hrsg. v. Emil Karl Blümml (= Denkwürdigkeiten aus Alt-Österreich V, VI). 2 Bde. München 1914.

Pircher, Wolfgang, Mutmaßungen über den Vormärz. In: R. Banik-Schweitzer, u. a., Wien im Vormärz (= Forschungen und Beiträge, Bd. 8). Wien 1980.

Pemmer, Hans, Die Grabstätte Maderspergers im St. Marxer Friedhof. Wiener Geschichtsblätter, 2. (62.) Jg., Nr. 2/3, 1947.

Pemmer, Hans, Der Friedhof zu St. Marx in Wien. Seine Toten, seine Grabdenkmäler. 2. erw. Aufl. Wien 1959.

Pemmer, Hans, Schicksale des St. Marxer Friedhofes. In: Mozartgemeinde Wien 1913–1963. Wien 1964.

Pemmer, Hans, Der St. Marxer Friedhof. In: Hans Pemmer, Schriften zur Heimatkunde Wiens. Festgabe zum 80. Geburtstag. Hrsg. v. Hubert Kaut u. Ludwig Sackmauer. Wien 1969.

Pemmer, Hans u. Ninni Lackner, Der Wiener Prater einst und jetzt (Nobel- und Wurstelprater). Leipzig-Wien 1935.

Pezzl, Johann, Skizze von Wien. Ein Kultur- und Sittenbild aus der josefinischen Zeit. Hrsg. v. Gustav Gugitz u. Anton Schlossar. Graz 1923.

Politzer, Heinz, Grillparzer oder Das abgründige Biedermeier. Wien/München/Zürich 1972.

Ramshorn, Carl, Kaiser Josef II. und seine Zeit. 2., verm. Aufl. Leipzig 1874.

Rebiczek, Franz, Der Wiener Volks- und Bänkelgesang in den Jahren von 1800–1848. Wien u. Leipzig o. J.

Reden, Alexander Sixtus v. u. Josef Schweikhardt, Eros unterm Doppeladler. Eine Sittengeschichte Altösterreichs. Wien 1993.
Reischl, Friedrich, Wien zur Biedermeierzeit. Volksleben in Wiens Vorstädten nach zeitgenössischen Schilderungen. Wien 1921.
Richter, Josef, Die Eipeldauer Briefe. Hrsg. v. Eugen v. Paunel (= Denkwürdigkeiten aus Alt-Österreich XVII, XVIII). 2 Bde. München 1917, 1918.
Rommel, Otto, Die Alt-Wiener Volkskomödie. Ihre Geschichte vom barocken Welttheater bis zum Tode Nestroys. Wien 1952.
Rommel, Otto (Hrsg.), Johann Nestroy, Gesammelte Werke. 6 Bde. Wien 1962.

Sandgruber, Roman, Indikatoren des Lebensstandards in Wien in der ersten Hälfte des 19. Jahrhunderts. In: R. Banik-Schweitzer, u. a., Wien im Vormärz (= Forschungen und Beiträge, Bd. 8). Wien 1980.
Sandgruber, Roman, Ökonomie und Politik. Österreichische Wirtschaftsgeschichte vom Mittelalter bis zur Gegenwart. Wien 1995.
Sassmann, Hanns, Das Reich der Träumer. Eine Kulturgeschichte Österreichs. Berlin 1932.
Schimmer, K. A., Neuestes Gemälde von Wien in topographischer, statistischer, commerzieller, industriöser und artifizieller Beziehung. Wien 1837.
Schindler, Anton, Biographie von Ludwig van Beethoven. Hrsg. v. Eberhardt Klemm. Leipzig 1977.
Schlögl, Friedrich, Wiener Luft. Kleine Culturbilder aus dem Volksleben der alten Kaiserstadt an der Donau (= Gesammelte Schriften, 2. Bd.). Wien-Pest-Leipzig 1875.
Schmid, Gregor u. Emil Kammerer, Verordnungen und Einrichtungen betreffend das Leichenwesen der Stadtgemeinde Wien. Wien 1882.
Schmidl, A. Adolf, Wien und seine nächsten Umgebungen in malerischen Original-Ansichten nach der Natur aufgenommen und in Stahl gestochen von verschiedenen Künstlern, historisch-topographisch beschrieben. Wien 1847.

SCHNEIDEREIT, Otto, Johann Strauß und die Stadt an der schönen blauen Donau. Berlin 1975.
SCHÖNHOLZ, Friedrich Anton von, Traditionen zur Charakteristik Österreichs. Hrsg. v. Gustav Gugitz (= Denkwürdigkeiten aus Alt-Österreich III, IV). 2 Bde. München 1914.
SCHURIG, Arthur, Wolfgang Amadeus Mozart. Sein Leben und Werk. Leipzig 1913.
SEALSFIELD, Charles, Österreich, wie es ist oder Skizzen von Fürstenhöfen des Kontinents. Hrsg. v. Victor Klarwill. Wien 1919.
SLEZAK, Friedrich, Beethovens Wiener Originalverleger (= Forschungen und Beiträge zur Wiener Stadtgeschichte, Bd. 17). Wien 1987.
SMEKAL, Richard (Hrsg.), Das alte Burgtheater (1776–1888). Eine Charakteristik durch zeitgenössische Darstellungen. 2. Aufl. Wien 1916.
SPITZMÜLLER, Alexander, »... und hat auch Ursach, es zu lieben«. Wien-München-Stuttgart-Zürich 1955.
STEINER, Herbert, Karl Marx in Wien. Die Arbeiterbewegung zwischen Revolution und Restauration 1848. Wien-München-Zürich 1978.
STIFTER, Adalbert, Aus dem alten Wien. Wien 1940.
SUESS, Eduard, Erinnerungen. Leipzig 1916.

THONET – Festschrift, Hrsg. Gebrüder Thonet, Wien 1896.
THÜRHEIM, Gräfin Lulu, Mein Leben. Erinnerungen aus Österreichs großer Welt. Hrsg. v. René van Rhyn (= Denkwürdigkeiten aus Alt-Österreich VII, VIII, XI, XII). 4 Bde. München 1913–1914.
TURNBULL, Peter. E., Oesterreichs soziale und politische Zustaende. Leipzig 1840.

VEIGL, Hans (Hrsg.), Lokale Legenden. Wiener Kaffeehausliteratur. Wien-München 1991.
VEIGL, Hans, Morbides Wien. Die dunklen Bezirke der Stadt und ihrer Bewohner. Wien/Köln/Weimar 2000.

WAGNER, Manfred, Franz Schubert. Sein Werk – Sein Leben (= Musikportraits, Bd. II). Wien 1996.
WEISS, Karl, Geschichte der Stadt Wien. 2 Bde. Wien 1882, 1883.
WINTER, Eduard, Romantismus, Restauration und Frühliberalismus im österreichischen Vormärz. Wien 1968.

Wurzbach, Constant v., Biographisches Lexikon des Kaiserthums Oesterreich. 60 Bde. Wien 1856–1891.

Zeman, Herbert (Hrsg.), Die österreichische Literatur. Ihr Profil an der Wende vom 18. zum 19. Jahrhundert (1750–1830). Eine Dokumentation ihrer literarhistorischen Entwicklung. 2 Bde. Graz 1979.

Zenker, Ernst Victor, Die Wiener Revolution 1848. Wien-Pest-Leipzig 1897.

Ziak, Karl, Das neue Landstraßer Heimatbuch. Geschichte eines Wiener Bezirks. Wien 1975.

Zweig, Stefan, Die Welt von Gestern. Erinnerungen eines Europäers. Stockholm 1944.

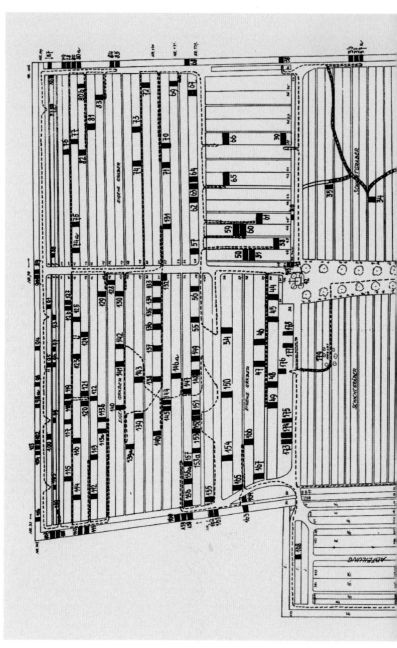

© wien.at: Magistrat der Stadt Wien, Rathaus, A-1082 Wien (Hans Pemmer, »Der Friedhof zu St. Marx in Wien, seine Toten, seine Grabdenkmäler«, Verlag des Amtes für Kultur und Volksbildung, Referat Heimatpflege, 1951)

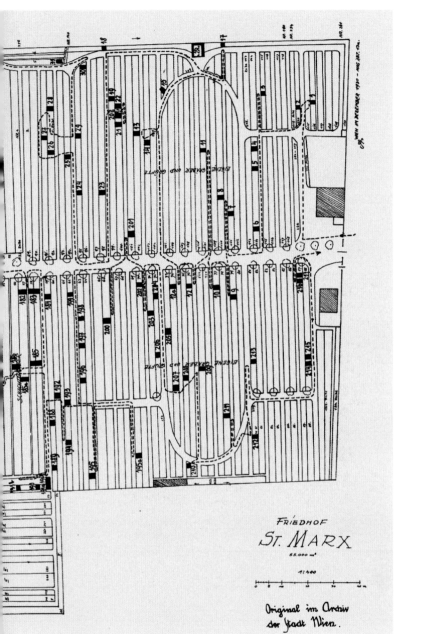

Der Friedhof St. Marx und seine Gräber

Die Zahlen hinter den Namen geben die Lage auf dem Plan an

ARCHITEKTEN, BAUMEISTER
Ernst Leopold: 29
Fischer Andreas Wolfgang: 148
Forster Franz: 80a
Kornhäusel Josef: 25
Martinetti Anton: 198a
Meisl Josef: Lage unbekannt
Montoyer Ludwig: 17
Montoyer Franz: 17
Nobile Peter: 187
Osterstag Wilhelm: 139b
Pacassi Johann: Lage unbekannt
Pichl Ludwig: 200
Zernecke Julius Eduard: 142a

BILDHAUER
Donner Georg Raphael: I

DEUTSCHORDENSRITTER
Enzenberg Julius. Frh. v.: 43a

ERFINDER
Birago Karl, Frh. v.: 87d
Degen Jakob: 80b
Madersperger Josef: 180b
Müller Leo: 139c
Pleischl Adolf Martin: 135

FÜRSTEN
Karageorgewitsch Alex: 168

GEOGRAFEN, WELTREISENDE
Blumenbach W. C.: 180a
Pfeiffer Ida: 6a
Sartori Franz: 53b
Schrämbl Franz: Lage unbekannt

HISTORIKER
Kaiser Wilhelm: 119
Knoll Josef Leonhard: 185c

INDUSTRIELLE, GEWERBETREIBENDE
Adami Dominik: 113
Aken Katharina: 65b
Bermann Jeremias: 194a
Bermann Johann Siegmund: 129a
Bogner Karl: 85a
Börner Johann: 199c
Brevillier Ludwig v.: 192
Calafati Basilio: 172
Drasche: 16
Dubsky Georg v.: 65b
Fernolendt Franz: 85b
Grund Leopold: 38a
Hauptmann Michael: 90a
Henikstein Karl v.: 37b
Hitl Josef: 53a
Hiesz Lorenz: 176b
Isenflamm Karl: 191b
Jermer Marianne: 48
Klinkosch Karl: 106
Kölbl Ignaz: 113f
Kriegler Josef: 176
Lobmeyr Josef: 80
Mack Vinzenz: 159
Mollner Josef: 67
Morawetz Franz: 12b
Mumb Franz: 65
Mumb Josef: 65
Munsch Ferdinand: 98
Munsch Franz Anton: 98
Munsch Franz Xaver: 98
Pfeiffer Karl: 158b
Pirus Leopold: 34c

Reisner Heinrich: 192a
Rosenthal Joahnn Konrad: 106a
Schawel Josef: 11a
Schreyer Heinrich: 112
Schwanenfeld Sebastian: 130
Stein Karl: 139a
Stierböck Franz: 160
Stierböck Jakob: 160
Stipperger Bernhard: 104
Stipperger Johann: 104
Strasser Anton: 111
Streicher Andreas: 164
Streitberger Johann: 63a
Stuwer Johann Georg: Lage unbekannt
Stuwer Kaspar: Lage unbekannt
Uhl Roman: 154
Wagner Ignaz: 137a
Wallner Ferdinand: 187a
Würth Iganz v.: 45a

JÄGER
Saszhofer Karl: 212

INGENIEURE
Negrelli Alois v.: 9
Riepl Franz: 201a

JURISTEN
Bach Johann: 98a
Jenull Sebastian: 74b
Kudler Josef v.: 100
Managetta Johann: 110
Managetta Philipp: 110
Martini-Wasserberg Karl, Frh. v.: Lage unbekannt
Stelzhammer Ferdinand: 97

KIRCHENRECHTSLEHRER
Chabert August: 119a

KOMMUNALE WÜRDENTRÄGER
Bergmüller Ferdinand R.: 43
Frueth Josef: 67a
Giger Johann: 45
Hörl Karl: 12
Klang Dominik: 212d
Kölbl Ignaz: 113f

Lanser Andreas: 217
Lumpert Anton: 147
Nickel Franz: 47
Nitzschner Franz: 57
Primmer Gabriel: 176
Rott Johann: 151
Ruepp Anton: 213a
Ulrich Leopold: 113e
Winter Jakob: 194b

KOMPONISTEN
Albrechtsberger Johann G.: 35
Blahack Josef: 83
Diabelli Anton: 205
Dolezalek Johann Em.: 123
Drechsler Josef: Lage unbekannt
Egghardt Julius 199
Füchs Ferdinand: 124
Gänsbacher Johann: 140
Horzalka Franz: 4
Krottenthaler Karl: 2
Mozart Wolfgang Amadeus: 179
Preindl Josef: 184
Schenk Johann: Lage unbekannt
Stadler Josef: 215
Stadler Maximilian: 46
Strauß Josef: 7
Tsukly Michael: 209

KUPFERSTECHER
Ehrenreich Adam: 99
Hyrtl Jakob: 1
Wertheim Josef: 58
Wiedermann Matthias: 174

KUNSTREITER
Bach de sen., Christoph: 49
Bach de jun., Christoph: 63
Tourniaire Karoline: 54

LITERATURHISTORIKER
Ficker Franz: 125a

MALER
Agricola Karl: 96
Benko Karoline: 60
Daffinger Moriz Michael: 72

Fendi Peter: 139
Fischer Josef: 26
Gruber Franz: 13
Höfel Johann: 3
Hummel-Bourdon Karl: 131
Jäger Gustav: 203
Kaufmann Friedrich: 14
Saar Karl v.: 175
Schärmer Johann Martin: 213
Tomfort Matthias: 191
Weidner Josef: 185
Weiner Franz: 176a
Welker Ernst: 204

Maria-Theresien-Ordensritter
Auersperg Max., Graf: 76
Barco Josef v.: 19
Christ v. Ehrenblüh: 89
Dietrichstein-Proskau-Leslie Franz Josef, Fürst: 90
Eckhardt Ludwig v.: 74
Folliot v. Creneville Ludwig Karl, Graf: 70
Froon v. Kirchrath: 62
Geringer Gabriel v.: 39
Harrach Ferdinand, Graf: Lage unbekannt
Mamula Lazar, Baron: 171
Mayer v. Löwenschwerdt Franz: 164a
Prochaska Johann v.: 189
Reisner Anton v.: 28
Schön Anton v.: 81
Simbschen Josef Anton v.: 166
Simunich Josef v.: 23
Smola Josef v.: 162
Unterberger Leopold v.: 161
Vaux de Thierry: 64
Walper Matthias v.: 115
Wernhardt Paul: 129
Wolny Johann v.: 190

Mediziner
Caravelli v. Lunkaszprie Georg: 143
Czermak Josef Julius: 165
Fechner Gottfried Ubald: 53
Fiedler Alois: 153b
Friese Johann: 206

Haidmann Anton: 87c
Hartmann Philipp Karl: 188
Matoschek Franz R. v.: 61
Pfeffermann Peter: 201b
Rosas Anton Edler v.: 103

Münzgraveure, Medailleure
Donner Ignaz: Lage unbekannt
Harnisch Johann: 66
Laskowsky August: 181a
Mathes Michael: 38
Roth Johann: 216
Scharff Michael: 194

Musiker
Angelmaier Martin: 11b
Auerhammer Georg: 60a
Brotesser Johann: 218
Hofmann Josef: 73
Katter Josef: 134
Knina Gottlieb Vinzenz: 30
Nagl Gregor: 88
Otter Josef: 122
Paradis Maria Theresia: Lage unbekannt
Parish-Alvars Elias: 74a
Streicher Nanette: 164
Urbany Friedrich: 197
Walther Karl Friedrich: 22

Naturwissenschaftler
Bremser: Lage unbekannt
Horst Nikolaus: 44a
Natterer Josef: 101
Reissek Siegfried: 132
Zippe Franz: 11c

Nonnen
Rittersburg Maria Theresia: 210a
Weiller Anna Barbara: 210b

Offiziere (Siehe auch Maria-Theresien-Ordensritter)
Augustin Vinzenz v.: 79
Benczur Josef v.: 113b
Bonomo Josef v.: 126
Brevern Peter v.: 113d

Callot Anton v.: 157
Castiglione Heinrich, Graf Cordier Ludwig v.: 177
Desfours Vinzenz, Graf: 23b
Ettinhausen Konstantin v.: 75
Faber Johann Philipp: 39a
Fink Anton: 142b
Foresti Johann v.: 125
Häring Wenzel v.: 95
Hutterer Ferdinand: 127
Hauger Georg: 214
Künigl Hermann, Graf: 40
Lebzeltern Heinrich v.: 113c
Malter Ferdinand: 6
Maresch v. Marsfeld Karl: 46a
Mayer v. Heldenfels Johann: 146a
Müller v. Müllwerth: 113a
Morzin Peter, Graf: 196
Odelga Josef v.: 202
Perin v. Wogenburg Franz: 87a
Peusquens Hubert v.: 52
Plat du Charles: 68
Radohsevich Demeter: 172a
Rainhardt Johann: 185b
Richer Laurenz v.: 195a
Salle de la, Anton Charles: 31a
Schwarzel Anton v.: 40a
Simm Josef: 77
Stutterheim Johann: 23a
Taza Edler v. Feldbruck Josef: 82
Traux de Ludwig: 193
Turszky Johann August v.: 195
Wetzlar v. Plankenstern Johann: 153a
Wissiak v. Wiesenhorst Leopold: 93
Yermoloff Alexander: 163
Ypsilanti Alexander: 191c

Pädagogen
Birkenstock Johann Melchior: Lage unbekannt
Brauner Franz: 205a
Gaheis Franz: Lage unbekannt
Niemeczek Franz: 102

Philologen
Boller Anton: 27
Grysar Karl J.: 199a

Kaerle Josef: 211
Karajan Th. G.: 169a
Kopitar Bartholomäus: 140a
Karadschitsch Wuk Stephanowitsch: 170
Pfeiffer Franz: 212e
Stein Anton: 142

Philosophen
Wilde Franz: 59

Physiker
Kunzek Edler v. Lichton August: Lage unbekannt

Politiker, Staatsmänner
Andrian-Werburg Ritter v.: 87
Cobenzl Philipp, Graf: 31
O'Donell Josef, Graf: 13
Perthaler Johann v.: 201
Potlis Michael: 169

Priester
Chabert August: 119a
Fesl Michael Josef: 3a
Füsz Ferdinand: 118
Konz Matthias: 50
Meschel J. Theodos: 51
Parhamer Ignaz: Lage unbekannt
Pöschl Thomas: Lage unbekannt
Scheiner Josef: 210
Vinazer Franz: Lage unbekannt
Zenner Franz: 41

Sänger
Breyer Therese: 86
Ney Katharina: 105
Saal Ignaz: 156
Titze Ludwig: 117
Waldmüller Katharina: 20
Walther Karoline: 22

Schauspieler
Amesberger Therese: 114a
Boulet Josef: 121
Götz Karl: 24
Gottlieb Anna: 207
Hasenhut Anton: 137

Hoffmann Johann: 109
Hornischer Lory: 212c
Korn Maximilian: 186
Krones Therese: 150
Löwe Julie: 114
Menninger Johann Matthias: Lage unbekannt
Raimund Emilie: Lage unbekannt
Sartory Johann: 71
Schmidt Josef: 8
Scutta Josefine: 5
Stein-Uiblein Karl: 55
Stahl Ignaz: 21
Szathmary Elise v.: 10
Weiß Eduard Lorenz: 91

Schriftsteller
Baumann Alexander: 207a
Blumauer Alois: Lage unbekannt
Braun v. Braunthal Johann Karl: 11
Feuchtersleben Ernst v.: 116
Gliska Hermine: 212b
Hadatsch Josef Franz: 94
Hickel Karl: 44
Kanne Friedrich August: Lage unbekannt
Kollar Johann: 87b
Pannasch Anton: 198
Patuzzi Alexander: 208
Seidlitz Johann: 195b

Staatsbeamte, Städtische Beamte
Barich Michael v.: 78
Bretfeld-Chlumcsansky Josef Freiherr v.: 145
Burgermeister Franz: 69
Chorinsky Gustav, Graf: 56
Dassanowsky Christian (mit Gattin Antonia): R. 29
Fischer Anton: 194c
Fuchs Karl: 182
Hock Karl, Freiherr v.: 120a
Kesaer Karl v.: 146
Limbeck v. Lilienau Johann, Freiherr v.: 165
Luschin Johann: 186a
Morgenbesser Ignaz Anton v.: 108

Reichmann August v.: 40b
Sacken Josef v.: 178
Schwind Franz v.: 37a
Welle Philipp: 173
Werner Karl v.: 136

Statistiker
Reden Fr. W. O. L. v.: 12a

Tänzer, Tanzlehrer
Bretel Pierre: 138
Mattis Pauline: 141
Pean Luise: 167
Rabensteiner Franz: 219
Reisinger August: 128
Weiß Josefine: 91

Totengräber
Rothmeyer Josef: 149
Löffler Josef: 149

Sonstige
Bernbrunn Karl Andrä: 164b
Chazis: 191a
Coith Amalie v.: 155
Gansterer: 36
Günzel: 107
Hansen Sophie: 120
Hild: 153
Herbst Josefa: 156a
Keppler Cölestin: 12c
Kudriaffsky: 152
Lechner: 85
Löwenthal: 84
Mayer: 37
Negerle Michael: 83a
Piquot Marie: 191b
Rinnböck: 87e
Scheidlin: 32
Schenk: 144
Schlerka: 185a
Schmidl: 54b
Simic Johann Ritter v.: 126a

Soldatengräber, österr.: 33a

Soldatengräber, sächs.: 181

Der Friedhof St. Marx und seine Gräber

Strauß Anna: 7
Straschiripka: 48
Sünn: 15

Uhrl Therese: 199b
Wisgrill: 33

Namenregister

A
Abraham, Karl 127
Abraham a Sancta Clara 129, 151
Adami, Dominik 40, 117
Adami, Josef Heinrich 117
Adler, Friedrich 150
Agricola, Karl 111
Aken, Katharina (geb. Dubsky) 107
Albrechtsberger, Johann Georg 103, 123, 137, 158, 171, 173
Alexander I., Zar 142, 154
Alxinger, Johann Baptist von 13, 131, 151
Andrian-Werburg, Viktor Freiherr von 109
Anschütz, Heinrich 43, 138
Ariès, Philippe 57, 59
Arndt, Ernst Moritz 39
Arnsteiner, Familie 127
Arthaber, Rudolf 24
Auber, Daniel François Ésprit 30
Auersperg, Maximilian Graf 108

B
Bach, Christoph de 34, 104, 106
Bach, Johann Baptist 31, 113
Bach, Maximilian 50, 51
Baldtauf, A. 71
Balzac; Honoré de 114
Barco, Josef Freiherr von 94
Barth, Josef 113
Basil, Otto 37
Bassa, Ali 129
Bauer, Roger 37
Bäuerle, Adolf 120
Bauernfeld, Eduard von 29, 40, 109, 114, 118, 124, 149
Baumann, Alexander 147
Beethoven, Karl (Carl) van 113
Beethoven, Ludwig van 28, 31, 43, 45, 46, 47, 65, 101, 103, 104, 106, 111, 113, 133, 147, 154, 158, 167, 174
Beheim, Michael 135
Benedikt, Heinrich 29
Benko, Josef 15, 106
Benko, Karoline 106
Berchtold, Leopold Graf 82
Bermann, Jeremias 143
Bermann, Johann Sigmund 120
Bermann, Moriz 170, 171
Bibesko, Sofie 136
Bietak, Wilhelm 17
Binz, Johann Georg 101
Birago, Karl Freiherr von 110
Birkenstock, Johanna Antonia von 154
Birkenstock, Johann Melchior von 153
Blahack, Josef 109
Blank, Konrad 126
Blumauer, Johann Aloys 99, 131, 151
Blumenbach, Wenzel Carl 136
Blümml, Emil Karl 141
Bogner, Johann 109
Bogner, Karl 40
Boller, Anton 98
Bolzano, Bernard 13, 89, 91
Boos, Kaffeehausbesitzer 38
Born, Ignaz von 131, 151
Börne, Ludwig 13
Börner, Johann 146
Brailoi, Georg 136
Brand, Kunstsammler 154
Braun von Braunthal, Johann Karl Ritter von (s. Charles Jean) 91
Breisach, Josef 115
Bremser, Johann Gottfried 154, 155
Brentano, Bettina von 154
Brentano, Clemens von 121, 154
Brentano, Franz von 154
Bretfeld-Chlumczansky, Josef Freiherr von 125, 126

Breuning, Stephan von 43
Brevillier, Ludwig von 143
Burgermeister, Franz X., Ritter von Beerburg 107
Burke, Peter 9, 79, 83

C
Calafati, Basilio 34, 135, 136
Canon (Strašiřipka), Hans 104
Cappi, Peter 146
Carabelli, Georg Edler von 125
Carl, Carl (eig. Carl Ferd. Bernbrunn) 49, 50
Castelli, Ignaz Franz 33, 40, 87, 103, 110, 117, 118, 121, 127, 131, 137, 144, 149, 152, 153
Chargaff, Erwin 164
Charles, Jean 91
Chazis, Familie 139
Chorinsky, Gustav Graf 105, 106
Chorinsky, Mathilde Gräfin 106
Christ, Josef Freiherr von 110
Claudius, Matthias 46
Cobenzl, Philipp Graf 99
Comte, Jacques-Louis 24
Corti, Peter 138
Czermak, Josef Julius 133
Czerny, Karl 147

D
Daffinger, Mathilde 107
Daffinger, Moriz Michael 23, 24, 107, 108
Daguerre, Louis 10
Danhauser, Franz 24
Danhauser, Joseph 24
Daum, Anna 95
Daum, Josef 38
Degen, Jakob 23, 108
Degen, Johann Vincenz 105
De la Garde, August Graf 142
De La Salle, Charles Compte de la 99
Denis, Johann Michael 151
Deym, Josef Graf 157
Diabelli, Anton 146, 147
Diabelli, Laura 147
Dietrichstein-Proskau-Leslie, Fürst Franz Josef 110
Ditmar, Friedrich 137
Dobner, Karl 98
Doll, Anton 105
Donner, Georg Raphael 151
Dostal, Franz 120
Drahanek, Johann 40, 131
Drahanek, Karl 40, 131
Drasche, Eduard 93
Drasche-Wartinberg, Heinrich von 93, 94
Drechsler, Adolf 136
Dubsky von Wittenau, Georg 106
Duka, Peter Freiherr von 136
Dumba, Familie 78
Dumba, Steroi 136

E
Ebergeyi von Telekes, Julie 106
Eckhel, Johann Josef 151
Eder, Josef 143
Egghard, Julius (eig. Julius Graf Hardegg) 146
Eichhorn, Kaffeehausbesitzer 38
Eisvogel, Franziska 137
Eisvogel, Leopold 137
Elßler, Fanny 35
Ernst, Johann 42
Ernst, Leopold 99
Eskeles, Familie 78
Esterházy, Fürst 98
Estner, Wirt 101
Eybl, Franz 24

F
Fechner, Gottfried Ubald 104
Fekete de Galántha, Johann Graf 7
Fendi, Peter 24, 27, 123
Ferdinand I., Kaiser 29, 85
Fernolendt, Franz 109
Fesl, Michael Josef 89, 91
Feuchtersleben, Ernst Freiherr von 15, 17, 40, 109, 117, 118, 139
Feuerbach, Ludwig 8
Fichte, Johann Gottlieb 12, 13
Ficker, Franz 119, 120
Fiedler, Alois 129

Fischer, Alois 108
Fischer, Andreas Wolfgang 126
Flick, 1848er Revolutionär 50
Foresti, Johann Ritter von 119
Forster, Franz 108
Földes, Adalbert 82
Förster, Emil von 119
Förster, Heinrich von 119
Förster, Ludwig Christian Friedrich 119
Frankl, Ludwig August 33, 38, 49, 71, 81, 87, 105, 110, 114, 119, 125, 149, 169
Franta, Johann 70
Franz I. (II.), Kaiser 21, 29, 39, 72, 85, 87, 93, 99, 120, 154, 167
Friedell, Egon 10, 37
Friedrich Wilhelm III., Preußenkönig 100
Frint, Jakob 124
Fuchs, Alois 171
Fuchs, Carl 71
Fuchs, Ernst 167
Fuchs, Karl 137
Füchs, Ferdinand 105, 119
Füger, Friedrich Heinrich 154
Füster, Anton 67

G
Gagstätter, Johann 109
Gaheis, Franz de Paula 154
Gall, Franz Joseph 133, 139, 166
Gänsbacher, Johann 103, 123
Gansterer, Familie 100
Gasser, Hanns 171
Gauermann, Friedrich 24
Gauermann, Jakob 23
Gellert, Christian Fürchtegott 13
Geringer, Alois 100
Geringer, Familie 101
Geringer, Franz 100
Geringer, Leopold 100
Giger, Jakob 103
Glaßbrenner, Adolf 8, 29, 31, 41
Gleich, Luise 122
Glöggl, Franz 171
Glück, Familie 115

Goethe, Johann Wolfgang von 30, 59, 111, 129, 149
Gottlieb, Anna 147, 149, 174
Gottsched, Johann Christoph 13
Gottsleben, Ludwig 97
Gräffer, August 101
Gräffer, Franz 38, 87, 101, 104, 105, 106, 114, 124, 126, 131, 146, 147, 151, 153, 154, 155, 157, 160, 161, 163, 165
Grammersdorfer, Elise 120
Grasel, Johann Georg 43, 81
Griesinger, Georg August von 160, 161, 163, 173
Grillparzer, Franz 10, 13, 14, 15, 19, 21, 27, 28, 29, 30, 31, 34, 36, 38, 40, 42, 45, 46, 47, 71, 72, 85, 108, 114, 118, 121, 125, 135, 141, 147, 149, 163, 174
Groß-Hoffinger, Anton Johann 38
Gruber, Franz X. 93
Grün, Anastasius 30, 40, 118
Grün, Johann 96, 98
Grund, Franz Leopold 101
Grund, Ignaz 103
Grund, Johanna 103
Grund, Leopold 103
Grund, Theresia 103
Gugitz, Gustav 41, 100, 109, 115, 122, 131, 138
Günzel, Klaus 46, 47

H
Hadatsch, Franz Josef 111, 121
Hagedorn, Friedrich von 13
Hagen, Kunstsammler 154
Hagenauer, Kunstsammler 154
Hagenbucher, Familie 146
Hagenbucher, Josef 146
Halbwachs, Maurice 79
Haller, Karl Ludwig von 13
Hamlet 166
Hammer-Purgstall, Joseph Freiherr von 38, 125, 129
Hansen, Sophie, geb. Förster 118, 119
Hansen, Theophil 119
Hanslick, Eduard 119

Hantsch, Hugo 82
Harrach, Ferdinand Johann Joseph Graf 154
Hartmann, Moritz 100
Hartmann, Philipp Karl 139
Haschka, Lorenz Leopold 151
Hasenhut, Anton 49, 111, 120, 121, 122
Haslinger, Tobias 104
Hassan 128, 129
Hauptmann, Michael 111
Häusler, Wolfgang 27
Haydn, Joseph 135, 167
Haydn, Michael 131, 170
Haynau, Julius Jakob Freiherr von 143
Hebbel, Friedrich 37
Hegel, Georg Wilhelm Friedrich 12, 13
Heine, Heinrich 11, 13
Heller, Isidor 100
Hengelmüller, Michael 24
Henikstein, Familie 38, 78
Henikstein, Karl Ritter von 101, 174
Herbart, Johann Friedrich 13
Herodot 79
Herxel, Josef 71
Hevesi, Ludwig 99
Hickel, J. 154
Hickl, Karl 103
Hirsch, Karl 171
Hitzinger, Karl Bernhard Freiherr von 110
Hofbauer, Klemens M. 124
Höfel, Johann 89, 138
Hoffer, 1848er Revolutionär 50
Hoffmann, E. T. A. 165
Hoffmann, Johann 115
Hofmannsthal, Hugo von 19, 53
Höhnel, Kaffeehausbesitzer 39
Hölty, Ludwig Heinrich Christoph 46
Hölzl, Marianna 33
Homer 31
Hönig, Aron Moses, s. A. Henikstein 101
Hönig, Familie 127
Hönig, Josef, Edler von Henikstein 101

Hormayr, Joseph von 24, 85, 123
Horn, Uffo 91, 118, 144, 149
Hornischer, Fanny 150
Hornischer, Lory 150
Horzalka, Franz 91
Host, Nikolaus Thomas 103
Humboldt, Wilhelm von 9
Hufeland, Christoph Wilhelm 139
Hugelmann, Franz 132
Hummel, Johann Nepomuk 103
Hummelberger, Josef 71
Hyrtl, Jakob 89, 167, 174
Hyrtl, Joseph 169

I

Iffland, August Wilhelm 137
Isenflamm, Carl 34, 110, 141
Isenflamm, Familie 139, 141
Isenflamm, Theresa 110, 141

J

Jacquin, Joseph Franz Freiherr von 151
Jaroszynski, Severin von 126
Jenull, Sebastian 108
Jermer, Marianne 94
Johann, Erzherzog 145
Josef II., Kaiser 13, 55, 60, 65, 101, 153
Jung, Friedrich 27, 107
Jüngling, Johann 39, 40, 106, 131, 132

K

Kaiser, Johann 118
Kanne, Friedrich August 146, 152, 153
Karadschitz, Wuk (Vuk Karadžić) 124, 135
Karageorgewitsch (Karadjordjević), Fürst Alexander 133
Karajan, Familie 78
Karajan, Theodor Georg Ritter von 135
Karl I., Kaiser 81, 82, 83
Katzmayer, Karl 145
Kaunitz, Familie 154
Keppler, Coelestin 93
Kesaer, Karl von 126

Kininger, Vinzenz Georg 27
Kisfaludy, Charles 149, 150
Klein, Karl 24
Kleist, Heinrich von 77
Klinkosch, Hannah 115
Klinkosch, Josef Karl 115
Klopstock, Friedrich Gottlieb 13
Klopstock, Johann Christoph Ernst 101
Knina, Gottlieb Vinzenz 99
Knoll, Josef Leonhard 137
Kölbl, Ignaz 117
Kolisch, Siegmund 100
Kollar, Jan 110
Koller, Josef 150
Kolowrat-Liebsteinsky, Franz Anton Graf 29
Koltschitzky, Franz Georg 106
Kopitar, Bartholomäus 124
Korn, Maximilian 137, 138
Kornhäusel, Josef 98, 104, 122
Korntheuer, Friedrich Joseph 107
Kothgasser, Anton 23
Krafft, Johann Peter 24
Kramer, Jakob 40
Kraus, Karl 19, 31
Kriehuber, Joseph 27
Krones, Therese 34, 107, 110, 126, 173
Krottenthaler, Karl 89
Krumhaar, Karl 115
Kübeck, Karl Friedrich Freiherr von 119
Kübeck, Max Freiherr von 120
Kudler, Josef Ritter von 113
Kugler, Alexander 171
Kundmann, Karl 99
Kürnberger, Ferdinand 72
Kurosky, Martin 71

L
Lachner, Franz 45, 109
Lanner, Josef 40, 41, 106, 114, 131, 137, 146
Lanzedelli, Josef d. Ä. 25
La Roche, Johann 49
La Roche, Karl 151

Laube, Heinrich 8, 13, 38
Lechner, Familie 109
Leichnambschneider, Johann 122
Leichnam(b)schneider, Josef 39, 122
Leichnamschneider, Josef der Jüngere 122
Lenau, Nikolaus 40, 114
Lenkey, Weinschankbesitzer 15
Leopolder, Moritz 103
Leopold II., Kaiser 158
Lesseps, Ferdinand de 91
Lessing, Gotthold Ephraim 13
Libussa 85
Liechtenstein, Familie 154
Liechtenstein, Prinz Alois 115
Limbeck, Johann, Freiherr von Lilienau 133
Lobkowitz, Fürst Josef 152
Lobmeyr, Familie 23
Lobmeyr, Josef 24, 108
Lobmeyr, Josef jun. 108
Löffler, Joseph 126, 166, 173
Löhr, Franz Freiherr von 132
Löhr, Johann Friedrich Freiherr von 132
Lorm, Hieronymus 100
Löwe, Julie 117
Löwenthal, Familie 109
Ludwig, Erzherzog 29
Ludwig I., König von Bayern 170
Lumpert, Anton 126
Luperger, Wirt 101

M
Madersperger, Josef 23, 136
Maierhoffer, Silberwarenerzeuger 115
Mamula, Lazar Baron 135
Mannagetta, Julius Ritter von 115
Mannagetta, Philipp Ritter von 115
Mannsfeld, Johann Ernst 154
Maria Theresia von Österreich 13, 113, 153, 157
Marinelli, Karl von 49, 120, 151
Marschall, Wirt 101
Martinetti, Anton 145
Marx, Karl 25
März, Josef 71

Namenregister

Mastalier, Karl 151
Matthisson, Friedrich von 46
May, Ernst Joachim 36
Mayer, Anton 101
Mayer, Familie 100
Mayer, Sigmund 69, 78, 93, 101, 114, 115, 132
Mayrhofer, Johann 40, 109
Mehling, Bäckermeister 131
Meißl, Josef 150
Menninger, Johann Matthias 151
Mesmer, Franz Anton 153
Messerschmidt, Franz Xaver 106, 111
Metastasio, Pietro 124
Metternich, Klemens Wenzel Fürst v. 11, 14, 17, 29, 30, 40, 46, 47, 81, 93, 94, 95, 108, 119, 125, 152, 164, 169
Miesbachs, Alois 93
Mohammed 128
Montoyer, Franz 94
Montoyer, Ludwig Josef 94
Morawetz, Franz 93
Morgenbesser, Ignaz Anton Edler von 115
Morzin, Peter Graf 145
Mozart, Constanze (Konstanze) 158, 159, 160, 163, 164, 169, 173
Mozart, Johann Thomas Leopold 159, 174
Mozart, Leopold 131, 159
Mozart, Wolfgang 160, 161
Mozart, Wolfgang Amadeus 28, 33, 36, 43, 45, 47, 65, 89, 91, 94, 103, 104, 111, 113, 124, 126, 127, 147, 153, 156, 157, 158, 159, 161, 163, 164, 165, 166, 167, 169, 170, 171, 172, 174
Müller, Leo 123
Müller, Wilhelm 46
Mumb, Franz 106
Mumb, Josef 106
Munsch, Anna Maria 111
Munsch, Familie 111
Munsch, Ferdinand 111, 113
Munsch, Franz der Ältere 45, 111
Munsch, Franz der Jüngere 111
Munsch, Franz Xaver 113

N
Napoleon I., Kaiser 12, 20, 39, 85, 99
Natterer, Johann 109
Natterer, Josef 113
Neckam, Katharina 71
Negerle, Michael 109
Negrelli, Alois, Ritter von Moldelbe 91
Nestroy, Johann Nepomuk 17, 19, 28, 37, 38, 49, 50
Neumeier, Anton 71
Neuner, Ignaz 40
Neuner, Ignaz der Ältere 118
Ney, Katharina 115
Nicolai, Friedrich 7, 13
Niemeczek (Niemetschek), Franz X. 113, 164, 174
Nikolai I., Zar 143
Nissen, Georg Nikolaus 159, 160, 161, 164, 167
Nobile, Peter von 99, 138
Nostitz-Rieneck, Johann Nepomuk Graf 151
Null, Eduard van der 49, 93

O
O'Donnell, Josef Graf 137
O'Sullivan, Alfred 93
Obrenovics (Obrenović), Catharina 136

P
Paar, Wenzel Graf 154
Pannasch, Anton 145
Paradis, Familie 153
Paradis, Maria Theresia von 153
Parhammer, Ignaz 151
Patuzzi, Alexander 149
Paumgartner, Bernhard 165
Pean, Louise 133
Pemmer, Hans 64, 79, 89, 106, 133, 135, 136, 150, 151
Pereira, Familie 38
Perger, Sigmund von 25
Perin von Wogenburg, Franz 110
Perinet, Joachim 146
Persa, Alois von 108
Perthaler, Johann Ritter von 146

Petter, Karl 98
Pezzl, Johann 61, 87, 100, 101, 127, 131, 151, 156
Pfeiffer, Franz 150
Pfeiffer, Ida 91
Pichl, Ludwig 146
Pichler, Andreas 73
Pichler, Karoline (Caroline) 14, 24, 29, 38, 63, 64, 65, 73, 77, 87, 107, 118, 121, 125, 133, 139, 141, 144, 153, 167
Pigall, Georg 147
Piquot, Anna von 141
Piquot, Karl von 140
Piquot, Maria von 139, 140, 141
Piquot, Peter von 141
Pirus, Leopold 101, 105
Platen, August Graf von 129
Politzer, Heinz 29
Postl, Karl 32, 35
Potlis, Michael 135
Pöschl, Thomas 154
Prechtler, Otto 38
Preindl, Josef 137

R
Radetzky, Joseph Graf von 143
Radschopf, Johann 89, 166
Raimund, Aloisia (geb. Gleich) 156
Raimund, Emilie 156
Raimund, Ferdinand 17, 27, 33, 34, 36, 37, 39, 49, 77, 83, 91, 96, 107, 110, 122, 133, 136, 142, 167
Rainhart, Johann 137
Ramshorn, Carl 65
Randhartinger, Benedikt 45, 149
Raphael (Raffael), eig. Raffaelo Santi 111
Raschky, Josef Franz 131
Rasumofsky, Andrej Kyrilowitsch Fürst 143
Rasumofsky, Konstantine Fürstin 143
Ratschky, Joseph Franz 152
Raupach, Ernst Benjamin 97
Rebiczek, Franz 42
Reden, Friedrich Wilhelm Otto Ludwig Freiherr von 93

Reich, Kaffeehausbesitzer 15
Reichardt, Johann Friedrich 165
Reichstadt, Herzog Franz Joseph Karl von 119
Reischl, Friedrich 41
Reisner, Anton Freiherr von 98
Reisner de Collmann, Heinrich 143
Retzer, Josef von 131
Riepl, Franz X. 146
Ritterspurg, Maria Theresia 150
Rokitansky, Carl Freiherr von 135, 167
Rollett, Anton 133, 167
Rosa, Kunstsammler 154
Rosas, Anton Edler von 113, 114
Rothmeyer, Joseph 126, 166, 173
Rothmeyer, Ludwig 166
Rothschild, Familie 100
Rotteck, Karl von 108
Rückert, Friedrich 129
Rudolf I., Kaiser 85, 87
Russell, Bertrand 149
Russell, Lord John 149
Russell, Sir Arthur 149

S
Saal, Ignaz 131
Sabit-Bey s. Wetzlar 129
Sachsen-Teschen, Albert von 94
Sandgruber, Roman 20
Sartori, Franz 83, 104, 105
Sartory, Johann 34, 107
Sauter, Ferdinand 109
Scharff, Johann Michael 143
Schärmer, Johann Anton 150
Scheidlin, Johann 99
Scheiner, Josef 150
Schenk, Familie 125
Schenk, Johann 153, 174
Schikaneder, Emanuel 36
Schiller, Friedrich von 7, 13, 33, 45, 111, 132, 149
Schindler, Anton 43
Schlager, Johann 99
Schlechta, Franz von 46
Schlegel, Friedrich 14, 15, 38, 89
Schlegl, Kaffeehausbesitzer 38
Schlichtegroll, Friedrich 164

Schlossar, Anton 161
Schmeltzl, Wolfgang 135
Schmidl, Adolf 20, 65, 104
Schmidl, Familie 105
Schmidt, August 105
Schmidt, Josef 91
Schmutzer, Jakob 154
Schnorr von Carolsfeld, Julius 15
Schober, Franz von 40, 150
Scholz, Wenzel 50
Schön, Anton Freiherr von 109
Schönholz, Friedrich Anton von 21, 87, 109, 121, 124, 125, 128, 138, 139, 141
Schonner, Paul 110, 141
Schorg, Juliana 71
Schreyer, Heinrich 117
Schreyvogel, Josef 14
Schreyvogel, Joseph 117
Schubert, Franz 28, 34, 40, 43, 45, 46, 47, 65, 100, 104, 109, 111, 115, 146, 149, 150
Schulhof, Carl 50
Schurig, Arthur 169
Schuster, Ignaz 49
Schuster, Josef Anton 107
Schwanenfeld, Sebastian 120
Schwender, Karl 41
Schwind, Franz von 100
Schwind, Moritz von 40, 100, 109, 118
Scutta, Josefine 91
Sealsfield, Charles siehe Postl, Karl 8
Sedlnitzky, Graf Josef 32
Seidlitz (Jeiteles), Julius 100, 143, 145
Seiler, Johann Kaspar 165
Semmelweis, Ignaz 114
Senefelder, Aloys 10
Seume, Johann Gottfried 31, 39, 167
Sicard von Sicardsburg, August 49, 93
Sina, Familie 78
Sitte, Camillo 53
Smola, Josef Freiherr von 132
Sonnenfels, Joseph von 73, 152, 154
Spaun, Joseph von 40, 46
Spitzmüller, Alexander 82
Stadler, Josef 150
Stadler, Maximilian 103, 104, 174

Stahl, Ignaz (eig. Frech von Ehrimfeld) 97
Stein, Anton Joseph 124
Stein, Carl 123, 133
Stein, Johann Andreas 132
Stein, Karl 105
Stein, Nanette 132, 133
Stelzhammer, Ferdinand Freiherr von 111
Stierböck, Franz 39, 131, 132
Stierböck, Jakob 39, 131
Stifter, Adalbert 19, 25, 98, 113, 118
Stipperger, Bernhard 114, 115
Stipperger, Johann 114
Stöckl, Kunsthändler 120
Straschiripka (Strašiřipka), Wirtschaftsrat 104
Strasser, Anton 117
Strauß, Anna (geb. Stein) 41, 91
Strauß, Johann Sohn 41, 91
Strauß, Johann Vater 40, 41, 107, 131, 137, 146
Strauß, Josef 41, 91
Streicher, Johann Andreas 132
Streicher, Nanette, geb. Stein 132
Streitberger, Johann 106
Stürgkh, Karl Graf 150
Stuwer, Aloisia 150
Stuwer, Anton 156
Stuwer, Anton der Ältere 150
Stuwer, Familie 156
Stuwer, Johann Georg 34, 155, 156
Stuwer, Kaspar 39, 155, 156
Sueß (Suess), Eduard 91, 108, 119, 154
Summer, Josef 70
Sünn, Carl 93
Sünn, Familie 93
Sunstenau von Schützenthal, Heinrich 120
Swieten, Gerhard Freiherr van 158
Swieten, Gottfried Freiherr van 158
Szterényi, Josef von 82

T
Theokrit 31
Thirion, Charles 114
Thonet, Michael 94, 95, 97

Thürheim, Gräfin Lulu 142, 143
Titze, Ludwig 118
Tomfort, Mathias 139
Trampusch, Emilie 107
Trampusch, Josef 107
Trampusch, Karl 107
Trattner, Johann Thomas 113
Turecek, Emilie, »Fiaker-Milli« 150
Turnbull, Peter E. 8

U
Uhl, Roman 129
Uhland, Ludwig 135
Uhrl, Therese 146
Unger, Franz 41
Unterberger, Leopold Freiherr von 132

V
Vadbolsky, Fürst Alexander 136
Vászonyi, Vilmos 82
Vesque von Püttlingen, Johann 149
Vieth, Friedrich August 24
Virgil 31
Vogl, Johann Nepomuk 40

W
Wagner, Antonia (Toni) 39, 122, 123
Wagner, Ignaz 39, 98, 122, 125
Wagner, Leopold 71
Wagner, Manfred 43, 45
Wagner, Otto 119
Wagner, Richard 37, 115
Waldhauser, Paul 64
Waldmüller, Ferdinand Georg 24, 94
Waldmüller, Katharina 94, 174
Walla, Julie 127
Wallishauser, Johann Baptist 101
Wallner, Ferdinand 138, 139
Wasserburger, Leopold 41
Weber, Constanze (s. Mozart, Constanze) 160
Weidner, Josef 137
Weiller, Anna Barbara de 150
Weiß, Jodokus 101
Wenkheim, Familie 113
Werner, Zacharias 15, 151

Wernhardt, Paul Freiherr von 120
Wetzlar, Familie 127
Wetzlar von Plankenstern, Johann Adam Freiherr 127, 128, 129
Wieland, Christoph Martin 13, 160, 161
Wilde, Franz 106
Wildgans, Anton 53
Windischgrätz, Alfred Fürst 51, 143
Winiwarter, Josef Edler von 120
Winter, Eduard 89
Wisgrill, Familie 99
Wittgenstein, Hermann Christian 95
Wittgenstein, Ludwig 19
Wurzbach, Constant von 105

Y
Yermoloff, Alexander 132
Ypsilanti, Fürst Alexander 83, 114, 142

Z
Zauner, Franz Anton von 154
Zedlitz, Josef Christian von 40, 118
Zenker, Ernst Victor 49, 67
Zernecke, Julius Eduard 125
Zita, Kaiserin 82
Zweig, Stefan 11

Hans Veigl
Morbides Wien
Die dunklen Bezirke der Stadt und ihre Bewohner
2000. 140 x 235 mm. 303 Seiten, 48 s/w.-Abb. Gb.
ISBN 3-205-99176-1

Wien und die Wiener – dieser merkwürdige Genius loci des Morbiden und topographische Ort eines melancholischen Menschenschlages, war Jahrhunderte hindurch ebenso vom bedrückenden spanischen Hofzeremoniell geprägt wie durch die oftmaligen Machtrepräsentationen von Staat und Kirche. Dort, wo der Glaube an ein Leben vor dem Tod metaphysisch durchwirkt war, und spätestens seit der Zeit der Pest und des Barocks metaphorische Vorstellungen und Inszenierungen des Jenseitigen zum ständigen Gefährten Wienerischer Gemütlichkeit wurden, griffen Allegorien und Apotheosen der Sterblichkeit auf die Mentalitäten des Alltags über.

Clemens M. Gruber
Berühmte Gräber in Wien
Von der Kapuzinergruft bis zum Zentralfriedhof
2002. 140 x 235 mm. 136 Seiten, 98 s/w.-Abb. Br.
ISBN 3-205-77007-2

Dieses Buch soll nicht nur dem interessierten Leser – insbesondere auch Besuchern aus den Bundesländern und dem Ausland – Hilfestellung beim Auffinden von Begräbnisstätten berühmter Personen geben, sondern auch einen Beitrag zur so reichen geschichtlichen und kulturellen Vergangenheit Österreichs leisten.
Der Autor hat es sich zur Aufgabe gemacht, die in Wien und Umgebung begrabenen Berühmtheiten sowohl in Kirchen als auch auf Friedhöfen zu erfassen. Neben der Kaisergruft in der Kapuzinerkirche nehmen naturgemäß vor allem die Ehrengräber auf dem Wiener Zentralfriedhof breiten Raum ein.

Andrea Frullini
Mozart und der Vatermord
Das Trauma der Nachfolge
Aus dem Italienischen von Annette Frank und Renate Huber Russo
2005. 140 x 235 mm. 342 Seiten, Gb.
ISBN 3-205-99176-1

Das Buch bietet eine Neuinterpretation von Mozarts Opernschaffen, insbesondere der vier Opern Idomeneo, Don Giovanni, Così fan tutte, Die Zauberflöte, im Kontext jenes Abschnitts seiner Biographie, der die Abnabelung und Trennung von seinem Vater beinhaltet. Vor allem in Hinblick auf Don Giovanni findet der ihm zugrunde liegende äußerst komplexe Mythos besondere Berücksichtigung.

Werner Ogris
Mozart im Familien- und Erbrecht seiner Zeit
Verlöbnis – Heirat – Verlassenschaft
1999. 135 x 210 mm. 163 Seiten, 35 s/w.-Abb. Gb.
ISBN 3-205-99161-3

Begleiten Sie Wolfgang Amadeus Mozart und Constanze Weber auf dem Weg in ihr gemeinsames Leben: Verlöbnis, Ehepakt und schließlich Eheschließung waren für das Paar nicht nur von persönlicher, sondern vor allem auch von rechtlicher Bedeutung! Gleiches gilt für das Ende ihres gemeinsamen Lebensweges durch den frühen Tod Mozarts und das nachfolgende Verlassenschaftsverfahren. Werner Ogris hat es sich zur Aufgabe gemacht, diese Ereignisse vom völlig neuen Blickwinkel des Rechtshistorikers her aufzuarbeiten. Dies ermöglicht Ihnen nicht nur Einblicke in das Rechtsleben des Ehepaares Mozart, sondern auch einen Ausflug in das josephinische Wien, dessen Rechtskultur und Rechtspraxis in jener Zeit tiefgreifende Neuorientierung und Umgestaltung erfahren haben.

WIESINGERSTRASSE 1, 1010 WIEN, TELEFON (01)330 24 27-0, FAX 330 24 27 320

Peter Csendes, Ferdinand Opll (Hg.)
Wien

Geschichte einer Stadt. Werk in 3 Bänden (1–3) + ein Sonderband

Nach mehr als 60 Jahren wird nun erstmals eine umfassende und mehrbändige Wiener Statdtgeschichte gestartet. Die beiden leitenden Archivare am Wiener Stadt- und Landesarchiv legen in Kooperation mit einem hochrangigen Team von Fachleuten diese neue Wiener Stadtgeschichte vor, die auf drei Bände konzipiert ist.

Band 1: Peter Csendes, Ferdinand Opll (Hg.)
Wien – Geschichte einer Stadt
Von den Anfängen bis zur Ersten Wiener Türkenbelagerung (1529)
2001. 170 x 240 mm. 600 Seiten, 92 s/w.- u. 26 farbige Abb. Gb.
ISBN 3-205-99266-0

Band 2: Karl Vocelka, Anita Traninger (Hg.)
Wien – Geschichte einer Stadt
Die frühneuzeitliche Residenz (16. bis 18. Jahrhundert)
2003. 170 x 240 mm. 651 Seiten, 140 s/w.- u. farbige Abb. Gb.
ISBN 3-205-99267-9

Band 3: Peter Csendes, Ferdinand Opll (Hg.)
Wien – Geschichte einer Stadt
Von 1790 bis zur Gegenwart
2006. 170 x 240 mm. ca. 800 Seiten, 162 s/w.- u. farbige Abb. Gb.
ISBN 3-205-99268-7

Sonderband: Ferdinand Opll
Wien im Bild historischer Karten
Die Entwicklung der Stadt bis in die Mitte des 19. Jahrhunderts
2004. 310 x 270 mm. 180 Seiten, 50 s/w.- u. farbige Abb. Gb.
ISBN 3-205-77240-7

Wiesingerstrasse 1, 1010 Wien, Telefon (01)330 24 27-0, Fax 330 24 27 320

Thomas Hofmann, Ursula Debéra
Wiener Landpartien
Ausflüge in Vororte
2004. 145 x 234 mm. 220 Seiten, 90 s/w.- u. 16 S. farbige Abb. Br.
3-205-77182-6

Wiener Landpartien dokumentiert die Entstehung der Donaumetropole mit der schrittweisen Eingemeindung der Vororte, wo Villenviertel ebenso entstehen wie der Zentralfriedhof. Die beiden Hochquellwasserleitungen und ein funktionstüchtiges Verkehrsnetz sichern die Versorgung der Bewohner. Der krasse Gegensatz zwischen Arm und Reich zeigt sich nirgendwo stärker als in den Vororten, wo einerseits Ziegelarbeiter am Rand des Existenzminimums leben, andererseits aber auch Großbürger ihren Reichtum ohne Scheu zur Schau stellen.

Karl Brunner, Petra Schneider (Hg.)
Umwelt Stadt
Geschichte des Natur- und Lebensraumes Wien
2005. 215 x 280 mm. 649 Seiten, 990 s/w.- u. farbige Abb. Gb.
ISBN 3-205-77400-0

Weltweit leben Abermillionen von Menschen in Städten. Die „naturferne" Lebensweise der Stadtmenschen, die sich längst auch auf dem Lande verbreitet hat, bringt eine Fülle von Herausforderungen und Problemen mit sich.
Die alte Metropole Wien im Herzen Europas scheint die meisten ihrer drängendsten Umweltprobleme bereits in der Vergangenheit gelöst zu haben. Ist dieser Eindruck zutreffend? Wie sind die Wiener und Wienerinnen im Laufe der Geschichte mit ihrer „Umwelt Stadt" umgegangen? Auf welche Weise haben sie den einstigen Naturraum zwischen Donau und Wienerwald in eine Stadtlandschaft verwandelt? Welche ihrer Umweltmaßnahmen waren kurzlebig, welche von Dauer und zukunftsweisend?

WIESINGERSTRASSE 1, 1010 WIEN, TELEFON (01)330 24 27-0, FAX 330 24 27 320